Johanne Ladner
Vaterbriefe

Zweiter Band

AF236271

Vaterbriefe

Worte der Ewigen Liebe

durch die innere Stimme

des Geistes empfangen

von

Johanne Ladner

—————————————— Zweiter Band ——————————————

Bibliografische Information der Deutschen Nationalbibliothek: Die Deutsche
Nationalbibliothek verzeichnet diese Publikation in der Deutschen
Nationalbibliografie; detaillierte bibliografische Daten sind im Internet über
http://dnb.dnb.de abrufbar.

Neuauflage 2022 der 3. Auflage von 1933, erschienen im Neu-Salems-Verlag
Herausgegeben von Klaus Kardelke
Umschlagfoto: Pixabay
Herstellung und Verlag: BoD – Books on Demand, Norderstedt
ISBN 978-3-7557-8199-8

Vorbemerkung

Auch diesen zweiten Band der „Vaterbriefe" senden wir in neuer Auflage mit dem innigen Wunsche in die Welt hinaus, dass er vielen Seelen, welche schlichten Gemütes den Weg zum Herzen des himmlischen Vaters suchen, eine Leuchte und eine Stärkung sein möge.

Bezüglich der Herkunft dieser Worte und hinsichtlich der Person der Mittlerin, Johanne Ladner (1824-1886, zuletzt in Bietigheim, Württemberg) verweisen wir auf die Vorbemerkung im ersten Bande.

Was die einfache, mitten im Volksleben stehende Frau durch die Stimme des Geistes in ihrem Herzen vernehmen durfte und auch in diesem zweiten Bande wieder in der zeitlichen Folge, in der es gegeben ward, niedergelegt ist - wird gerade durch die volkstümliche Einfachheit der Sprache gewiss wieder viele offene Herzen beglücken.

Die selbstbewussten Verächter solcher Kost aber mögen sich erinnern der Worte Jesu:

„Ich preise Dich, Vater und Herr Himmels und der Erde, dass Du solches den Weisen und Klugen verborgen hast und hast es den Unmündigen geoffenbart!" (Mt. 11,25)

Die Herausgeber

Ruhe in Gott

Willst du, Herz, die Ruhe finden,
die so schmerzlich du begehrst?
Soll die heiße Sehnsucht schwinden,
darin du dich trüb verzehrst?
Sieh, du hast nicht viel zu lernen:
nirgends, nirgends ist die Ruh -
draußen nicht in weiten Fernen,
nicht, wenn in der Heimat du!

Nicht im liebsten Menschenherzen,
das in deins sich ganz ergießt.
Nicht, wenn ohne Not und Schmerzen
dir dein Leben Licht verfließt!
Nicht, ob in der Jugend Tagen
alles Glück dir strömte zu.
Immer, immer wirst du fragen
ruhelos: „Wo ist die Ruh?"

Sieh! In dir, da wohnt der Eine,
der die Ruhe selber ist.
Er, aus Dem - für Den alleine
du, o Herz, geschaffen bist!
Der allein das heiße Streben
deiner Sehnsucht stillen kann,
weil Er Wahrheit, Licht und Leben,
Weg und Ziel dir weiset an!

Sieh, bei Ihm wirst du gesunden
von dem Weh, das dich betrübt,
Balsam hat Er deinen Wunden,
Er, der ewig dich geliebt.
Ruhe winkt an keinem Orte,
nicht in Welt noch Himmels Zier,
- nur in Seinem linden Worte,
nur an Seinem Herzen dir!

D.K.T.

Vorwort des Vaters

Meine lieben Kinder! Ihr seid gewöhnt, eine Sonntagsspeise von Mir zu erhalten. Darum will Ich euch dieselbe nicht vorenthalten, sondern euch zurufen: *„Selig sind, die da Leid tragen; denn sie sollen getröstet werden!"* (Mt. 5,4)

Es ist für Mich eine Freude, dass ihr festhaltet an Mir und Meinen Worten, welche Ich hier stets so einfach gebe, dass die Weisen und Schriftgelehrten darüber staunen werden, wie doch diese Worte mehr Früchte tragen als ihre hochstudierten Predigten, welche ihnen oft tagelang vorher bange machen, ob sie auch eine Anerkennung davon ernten werden - wobei sie oft aus der ganzen Bibel Verse zusammenkünsteln, um demselben einen Sinn oder eine Erklärung zu geben.

Sehet, wir machen es anders! In ganz einfachen Worten bieten wir die Wahrheit dar und wünschen einem jeden das Heil, das aus der Befolgung derselben kommt. - Daher sorget stets, dass die Liebe dafür bittet, dass dieselben Eingang finden! Es ist dies die geheime Kunst, die nur Meinen wahren Kindern bekannt ist, weil diese sie auch ausüben.

Das Verlangen nach einfachen Worten wird immer stärker werden, je größer und geheimnisvoller die Gelehrten schreiben. Denn sie beschreiben alles Tun und alle Auslegung - nur dem Grundgesetze suchen sie auszuweichen: *„Liebe Gott über alles und deinen Nächsten, wie dich selbst!"* (Lk. 10,27)

Bleibet ihr, Meine lieben Kinder, fest bei diesem Grundgesetze! - Denn alles, was Ich durch Meine unmittelbaren Worte gebe, löset dieses nicht auf, sondern bekräftiget es und ermuntert und erleuchtet euch dazu. Und wenn die Gegner euch mit noch so vielen Widersprüchen begegnen, so bringet ihnen nur Liebe entgegen, so müssen sie dem Geiste stille halten, der da in solchen Augenblicken nicht versäumt, Sein Gnadenamt auch an ihnen zu üben. Denn solche Fälle des Widerspruchs von gegnerischer Seite sind oft die allerzünftigsten Gelegenheiten, den Gegnern die Früchte eures Glaubens zu zeigen. Und Ich segne sie ganz besonders, wenn euer Herz an der Liebe festhält.

So merket euch denn auch diese Verhaltensregel: „Setzet die Liebe über den Eifer!" - damit ihr jeden Tag brauchbarer als Arbeiter in Meinem Weinberge werdet! - Amen.

„Das ist Mein Gebot,

dass ihr euch untereinander liebet,

gleich wie Ich euch liebe!"

(Joh. 15,12)

204. Sehet zu und wachet!

Adventsfest, 28. Nov. 1880

„Sehet zu und wachet! denn ihr wisset nicht, wann es Zeit ist."
(Mk. 13,33)

Liebe Kinder! Diese Worte will Ich heute besonders euch zurufen! Wachet, denn ihr wisset, dass jetzt die Zeit ist, wo Ich kommen will mit Meiner ganzen Vaterliebe; auch will Ich euch zu Hütern Meines Reiches - als Wachposten - einteilen. Lasset daher den Feind nicht in euer Lager kommen, sondern tuet Fleiß, dass die Türe des Herzens vor demselben verschlossen bleibt, damit er mit seinem Heer von Untugenden nicht einziehen und Mir dadurch eine Niederlage bei euch bereiten kann.

Es ist jetzt an euch, Mir zum Siege zu verhelfen durch Festhalten an Mir; erkennet also eure Pflicht, welche ihr als Kinder Mir schuldig seid.

Wachet, seid nicht sicher, darum weil ihr im Erkennen vieles gewonnen habt; denn dieses gehört zu eurer Berufung, welche ein Entgegenkommen von Meiner Seite ist; aber das Annehmen, so wie es Mein Wille ist, liegt an euch!

Darum merket auf, wie weit ihr Mir nun folget, ob ihr schon kindlichen Gemütes Meine Worte deutet (d.h. im Herzen denket), oder ob ihr durch Wortdreherei euch eure Pflichten gegen Mich so leicht als möglich zu machen suchet, während euer Standpunkt doch ein schwerer ist, den Ich nach Meiner Weisheit und Ordnung nicht ändern kann, wenn ihr den Sieg davon tragen sollet; aber darum sage Ich euch nicht allein:

„Wachet!" sondern auch „betet!" d.h. gehet mit Mir zu Rat; denn Ich setze kein Ziel, ohne dazu euch den nötigen Weg, welcher dahin führt, anzuordnen. Wer aber von diesem abweicht, trägt selbst die Schuld, wenn er verirrt und das belohnende Ziel nicht erreicht.

Es ist zwischen Vater und Kind noch ein engerer Verkehr nötig, welcher nicht allein bedingt, dass man sich nach dem allgemeinen Gesetze richtet, sondern Ich lasse Meine Kinder in Fälle kommen, über welche sie ganz besonders mit Mir zu Rate gehen und sich nach Mir richten sollen.

Wer mit solchem Vertrauen sich an Mich wendet, den lasse Ich Meine Vaterliebe stark fühlen, und schenke ihm Kraft, entweder das Werk, wozu er sich angetrieben fühlt, aus Liebe zu

Mir zu tun, oder die Bürde, die ihm um Meinetwillen auferlegt wird, zu tragen.

Meine Kinder brauchen daher keine großen Vorbereitungen zu Meinem Empfange, sondern Ich bin bei ihnen alle Tage, und die Herrlichkeit und Wonne, die Ich mit Meinem Einzuge verbinde, wissen sie mehr zu schätzen, als wenn Gold und Glanz im Äußeren mit Meinem Kommen verbunden wäre. Sie wissen, welche Schätze Ich austeile, und sind dadurch beglückt; aber weil die Liebe eine Hauptperle dabei ausmacht, so sind auch sie voll Liebe, und wünschen, ihre Mitmenschen dadurch zu beglücken, dass auch dieselben in Verbindung mit Mir kommen sollen.

Wenn ihr dann aus solch liebendem Herzen rufet: „Komm, o Jesu, komme bald!" da werde Ich Mich aufmachen und stark bei solchen anklopfen, die eure Liebe Mir übergeben will.

So seid ihr dann die wahren Knechte, die Ich nicht schlafend finde, sondern welchen Ich Meine Reichsgeschäfte anvertraue, für welches Reich es sehr viel zu tun gibt, - oder glaubt ihr, dass Ich Meine Worte gegeben habe, dass sie Jahrtausende sollen unbenützt liegen bleiben, und sogar die Menschen einschläfern bis auf einen gewissen Tag, wo Mein Erscheinen durch äußere Pracht sollte geschehen, und wo Donnern und Blitzen stattfinden soll, hauptsächlich gegen solche, die Mich nicht erkennen!? - Während Meine Diener sich doch keine Mühe gaben, Mich als Vater der Liebe zu erkennen!

Ich sage euch: sanft, still, demütig und liebevoll will Ich kommen, und alle die, welche Ich besuchen will, müssen gleichfalls sich um diese Eigenschaften bemühen.

Darum wachet und betet! Weil die Zeit immer ernster wird, und mit diesem steigt das Bangewerden in den Völkern, welches ein Vorzeichen Meiner baldigen Ankunft ist.

Sorget, dass eure Mitmenschen an euch erkennen, wie ihr durch eine verborgene Kraft euer Haupt zu erheben wisset, und die Liebe wird euch manche Gelegenheit bieten für Mich tätig zu sein; denn sowohl am Morgen, als am Mittag und Abend will Ich euch tätig wachend finden. Amen! Euer Jesus.

205. Berufung Meiner Jünger

(Joh. 1,43–51)   2. Advent, 5. Dezember 1880

Liebe Kinder! Es ist die Berufung Meiner Jünger, des Philippus und Nathanael, welche Ich euch nun zur Betrachtung vorführe, und zwar geschieht diese Berufung am häufigsten dadurch, dass der eine dem andern seinen Glauben überträgt.

Ich richte es Selbst so ein, dass wenn eine Seele in Meine Nachfolge vollernstlich eingetreten ist, so fühlt sie den Drang, sich anderen mitzuteilen. Dieses ist schon eine Frucht der Liebe, sie möchte gleichfalls beglücken, wie sie sich jetzt glücklich fühlt, und glaubt auch Mir dadurch einen Dienst zu erweisen. Ich nehme diesen Eifer der Liebe mit Freuden an und gebe Meinen Segen dazu. Daher es solchen Seelen auch nicht an Gelegenheit fehlt sich ausdrücken zu können. Jedoch kommen sie da öfters auch mit solchen in Berührung, die Mich schon erkannt haben, und machen dann dabei für sich den größten Gewinn, hauptsächlich wenn sie demütigen Sinnes sind und begreifen, dass ohne Meine Berufung ihre äußeren Anregungen keinen Wert haben; doch da werdet ihr wohl fragen: „Können wir also gar nichts dabei tun, damit Du als der gute Vater auch von andern erkannt wirst?"

Und Ich sage euch: O ja, recht viel, und zwar zuerst zeuget von Mir mit Freuden und ohne Scheu, wie ihr Mich nun gefunden und erkannt habt, und führet sie so durch eure Liebe zu Mir, und gebet ihnen ein gutes Beispiel von Vertrauen zu Mir.

Wenn sie euch dann widersprechen, so hoffet, dass Ich Mittel genug habe, auch solche zu überzeugen, indem Ich euch alle gar wohl kenne, und gleichwie Ich Nathanael einen Beweis gab, dass er vor Meinen Augen nicht verborgen ist, und dieses ihn zum Glauben an Mich bewog, so ist auch noch vielen die weitere Verheißung gegeben, welche lautet:

„Wahrlich Ich sage euch, von nun an werdet ihr den Himmel offen, und die Engel Gottes hinauf und hinabfahren sehen auf des Menschen Sohn." (Joh. 1,51)

Diese Worte gelten hauptsächlich dieser Zeit, dass wer Mir nachfolgt, wenn an ihn die Berufung ergeht, d.h. wer den Gnadenruf annimmt, denn der Heilige Geist sucht an der Seele zu bewirken, dass sie sucht Meine Gebote, welche im heiligen Worte enthalten sind - zur Richtschnur zu nehmen. Wer nun solcher Mahnung folgt, den werde Ich in den Verkehr mit den

Himmeln bringen, und es wird da die Umgebung finstrer Geister weichen müssen, und so in Meiner Nachfolge werde Ich sie Meine Macht und Meine Liebe immer mehr fühlen lassen, und es werden solche Seelen schnell in der Liebe zu Mir wachsen, weil sie in Verbindung und unter Einwirkung guter Geister stehen.

Hier findet ihr die Worte deutlich erklärt: „*Viele sind berufen, aber wenige sind auserwählt*" (Mt. 22,14); denn an alle ergeht der Gnadenruf. Aber die, welche ihn hören wollen, und sich nicht bestreben durch Gehorsam Meine Jünger zu werden, können nicht in die Gemeinschaft der Engel gezogen werden.

Zu diesem Vorzug gehört ein besonderes Merkmal, welches da ist: „*ein rechter Israelit, in welchem kein Falsch ist,*" (Joh. 1,47) sondern Harmonie zwischen der inneren Überzeugung und dem äußeren Wandel. Wo dieses der Fall ist, da werde Ich mit all den Meinen Wohnung nehmen!

Seid darum besorgt, dass ihr nicht allein berufen seid, sondern auch auserwählt werdet, um durch eure Sphäre, die immer mehr göttliches Licht anziehen soll, der großen Finsternis entgegenzutreten. Amen!

206. Arzt hilf dir selbst

12. Dezember 1880

Ihr werdet freilich dies Sprichwort zu Mir sagen: „Arzt hilf dir selbst", „denn wie große Dinge haben wir gehört zu Kapernaum geschehen, tue auch also hier in deinem Vaterlande!" (Lk. 4,23)

Liebe Kinder! Es sind dies wieder Worte, die Ich für euch sehr passend finde, weil auch ihr so sehr wünschet, dass Ich mit außerordentlicher Hilfe euch beistehen solle, damit ihr etwas für Mein Reich in Ausführung bringen könnt, und ihr blicket deshalb zurück auf die Zeit Meines Erdenwandels, wo so vieles durch Wunder bewirkt wurde. Aber damals waren die Menschen durch die Schriftgelehrten und Pharisäer so erzogen, dass sie durch sonst nichts mehr konnten bewogen werden, die Lehre der Wahrheit anzunehmen.

Ganz anders sollte sich dieses nach meinem Heimgange gestalten; denn dann sollte Mein Geist den Glauben an Gott den Vater bewirken. Die Worte, die Ich zu Meinen Jüngern sprach, sollten in ihnen wieder aufs Neue ertönen, durch dieselben sollten sie in voller (geistiger) Freiheit lieben, handeln und wandeln lernen; darum sie auch oft recht schwere Lagen durchzumachen hatten, ohne eine äußere Hilfe dabei von Mir zu erfahren. Es gab dabei freilich auch einige Ausnahmen, aber mehr um andere dadurch zu erwecken; denn für sie selbst war der Weg und die Kraft des Wortes der am meisten Trost und geistigen Gewinn bringende.

Es gibt auch ganz wenige Seelen, die eine solche Wunderführung ertragen können; denn immer ist mit solcher Führung zu viel Gefahr der Selbstüberhebung verbunden, während ja doch die wahre geistige Demut die Hauptbedingung für Meine Kinder ist.

Darum trete Ich - als Vater unter euch in eurer Mitte - euch das Recht ab, sowohl im Geistigen als im Äußerlichen einander zu helfen, denn die dienende Liebe ist der Boden, auf welchem der Gehorsam gegen Mich gepflanzt wird, und die tätige Liebe ist die Frucht Meiner Worte.

Aber hier muss Ich jedem einzeln etwas ans Herz legen: erschweret einander diese Ausübung der Liebe nicht, dadurch dass ihr euch dieser unwürdig zeigt, indem ihr von Meinen Geboten durch Heuchelei, Missbrauch eurer Gaben, Untreue, liebloses Urteilen, Misstrauen und Undank abweichet. Das sind lauter Steine, euch vom Feinde in den Weg geworfen, damit ihr euch daran stoßen sollet, und - entweder mutlos und langsam fortgehet, oder sogar umkehret, um einen bequemeren Weg zu suchen, welcher viel leichter zu gehen ist, als in einer Gemeinschaft, wo oft so viele Anforderungen zum Vorscheine kommen, die, wenn ihr allein und ohne geistiges Streben dahinlebet, euch gar keine Sorgen machen; aber, wo bleibt dann Meine Haushaltung, der Ich als Vater vorstehen, und wo Ich Meine Liebe fühlen lassen möchte!

Dies ist der große Unterschied, welcher obwaltet zwischen einem vereinzelt stehenden Kinde Gottes, und einer Gemeinschaft solcher.

Darum, ihr lieben Kinder, trage ein jedes dazu bei, dass ein Kreis um Mich geschlossen werden kann, und so eure Mitmenschen einsehen, dass Einigkeit stark macht - auch im Weinberge des Herrn und Ich will dann mit doppeltem Segen bei euch wirken, und die vereinzelten Kinder euch zuführen.

Also erkennet die Notwendigkeit eines aufrichtigen Zusammenhaltens, damit Ich bei den Meinen eintreten kann!

Amen! Euer Jesus – Vater!

207. Meine Geburt erneuert sich in euch

(Nach Lesung in der Jugendgeschichte)   18. Dezember 1880

Liebe Kinder! Nicht ganz könnt ihr noch begreifen, wie Meine Geburt sich in euch jeden Tag erneuern soll, darum seid auch ihr jetzt mehr auf Meine geschichtliche Geburt mit eurem Sinn gerichtet, was Ich gerne zulasse. Denn durch die Feier von Weihnachten ist Meinem Geiste und Meinen Dienern mehr Gelegenheit geboten - göttlich zu beeinflussen. Denn wo der Verehrung Jesu gedacht wird, da ergrimmen die finsteren Einflüsse und ziehen sich zurück, wo dann sogleich der göttliche Einfluss sich verstärkt. Darum ist dieses Fest von so großer Bedeutung und jedes Mal sehr segensreich, - es können da viele Herzen Mir wieder zugeführt werden.

Freilich hat auch gerade in diesem Feste der Luxus und materielle Sinn seinen höchsten Gipfel erreicht, wo für manchen nur noch die Gelegenheit Wert hat, an diesem Tage sich recht zu zeigen in seiner Üppigkeit und seinem Wohlstande. Ohne an Mich zu denken, lassen sie Mich in der Krippe liegen, unbekümmert ob Ich, als der Geber und Stifter aller Freuden, ein Plätzchen zur Aufnahme in ihrem Herzen finde; daher sie aber auch vom Satan stark bestürmt werden, und ihnen diese Zeit den meisten Missmut, Zorn, Neid und Unzufriedenheit bereitet.

In dieser Zeit stellt sich viel klarer als sonst heraus - wer tatsächlich noch zu Mir hält und von Mir gesegnet sein will, oder wer der Welt angehört. Ich zünde selbst den Weihnachtsbaum an in den Herzen, je nach dem Grade der Liebe; je mehr Liebe, desto mehr Licht, und da könnt auch ihr euch mitprüfen, ob ihr von Jahr zu Jahr an Erleuchtung zugelegt habet, und ob eure äußeren Ansprüche an solchem Tage immer kleiner, und dagegen eure Betrachtungen über Meine Menschwerdung euch klarer und segensreicher werden!

Wollet ihr Fortschritte machen in eurer Ausbildung, so soll jeder sich wiederholende Festtag euch eine neue Prüfungsfrage vorlegen, und also auch dieser kommende Christtag. Und eine große Freude wäre es für euch, wenn Mein Geist euch im Innern das Zeugnis geben kann, dass auch euch der Lobgesang gilt: *„Ehre sei Gott in der Höhe - und Frieden auf Erden (d.h. im Herzen), und den Menschen ein Wohlgefallen!"* (Lk. 2,14) Amen!

208. Friede sei mit euch

Weihnachten 1880

Meine lieben Kinder! Ihr wollet heute Christtag feiern nach Meinem Sinne; es sei, Ich komme zu euch mit dem Gruße: „Friede sei mit euch", und aber auch mit der Bitte: Friede sei mit Mir.

Diese Bitte soll euch nicht befremden, sie ist in der Jetztzeit so nötig, denn das meiste von Kreuz und Leiden, in welchem sich die Menschen dünken, kommt davon her, weil sie keinen wahren Frieden in sich finden; zuerst für sich selbst, denn sie haben noch zu viel (eitle) Wünsche und Bedürfnisse für ihren Leib, und setzen dessen Bedienung immer oben an. Daher kommt es, dass man mit Mir nicht zufrieden ist, weil Ich als Vater geistiger Kinder bei euch walten will, und daher nur solche Güter euch zuwenden will, die euch geistigen Gewinn bringen und also wahrhaft beglücken.

Wenn Ich nun um Frieden mit Mir bitte, so liegt in dieser Bitte eure ganze Stellung Mir gegenüber; denn gleich wie am Christtag die Kinder nur freudig den Eltern entgegenkommen und mit dankbarem Herzen ihre Geschenke betrachten, und in ihren Blicken Liebe strahlt, so sollten all die Meinen zu Mir kommen, vertrauensvoll und dankbar für die geistigen Geschenke, die Ich ihnen - oft nicht anders als durch die Kreuzboten - schicken kann. Allein sie bleiben zu sehr mit den Boten beschäftigt, und vergessen dabei den eigentlichen Wert, den der Geber ihnen damit zugedacht hat, hoch zu schätzen, und murren dann oft gegen Mich, als den Geber aller guten Gaben.

So ist Meine Geburt schon für die Umgebenden, den Josef und die Maria zuerst eine große Heimsuchung und ein schweres Kreuz gewesen, - sie konnten den großen Segen darin nicht verspüren. Also ist es jetzt noch; wenn Ich jemanden besuche, so sind die ersten Augenblicke zu sehr gegen das Natürliche gerichtet, und dieser Widerspruch, welcher dabei entsteht, und meistens durch Leiden und Kreuz bewirkt wird, erzeugt in euch Unzufriedenheit mit Mir. Daher Ich euch nun bitte, in solchen Fällen, wo Ich stärker anklopfe und so euch besuche, doch ein Beispiel an den Kindern zu nehmen, die vor dem Christbaume stehen. Kommet Mir freudig entgegen, auch wenn ein Geschenk noch verdeckt ist. Meine Liebe wird es euch dann desto bälder enthüllen, und wenn ihr auch mit verzagtem Herzen es tut, weil ihr keine Freudigkeit dazu fühlet, so kommet doch. Meine Gnade und Erbarmung ist so groß, dass sie diese Anwandlung von Murren schon verzeiht, wenn eine Überwindung dabei angestrebt wird.

Diese Versicherung Meiner Vaterliebe soll eure gesegnete Weihnachtsgabe sein. Dagegen bringet Mir statt Gold und Silber, ein volles Vertrauen, dass Ich euch richtig führe, damit ihr dadurch auch zunehmet in der wahren Bruderliebe, indem ihr alle eure Vorkommnisse von Mir ausgehend ruhig annehmet, und nicht ein Glied das andere beschwert, als ob es ihm hinderlich wäre bei seinem Wirken. Ich will euer Haupt sein und ihr sollet in Liebe verbunden Mein Leib sein, so wird euch allen geholfen werden. Meinen Frieden gebe Ich euch, - nicht wie die Welt gibt, sondern so wie ein himmlischer Vater Seinen geistig strebsamen Kindern geben kann. Amen!

209. Beim Antritt eines neuen Jahres

Neujahr 1. Jan 1881

„Denn siehe, ich will einen neuen Himmel und eine neue Erde schaffen, dass man der vorigen nicht mehr gedenken und sie nicht mehr zu Herzen nehmen wird." (Jes. 65,17)

Liebe Kinder! Heute beim Antritt eines neuen Jahres bei welchem ihr mit Hoffen und Bangen in die Zukunft blickt, gebe Ich euch die Worte eines Propheten vom Alten Bunde, welche Worte jetzt in dieser Zeit abermals denen gelten, die sich für Meine Kinder und Mein Volk halten. Mit diesen will Ich wiederum reden, wie ein Vater über seine Haushaltung; sie sollen aus Liebe zu Mir mit Trauer teilnehmen an allem, was bei ihrem Mitmenschen gegen Mich vorgenommen wird, und suchen nach Meinem Willen demselben entgegenzutreten.

Leset daher diese Worte, und ihr werdet den Zustand der jetzigen Christenheit ganz gleich finden, wie es hier beschrieben ist, - und doch ist Meine Liebe nicht wankend geworden einst zu diesem Volke herabzusteigen, und ihnen durch persönliche Liebe, Wohltaten und Lehren eine bessere Zukunft zu bereiten.

Darum auch durch den Propheten gesagt wurde: *„Er heißt Wunderbar, Rat, Kraft, Held, Ewiger Vater, Friedefürst"* (Jes. 9,5); denn ohne alle diese Eigenschaften wäre es nicht möglich gewesen - auch nur eine einzige Seele aus diesem Knäuel der Verwirrung zu erretten, niemand wusste mehr von den ursprünglichen Gottesgeboten, sondern Menschensatzungen wurden oben angestellt und aufgedrungen.

Jetzt ist es ebenso in der Christenheit. Sicher gemacht durch Meine große Nachsicht und Erbarmung, scheuen sich viele nicht mehr - ihre Ansichten oder vielmehr Hirnausgeburten der Menschheit als Wort des heiligen Gottes anzubieten, während sie es selbst nicht glauben. Sodann ist das Selbstsuchen in der Heiligen Schrift so ganz vernachlässigt, dass die größte Anzahl der Christen nur noch einen Bauchgott hat, dem sie mit aller Aufopferung ihres Willens zu dienen bemüht sind, wenn gleich ihr Geist dabei zugrunde geht; daher auch die vielen Streitigkeiten, Krankheiten, Verbrechen und barste Lieblosigkeit.

Nun bei solchem Überblick der Jetztzeit rufe Ich euch zu, die ihr euch noch glücklich fühlet, dass ihr einen göttlichen Vater habt kennengelernt, durch Seine Gnadenführung: Gedenket Seiner Worte, die bis auf das kleinste Jota in Erfüllung gehen müssen.

„Siehe Ich will einen neuen Himmel und eine neue Erde schaffen, dass man der vorigen nicht gedenken wird noch zu Herzen nehmen" (Jes. 65,17), - und wenn es euch jetzt unmöglich scheint bei der dichten Finsternis, dass es helle werde, so soll euch Mein Name dafür bürgen, welcher heißt: „Wunderbar, Rat, Kraft, Held, Ewig-Vater und Friedefürst".

Prüfet alle diese Namen und ihr werdet finden, dass ein jeder derselben sich in eurem geistigen Entwicklungsleben an euch bewiesen hat, - und gleich wie Meine Weisheit wohl weiß es zu ordnen, dass eine Seele wieder für Mich durch ihren eigenen freien Willen gewonnen werden kann, so ist es Mir auch möglich - allen zu helfen, und wie schon zur Rettung einer einzigen Seele die göttliche Größe der Liebe, Erbarmung und Geduld gehört, um sie zu bekehren, so ist für die ganze Menschheit die gleiche Liebe, Erbarmung und Geduld vorhanden.

Dass ihr an der Möglichkeit einer Neuschaffung zweifelt, das kommt daher, weil ihr Meine Liebe und Größe noch lange nicht erkennet, darum haltet euch aufs Neue an Mein Bibelwort, und trauet den Verheißungen; denn *„Himmel und Erde werden vergehen, aber Meine Worte nicht!"* (Mt. 24,35) - Und so gehet mit neuem Mut und Vertrauen auf dem Wege fort, den Mein Geist in euch bezeichnet hat; und seid Meiner Fürsorge und Liebe dabei versichert; euer Jesus-Vater. Amen! Amen! Amen!

210. Die Sättigung des Volkes

(Mt. 14,14)   2. Januar 1881

Meine lieben Kinder! Wir wollen die Sättigung des Volkes in der Wüste betrachten, welches Mir nachfolgte, um Meine Worte zu vernehmen, und dabei die Bedürfnisse des Leibes vergaß. Es wurde Nacht und sie hatten keine Herberge und keine Nahrung, so dass selbst Meine Jünger um sie besorgt wurden.

Dieses Volk jammerte Mich, weil es Gutes suchte, und Ich erwies ihnen zuerst eine Wohltat dadurch, dass Ich ihre Kranken gesund machte, dann aber sollten sie Meiner ganzen Liebe und Macht inne werden, Ich segnete ihnen das Brot und die Fische auf wunderbare Weise, und zeigte ihnen - wie sie durchs Gebet auf Weniges so viel Segen erflehen können, dass es so weit reicht als eine große Masse, welche sie sich selbst zu erjagen suchen.

Gerade in dieser Geschichte liegt die größte Aufmunterung, euer Vertrauen auf Mich zu setzen, hauptsächlich da, wo es der Fall ist wie bei Meinen damaligen Jüngern, die aus Liebe zum Volk zu Mir kamen, darum Ich ihre Liebe dadurch belohnte, dass Ich sagte: *„Gebet ihr ihnen zu essen"* (Mk. 6,37), und hernach das Brot und die Fische durch sie austeilen ließ.

Ebenso halte Ich es jetzt noch, wenn jemand ein Anliegen für seine Mitmenschen Mir vorbringt, da erteile Ich ihm auf wunderbare Weise so viel Kraft, dass er die Not des andern lindern kann.

Besonders gilt diese Geschichte nun euch als Beispiel, die ihr sehet, dass das Volk in der Wüste ist und wahres Himmelsbrot von Nöten hat. Ihr kommet ja oft mit der Bitte zu Mir - die Nacht bricht herein, und das Volk ist noch unversorgt, - und Ich sage zu euch: „Gebet ihr ihnen zu essen", und wenn gleich euer Herzens- und Büchervorrat noch viel zu gering euch dünkt für das Bedürfnis so vieler, so will Ich es segnen, nur kommet in vollem Glauben auf Meine Beihilfe zu Mir, so werdet ihr erfahren, wie viele dadurch noch gesättigt werden können; es ist noch genug Vorrat da, und können sogar alle mitgesättigt werden, sobald Ich Meinen vollen Segen dazu gebe.

Gleichwie Ich dort aufsah gen Himmel und dankte, also blicket auch ihr stets nach oben bei euren redlichen Unternehmungen und der Segen ist euch dann gewiss.

So wie dort Ich und Meine Jünger gleichgesinnt waren in der Liebe für das Volk, so sollet auch ihr immer mehr euch dessen erinnern, und fürbittend zu Mir kommen, und Ich will Rat schaffen, dass alle gesättigt werden können mit wahrem Himmelsbrot, oder glaubet ihr, dass die Sättigung im Geistigen Mir weniger möglich sei, als im Leiblichen? Ich sage euch - Ich bin noch derselbe, Der damals wirkte, und Meine Kraft ist nicht veraltet - aber euer Glaube ist schwach geworden, ihr wollt immer wieder auf eure eigene Kraft euch verlassen, und darum muss Ich verziehen; denn auch euch will Ich helfen zur wahren Demut, um in euch den rechten Hunger zu erwecken nach Mir, und dieses kann bloß geschehen, wenn ihr eure eigene Ohnmacht dabei einsehet.

So gehet mit Vertrauen der Zukunft entgegen (eingedenk des Wortes) *„Meine Kraft ist in den Schwachen mächtig!"* (2. Kor. 12,9) Euer Vater! Amen!

211. Die Weisen aus dem Morgenland

Erscheinungsfest, 6. Januar 1881

Liebe Kinder! Nachdem die Weisen aus dem Morgenland lange Zeiten nach dem König der Juden sich sehnten, oder vielmehr nach dem Erlöser, der ihnen bessere Zustände bringen sollte, wonach sie durch Eingebungen von oben das Verlangen fühlten, und es ihnen so gegeben war, dass solches durch ein äußeres Ereignis geschehen musste, erblickten sie den Stern, der sie überzeugte, dass nun derselbe geboren war. Sie setzten all ihre Hoffnung auf dessen Hilfe, und erkannten ihn als den wahrhaftigen Herrn und Regenten durch Meine Gnade, denn Ich war Selbst der Stern, der sie herbeizog und ihnen den Weg zeigte, weil ihre Sehnsucht im Herzen zu Mir groß war. Und daher scheuten sie keine Gefahr und Beschwerden, die bei damaliger Zeit sehr groß war, wenn man eine so lange Reise machen wollte. Entbehrungen aller Art, Raub, Mord, Gefangenschaft, Tod und Misslingen derselben stand ihnen vor Augen, und doch achteten sie alles nicht, nur um Meiner ansichtig zu werden. Sie hörten auf die Stimme ihres Geistes, und nicht auf die Sprache des natürlichen Verstandes, darum sie auch ihr Ziel erreichten.

Und nun, liebe Kinder, muss Ich euch eine kleine Erklärung geben, wie ihr die Erscheinung bei euch zu feiern habt, denn auch in euch habe Ich Selbst das Verlangen gelegt nach etwas Besserem, Edlerem, das wie ihr erkennet, bloß in geistigem Gut bestehen kann, und dieses geistige Gut bin Ich Selbst. Meine Lehre und Meine eigenen Worte, die ihr von Mir erhaltet, sind der Stern, der euch nach Bethlehem führt, in die Hütte der Demut, welche vor den Augen der Weltgroßen verborgen ist. Daher auch diese Weltregierenden in ihrem Großdünkel sehr überrascht werden, wenn Ich es so einrichte, dass ein anderer sie um Rat wegen Mir fragt, über eine Sache, die in ihrer Nähe existiert, ohne dass sie Kenntnis davon haben, und die ihnen durch Meine Einwirkung ein Bangen verursacht, weil sie unumstößliche Beweise haben, dass die Wahrheiten sich nicht vertilgen lassen, die von Mir ausgehen.

Nun sinnen solche Regenten auf Austilgung derselben, und scheuen sich nicht die größte Ungerechtigkeit oft dabei auszuüben; darum wachet!

Merket auf, wie Ich, der Herr, bei solchen Anschlägen euch führen will, und bedenket, dass Ich mit euch gehe, und nicht um eurer willen, sondern um Meiner willen oft solche Verfolgungen geschehen, weil das Reich des Lichtes und das der Finsternis nicht lange nebeneinander bestehen können, was solche Welteigendünkler selbst einsehen. Und gleich wie die drei Weisen weder Beschwerden noch Opfer scheuten um Meinetwillen, so sollet auch ihr auf eurer Reise nur stets das Ziel und den Stern im Auge haben, mit der inneren Überzeugung, dass ihr Mich findet, und euer Lohn dann groß ist.

Ebenso könnt ihr nicht bloß in Bethlehem verbleiben, d.h. abgesondert von der Welt, denn gerade dann seid ihr den Verfolgungen ausgesetzt, sondern ihr werdet, bis das Kindlein in euch erstarkt ist, auch nach Ägypten müssen, und mit den Weltmenschen leben, nur höret dabei auf Meine innere Stimme, und betet derselben silberne und goldene Götzen nicht an, die nicht neben Mir bestehen können, sondern auf Mein Geheiß in ihr Nichts verfallen.

Erkennt die Wertlosigkeit der irdischen Schätze, welche hindern auf Mich zu hören, und bringet Mir eure Liebe, euren Willen und euer ganzes Leben als Beweis eurer Verehrung dar, so will auch Ich Meine Schatzkammer der Liebe und Gnade euch eröffnen, dass ihr in Ewigkeiten euren Weg nicht zu bereuen habt, sondern euch freuet, dass der große König euch hier schon gewürdigt hat, Ihm dienen zu dürfen. Amen!

212. Segnet, die euch fluchen!

(Mt. 5,44)   9. Januar 1881

Meine lieben Kinder! *„Segnet, die euch fluchen!"* (Mt. 5,44) Diese Worte grabet tief in euer Herz hinein und befolget sie; denn nur durch dieses könnt ihr entgegenwirken einer Macht, die allem aufbietet, Hass, Zorn und Verdacht auf euch zu schleudern.

Darum - bittet für solche, dann will Ich sie segnen. Aber ihr müsst um den Segen für sie zuvor bei Mir anhalten, weil Meine heilige und gerechte Ordnung nicht den Hass ungestraft lassen kann. Also müsst ihr aus freiem Willen solchen vergeben, die euch verfolgen, und Ich will eure Bitte gleichfalls erhören.

Denn es ist jetzt die Zeit, wo die unreinen Geister stark auf die Gemüter einwirken, hauptsächlich da, bei denen sie merken, dass solche schon mehr Licht in sich fühlen und gesonnen sind, der Wahrheit mehr nachzusuchen. Wenn euch daher oft Widersprüche oder ein Abkehren von solcher Seite zustößt, so betet anhaltender für sie.

Es ist viel schwerer ganze Seelen oder vielmehr die Seelen ganz für Mich zu gewinnen, als viele Seelen so etwa auf halben Weg zu stellen, darum sorget nicht so sehr, dass noch viele sich am Lesen beteiligen, sorget aber - dass eure Gemeinschaft, darin ihr gar wenige seid, desto eifriger füreinander eintritt im Gebet, damit ihr wachsen möget zu einem starken Senfbaume, darunter die Vögel des Himmels nisten können.

Erneuert in diesem Jahre euren Gebetsbund, er wird euch immer zeigen - wie viel ihr in der Liebe gewachsen seid. Sorget nicht zu viel für die äußeren Sachen dabei, sondern sorget - dass ihr immer mit gleicher Liebe, mit gleichem Vertrauen, mit gleichem Mitleid für so viele Seelen, die im Finstern wandeln, anhaltet, hauptsächlich aber für die, welche in der Halbfinsternis sich befinden und dadurch dem Kampfe mehr ausgesetzt sind, - diesen will Ich schnell zu Hilfe eilen, damit sie nicht eine Beute des Satans werden.

Gerade in der Jetztzeit gibt es sehr viele solche, die durch die Ereignisse, durch eine Einsicht in die vielen Unbilligkeiten, durch die vielen Gräueltaten, die überall vorkommen, nach etwas suchen, worauf sie sich fest verlassen könnten in ihrer geistigen Richtung. Und wenn sie solches nun in Meinem (neuen) direkten Worte zu Händen bekommen, so sind sie abermals zu schwach, sich ganz auf dasselbe zu verlassen, und demselben vollen Glauben zu schenken, weil eben auch sie mit der Welt mehr beteiligt sind, als sie es an sich selbst erkennen, und gar vieles ablegen müssten. - Darum ist dann wiederum ein Zweifeln vorhanden, welchem sie so gerne Gehör schenken, weil ihr Natürliches zu sehr beeinträchtigt wird, und so ist der Kampf groß, bis Ich vollen Eingang finde.

Auch bei euch ist dies noch der Fall, nur mit dem Unterschiede, dass diese Zweifel oder Abwendungen von Mir keine anhaltenden sind, sondern zumeist von äußeren Sachen herrühren. Ich mache euch besonders aufmerksam darauf, damit euer Bund dadurch nicht in der Liebe erkalten solle, sondern ihr fest zusammenhaltet um Meinetwillen. Bedenket welche Aufgabe ihr habt, so werdet ihr stark werden, auch in der göttlichen Bruderliebe, die sich über kleinliche Vorkommnisse wegsetzen kann. Weil ihr Mich zum Vorstand eurer Sache selbst erwählt habt, so will Ich euch Meinen Rat immer Selbst geben. Euer Vater!

213. Wer sagen die Leute, dass Ich sei?

(Lk. 9)   19. Januar 1881

Liebe Kinder! *„Wer sagen die Leute, dass Ich sei?"* (Mk. 8,27) Diese Frage tat Ich einst an Meine Jünger, obwohl Ich der Allwissende bin und besser als sie kannte, wie die Herzen und der Glaube an Mich bei den Menschen beschaffen waren. Ich wollte sie dadurch anleiten, dass sie sich bei denselben über Mich befragten. Sie sollten die Ansichten kennenlernen; denn ohne dass dieselben ihnen bekannt waren, konnten sie ja nicht suchen, den Menschen etwas Anderes und Besseres von Mir beizubringen.

Meine Jünger antworteten Mir, dass es bei den Leuten heiße: „Ich sei ein Prophet", denn ganz konnte man Meine Person und Wunderkraft nicht verwerfen; es wäre gar zu unklug gewesen, wo doch so viele Tatbeweise da waren, welche auch den einfältigsten Seelen klarstellten, dass hier mehr als bloße Magie zu finden sei.

So ist es auch noch in der Jetztzeit! Die Klugheit der Welt räumt Mir noch eine Stellung ein, weil sie wohl einsieht, dass es noch viele einfältige und redliche Seelen gibt, die sich ihren Heiland nicht nehmen lassen, sondern einen Ersatz dafür verlangen, den zu bieten keinem Menschen möglich ist, wenn er auch noch so viel Ansehen und Macht besitzt. Darum wollen diese Menschen Mir eine Prophetenstelle einräumen, oder Mich zu einem Stellvertreter für sich bei Gott machen, was ihnen gar lieb ist, weil auch sie es dadurch bequemer in ihrer natürlichen Lebensweise haben, und ist deshalb diese Annahme von Mir so vorherrschend!

Nun aber frage Ich auch euch als Meine jetzigen wahren Jünger, wie damals: „Wer saget denn ihr, dass Ich sei?" Diese Frage, Meine lieben Kinder, stelle Ich an euch, nachdem ihr euch der Einwirkung Meines göttlichen Geistes rühmet und in Wahrheit sagen könnt, dass euch Meine Liebe und Gnade besonders heimsuche, und zwar auf verschiedene Weise. Könnt ihr nun auch gleich Petrus sagen: *„Du bist der Christ Gottes?"* (Lk. 9,20) Oder erkennet ihr in eurem Herzen Jesum als den wirklichen Gott und Vater an?

Sehet, dies ist eine sehr ernste Frage an euch; denn wenn dieses bei euch der Fall ist, so müsst ihr euch genau prüfen nach den folgenden Versen in diesem Kapitel (Lk. 9), als dem 23., 24.,

25., 26. Ich bitte euch, dieses zu tun, damit ihr auch der gegebenen Verheißung dabei teilhaftig werden könnt. Denn gleichwie damals einige von Meinen Jüngern diese Worte tief in ihrem Herzen bewegten, und Ich sie dann mitnahm auf einen Berg, um mit Mir zu beten, wo ihnen dann Meine Verklärung zuteilwurde, also will Ich diejenigen, die sich im Gebet zu Mir emporschwingen, auf ganz fühlbare Weise Meine Herrlichkeit erfahren lassen. Ich will sie stärken und von der Wahrhaftigkeit Meines Wesens überzeugen. Sie sollen nicht mehr bloß durch Annahme glauben, sondern durch innerste Überzeugung. Es ist diese Überzeugung (als lebendige Erfahrung) der Segen ihres (guten) Wollens, welches der Liebe entsprießt, Denn diese Liebe kommt aus der Erkenntnis bei denen, die da suchen Mich wahrhaft zu erkennen.

Dieses Suchen wird nun vielfältig durch die Zeitverhältnisse hervorgerufen, so dass ein Hunger nach etwas Besserem bei vielen vorhanden ist, weil sie sich an den ihnen vorgesetzten Speisen (den noch eingeräumten Rechten, welche die Menschenlehre von Meiner göttlichen Person übrigließ) nicht mehr sättigen können.

Sie fühlen durch Einwirkung von oben, dass sie einer größeren Hilfe, größerer Liebe, größerer Erleuchtung bedürfen, um sich erheben und vom Materiellen mehr losmachen zu können, um ihrem Geiste mehr Sorgfalt zuzuwenden.

Diese Zustände (des Sehnens nach Licht) sind die wahren Vorboten für Mein Kommen, darum Ich euch jüngst gesagt habe: „Gebet ihr ihnen zu essen!"

Wohl denen, die Ich bei der Arbeit finde, wenn Ich unversehens aufbreche und wohl dem, der sich nicht beruhigt, wie der Knecht, welcher meinte: *„Mein Herr kommt noch lange nicht"* (Mt. 24,28), und wo derselbe ihn dann schlafend findet!

Redet nicht viel über diese Meine Worte, sondern tuet danach! Euer Jesus-Vater! Amen.

214. Ich bin der allmächtige Gott

22. Januar 1881

„Ich bin der allmächtige Gott, wandelt vor Mir und seid fromm!" (1. Mos. 17,1)

Meine lieben Kinder! Dieses Sprüchlein ist euch schon von Kindheit auf bekannt. Vielen unter euch ist es als ein Gebet von den Eltern angelernt worden, und jetzt will Ich euch nochmals diese Worte zurufen, weil viele glauben, es sei dasselbe viel zu einfach für eine vielwissende Seele. Ich aber sage: Es ist eure ganze Aufgabe als (Meine) Kinder darin enthalten.

Nachdem ihr wisset, dass Ich der Vater unter euch sein will, so wiederhole Ich auch Meine Allmacht, welche ebenfalls dazu gehört, wenn ihr euer Vertrauen auf Mich setzet, (indem ihr überzeugt seid), dass Ich helfen kann und will; aber zugleich muss Ich auch dabei bedingen: „Wandelt vor Mir - dem Allwissenden, Allliebenden, Heiligen und Gerechten!"

Stellet euch bei eurem Wollen und Handeln recht Meine Gegenwart vor Augen, bedenkt, dass Ich alles durchschaue; und wenn eure Klugheit sich oft erlaubt das Gute nur scheinbar zu tun, um andern gegenüber als ein Kind von Mir zu erscheinen, so ist solches kein Wandel vor Mir; denn vor Meinen Augen hat nur das einen Wert, wobei das Innere mit dem Äußeren harmoniert, und man ernstlich nur Gutes will.

Zu wenig wird oft daran gedacht, dass alle eure Gedanken und Handlungen zu Mir offenbar sind.

Nun will Ich Meinen Standpunkt, wie er oft bei manchen zu treffen ist, in einem Beispiele vergleichen, damit ihr einsehen lernet, wie viel ein jedes unter euch, nur schon in diesem Punkte, Meine Allwissenheit und Allgegenwart betreffend, von Mir noch entfernt ist.

Wenn ihr etwas unternehmet oder an etwas denkt, dessen ihr euch vor einem Menschen, den ihr für besser haltet als euch selbst, schämen würdet, so handelt ihr im Geheimen, und seid froh, dass dieser Mensch eure Schwachheit nicht merkt; auch schenket ihr einem solchen eine gewisse Achtung. Wenn es aber dem Freunde möglich wäre, alles zu erforschen, würdet ihr es da nicht ernstlich überdenken, ob ihr solch eine Handlung, die euch vor demselben entwürdigt, tun oder besser lassen sollet, weil ihr hauptsächlich euch ganz von demselben abhängig fühlet? Ja ihr würdet dieses alles gewiss genau überlegen.

Nun aber frage Ich euch, wie genau ihr es mit Mir, dem Allwissenden, in eurem Wollen und Handeln nehmet? Und wie weit ihr den Glauben habt, dass Ich euch als Meine Kinder stets beobachte. Letzteres wünscht ein jedes von euch nur zeitweise, weil euer Gewissen euch sagt, wie einst den ersten Menschen: *„Ich schäme mich, weil ich nackend bin, darum suche ich mich zu verbergen!"* (1. Mos. 3,10)

Viele Gedanken und Handlungen sind es, worüber ihr froh seid, dass eure Nebenmenschen sie nicht wissen. Aber daran denket ihr zu wenig, dass Ich als euer Vater und als der allmächtige Gott, alles weiß und die meiste Macht besitze, eure Sache zu fördern oder zu zerstören. Darum, - *„wandelt vor Mir - und seid fromm!"* (1. Mos. 17,1)

Tuet was recht ist, und recht ist - was und wie Ich es angeordnet habe, und noch stets jedem als Gebot durch sein Gewissen sagen lasse.

Wie es bei einem Regenten der Fall ist, wenn ein Untertan oft über dessen Befehle räsoniert, und sich so manches dagegen erlaubt. Wenn dann aber der Regent in seine Nähe kommt, dieser Untertan verstummt und seine Widersprüche zu verbergen sucht, also ist es auch bei Mir der Fall.

Würdet ihr mehr Meiner Gegenwart gedenken, so könnt ihr, so ihr Mich wirklich liebet, manches nicht so gleichgültig unterlassen oder tun!

Darum, liebe Kinder, wandelt vor Mir, und zwar so, dass Ich Mich freuen kann über euer Streben, Meinen Willen zu befolgen. Alsdann werdet ihr manche Fehltritte unterlassen, welche ihr sonst oft tut, weil ihr glaubet, es sehe, höre und erkenne euch niemand.

Der euch das Auge gegeben, sollte der nicht sehen? Der euch das Ohr verliehen, sollte der nicht hören? - Ich sage euch, alles von euch wird aufgezeichnet in das große Buch, das über Tod und Leben Urkunden birgt. Euer Vater und Gott Jehova! Amen!

215. Fasset eure Seelen mit Geduld

(Lk. 21) 30. Januar 1881

Liebe Kinder! Es ist Not, euch auf diejenigen Kapitel in der Bibel aufmerksam zu machen, welche wiederum einen Zeitabschnitt (und sein Ende) bezeichnen, sowie auch die Erscheinungen, welche dabei stattfinden werden, wenn Ich im Anzuge bin.

Diese Zeichen gelten aber mehr Meinen Jüngern, die mit ihrer geistigen Sehe die Verwüstungen und Trübsale auf dem geistigen Entwicklungsgebiete erschauen, und den Untergang der Menschen darin erkennen können.

Nota bene: Hier muss Ich noch beifügen, dass dieser Ausdruck „Menschen" im höheren Sinne bedeutet, und mit dem Untergang derselben gemeint ist, dass sie alle geistigen Gaben, welche Ich ihnen verliehen habe, um durch selbe ihrer Bestimmung gemäß sich immer mehr veredeln und vergeistigen zu können, gleichgültig dahin nehmen, und sie durch den Genuss aller natürlichen Leidenschaften in sich ersticken, so dass sie unter das Tier herabsinken, wo dann als Folgen eine Aufreibung nicht ausbleiben kann.

Wenn also die Menschen auf solchen Standpunkt heruntergekommen sind, oder doch die Mehrzahl derselben, dann muss Meine Liebe und Erbarmung Mittel anwenden, dieser (tierischen) Entartung des Göttlichen Einhalt zu tun, soweit es mit dem freien Willen des Menschen vereinbar ist; damit die Seelen nicht der ewigen Verdammnis anheimfallen, und diese Mahnrufe äußern sich in der Welt durch „Gerichte", wie ihr es nennet. Durch solche Gerichte werden viele Menschen wieder zum Nachdenken und zur Umkehr bewogen.

Aber dieses zu fördern, dazu brauche Ich Apostel nach Meinem Sinne, die mit Mir schon zuvor über solchen Verfall trauern, und gleichwie Ich aus Liebe für die gefallenen Menschen Blut und Leben gab, um sie zu retten, so müssen auch Meine jetzigen wahren Jünger bereit sein, alles mit Liebe anzunehmen, was Meine Weisheit für gut findet ihnen aufzuerlegen zu ihrer Vorbereitung für solch große Mission, die viel Geduld und Ausdauer verlangt, besonders auch großes Vertrauen zu Mir, weil Ich dabei oft ihren Ansichten entgegenhandeln muss, obgleich Ich weiß, dass dieselben aus redlichem Herzen kommen.

Darum gab Ich mit solchem Auftrage immer wieder Worte der Verheißung, und auch jetzt rufe Ich allen zu, die mit Sehnsucht und Eifer auf Mein Reich warten:

„Fasset eure Seelen mit Geduld!" (Lk. 21,19), weil auch Ich nur mit Geduld sowohl euch als andere zu erziehen habe.

Und wenn aber dieses anfängt zu geschehen, so sehet auf und hebet eure Häupter empor, darum, dass eure Erlösung sich nahet; d.h. tut eure Pflicht auch im Äußeren, durchs Beispiel der Mäßigkeit, der Einfachheit usw., damit ihr nicht unversehens zu Schanden werdet, gerade in einem Falle, wo ihr Mich ferne glaubet, und Ich euch dann Meine Nähe besonders fühlen lassen muss, damit solches euch dann zur Freude und nicht zur Reue wird!

Darum seid wacker allezeit und betet, dass ihr würdig werden möget zu entfliehen diesem Allem, was geschehen soll, und ihr rein dastehen möget vor des Menschen Sohn (Predigt Nr. 1).

Schon viele Mahnworte habe Ich ganz besonders an euch nun noch ergehen lassen; o beherziget sie, damit Ich euch als treue und kluge Haushalter bei Meinem Erscheinen finde, und ihr Mich als den, der allezeit gegenwärtig Seine Liebe euch täglich fühlen lässt - freudig aufnehmen und noch viele auf Mich hinweisen könnt, die mit Angst und Bangen Meinem Kommen entgegensehen.

Machet solchen klar, dass hinter dem Wehgeschrei der Welt Mein Gnadenruf sich verbirgt.

Ehe ihr aber dazu tüchtig sein könnt, müsst ihr von eurer Mission und eurer Führung durch Meine Vaterliebe völlig überzeugt sein. Nur so geistig gehoben im rechten Glauben an Mich könnt ihr euren Mitmenschen zum Segen werden! Amen. Euer Jesus!

216. Vom göttlichen Standpunkt

6. Februar 1881

Liebe Kinder! Nachdem Ich euch in letzter Zeit so viele Winke gegeben habe vom jetzigen Standpunkte der Menschen in geistiger Beziehung, so will Ich wiederum Meinem eigenen Standpunkt euch gegenüber mehr Beachtung geben, und zwar zuerst als Gott, wo Ich als allmächtig, heilig, gerecht euch am weitesten entfernt bin. Wenn ihr dabei eure Schwachheit und Sündhaftigkeit erwäget, so ist die Kluft zu groß, als dass ihr glauben könnt, eine engere Verbindung mit Mir sei möglich.

Daher kommt es, dass viele Menschen lieber gar nichts von Mir hören wollen, weil dieses Verhältnis ihnen zu unfassbar ist, und sie also keinen Nutzen bei solcher Annahme sehen. Sie ziehen sich lieber scheu zurück von allem, was über Mich und Mein Wesen Aufschluss geben könnte, um sich nötigenfalls wenigstens mit der Unwissenheit entschuldigen zu können. Ja, viele glauben, dass sie auch Mir gegenüber solche Entschuldigungen vorbringen können, als ob Ich nicht wüsste, wie viele Gnadenrufe jedes einzelne noch besonders erhält; denn jeder Mensch erhält dieselben und wird dafür verantwortlich gemacht.

Bald benütze Ich Mein Wort, das eindringlicher als sonst zum Forschen ermahnt, bald sind es Naturereignisse, bald die Natur selbst, mit ihren Anforderungen, hauptsächlich der Frühling, wo nach langem Winterschlafe die Stimme der Liebe denselben wieder erweckt, zum immerwährenden Spenden von Genüssen und Gaben.

So bringt jeder Tag Segen, dass die Menschen sich sagen müssen: „Nur Gott ist es möglich solches zu tun". Und wenn ihr solches betrachtet, muss euch nicht klar werden, dass dabei nicht die Macht das Größte ist, sondern die Liebe, die stets fortfährt zu segnen und zu geben, und sich nicht zurückzieht, auch wenn ihn die Menschen dennoch für einen harten Mann halten, anstatt für einen liebenden Vater. Oder wie viele finden es zu kleinlich darüber nachzudenken, während ihre ganze Existenz doch von Mir abhängt?

Wenn ein begüteter Weltmann Diener braucht, so werben gar viele um solchen Dienst, weil sie hoffen ihr Leben dabei fristen zu können und sich zu erhalten. Obgleich niemand es ihnen verbürgt, ob solches auch wirklich wahr ist oder wie lange?

In Meinen Dienst zu treten, das gehen die Menschen nur langsam ein, während doch dabei ihr Wohl zeitlich und ewig wahrhaft gegründet würde.

Sehet, dies ist das Vertrauen, das Ich sogar als Gott (oft) nicht erhalte, und als Vater erkennen Mich ganz wenige, während Ich doch an Meinem Tische die ganze Menschheit labe und erquicke, und dabei Meine Gesetze so milde sind, dass Ich gar keinen an seinem Menschenrechte verkürze, sondern mit allen gleich liebevoll verkehren will.

Ich nahe Mich sogleich, wenn eine Seele nach Mir ruft, und lege ihr Meinen Rat ins Herz; auch habe Ich keine Rangordnungen geschaffen, sondern nur Brüder und Schwestern.

Obschon die Menschen vorgeben, sie fürchten Mich als ihren Richter, so scheuen sie sich doch nicht Meine Gesetze umzustoßen und ihre eigenen geltend zu machen; und zwar meine Ich da nicht die allgemeinen Weltgesetze, sondern bei jedem besonders den Widerspruch, welchen der natürliche Verstand dem Gewissen entgegensetzt.

In diesem Widerspruche steckt eure Stellung zu Mir; je mehr ihr auf denselben hört, desto ferner seid ihr noch von Mir, als eurem Gott, und desto unwürdiger - Meine Kinder zu heißen. Nur wenn euer Innerstes den Sieg über solche Verstandes-Beeinflussungen davonträgt, werdet ihr den Vaternamen mit Segen aussprechen können; vorher wird euch die Furcht vor einen richtenden Gott nicht ganz verlassen.

Also ehret Mich als Vater dadurch, dass ihr euer Herz und nicht euren Verstand zur Richtschnur eures Lebens nehmet.

Amen! Euer Gott und Vater!

217. Der Hauptmann von Kapernaum

(Mt. 8,5 ff) 12. Februar 1881

Liebe Kinder! Es ist in der Erzählung vom Hauptmann von Kapernaum euch ein Bild gegeben von der Demut, vom wahren Glauben und von der Liebe, welche Weise zu regieren wissen.

Zuerst bemühte sich der Hauptmann zu Mir zu kommen, weil er in sich das Vertrauen hatte, dass Ich helfen könne, und zwar ein Knecht war es, um dessen Heilung er Mich bat.

Es war ihm nicht zu gering, in einem Diener seinen Mitmenschen zu betrachten, sondern die Liebe war Fürsprecherin für diesen, er lobte denselben; denn die Liebe sieht ja nur das Gute, und die große (echte) Liebe lässt sich am besten zur Zeit der Not erkennen.

Dieser Hauptmann sagte also nicht: Es ist nur mein Knecht, bemühe Dich nicht unter Mein Dach, sondern: *„Herr, ich bin nicht wert, dass Du unter mein Dach eingehest."* (Mt. 8,8)

Er trug Mir seine eigene Unwürdigkeit dabei vor. Welche Demut ist bei ihm verbunden mit dem Glauben, welche Zuversicht auf Meine Hilfe und Liebe, dass Ich auch einen Unwürdigen Hilfe angedeihen lasse!

Hier in diesem Wesen des Hauptmanns liegt eine verborgene Macht - zum wahren Glauben zu gelangen, weil er Liebe an seinen Mitmenschen übte, und denselben ihre Schwachheiten nicht so hoch anrechnete; darum kam er so leicht zu der Annahme, dass er auch als fehlerhafter Mensch Mir sein Anliegen vorbringen dürfe.

Sehet, dies ist ein rechter Glaube, der aus sich heraus entnehmen kann, dass Ich Macht und Liebe besitze, zu helfen, und solches auch tue, selbst wenn die Menschen dessen nicht würdig sind. Darum sagte Ich zu denen, die bei Mir waren: *„Wahrlich Ich sage euch, solchen Glauben habe Ich in Israel nicht gefunden!"* (Mt. 8,10)

Und auch heute rufe Ich noch vielen zu: Vergleichet euren Glauben mit demjenigen des Hauptmannes, der sowohl auf Meine Macht, als auf Meine Liebe vertraute; aber dabei das Bewusstsein seiner eigenen Schwachheit hatte. Er bat mit solcher Demut um das Wohl seines Nächsten, er kam nicht vor Mich und tat Abbitte für ihn, sondern er pries Mir dessen gute Eigenschaften, nachdem er seine eigene Unwürdigkeit mir vorstellte.

Wer so mit seinem Glauben die Liebe und Demut verbindet, wie es bei dieser Seele der Fall war, dem wird geholfen werden, und auch er wird die Worte über sich ausgesprochen hören: *„Gehe hin, Dir geschehe, wie Du geglaubt hast!"* (Mt. 8,13)

So, Meine lieben Kinder, betrachtet auch diesen Akt in Meinem Leben, und bittet dabei um den wahren Segen, damit er euch zum Fortschritte im Glauben, in der Liebe und in der Demut ermuntere! Euer Jesus. Amen!

218. Führe uns nicht in Versuchung!

(Mt. 6,13)   20. Februar 1881

Liebe Kinder! Bei jedem Worte, das ihr betet, sollet ihr euch prüfen, ob es euch redlich aus dem Herzen kommt; sonst ist es ein Gräuel vor Mir. Hauptsächlich ist dabei dasjenige Gebet gemeint, das Ich euch Selbst lehrte, das Vaterunser, welches alles enthält, was zu eurer Selbstprüfung nötig ist. Und wollet ihr Meine Kinder sein, so sollen euch die Worte eines so liebevollen Vaters doppelt wichtig sein; besonders die Worte: „*Führe uns nicht in Versuchung!*" (Mt. 6,13)

Dabei sollet ihr zuerst bedenken, wie vielfach eine Versuchung stattfinden kann!

Zuerst könnt ihr durch zu große Armut zum Murren und Zweifeln versucht werden, weil ihr glaubt, dass ihr als Kinder eines reichen Vaters auch im äußeren mehr mit Glücksgütern bedacht sein solltet, damit die Leute an euch merken könnten, dass ihr bevorzugt seid.

Welch große Versuchung liegt in solchem Begehren, wie weit entfernt sie euch oft von Mir, dass ihr undankbar seid für eure Gnadenführung. Während Ich doch eure Schwachheit besser kenne, und wohl weiß, was Ich euch zulassen kann, damit selbe nicht die Oberhand gewinne. Denn die Armut ist die Wächterin, damit der Stolz, die Überhebung und die Genusssucht in ihren Schranken bleiben.

Darum sollet ihr, wenn ihr in eurer Armut betet, nicht um Wohlstand bitten, sondern sogleich bedenken, dass Meine Liebe dieselbe nun einmal für euch gut fand. Denn äußere Armut hat schon manchem zu geistigem Reichtum verholfen, während äußerer Reichtum meistens ein Hindernis des geistigen Wachstums ist.

Deshalb lasse Ich Meinen Kindern und zwar den meisten ihren Führungen beides in verschiedenen Abwechslungen zukommen; damit sie sich nicht entschuldigen können, als ob Ich ihnen ein unpassendes Verhältnis zu ihrer geistigen Ausbildung auferlegt habe? Seid daher ruhig darüber; denn jeder erhält dasjenige, was ihn am meisten zum Ziele bringt.

Wie viel Undank ist Mir schon geworden, wenn Ich, um die Seelen nach ihrer eigenen schlechten Wahl zu befriedigen, die Verhältnisse solch murrender Menschen oft auf wunderbar schnelle Weise nach ihrem Wunsche und gemäß ihrer Ansicht in eine bessere Lage wandelte, während Ich wusste, dass sie dieselben nicht ertragen können, und Ich nachher mit desto mehr Strenge ihnen zur Umkehr helfen muss.

Darum könnt ihr nach einer Betrachtung eurer selbst statt „führe uns nicht in Versuchung" sagen: „Lasse uns nicht gelüsten über Deine weisen Anordnungen zu murren, welche stets nach dem Maße unserer Kraft bemessen sind, und wenn wir dennoch schwach werden, so erlöse uns von dem Übel, hauptsächlich auch insofern, dass wir eine Niederlage nicht auf die Rechnung anderer Menschen laden, sondern auch in dieser Versuchung durch Deine Gnade bewahrt bleiben."

Denn der Mensch ist zu sehr geneigt, seine Führungen, seine Verfehlungen, sein Misslingen, ehe er sich selbst genau prüft, auf die Einwirkung seiner Nebenmenschen zu schieben. Er tritt oft frech genug mit einer Anklage vor Mich als den Allwissenden, anstatt mit Selbstprüfung und Reue. Und das tun oft auch solche, welche meinen, sie haben einen Vorzug bei Mir, weil sie eines besonderen Nachlaufens Meiner erbarmenden Gnade sich rühmen, was auch oft durch besonders starke Beeinflussung stattfindet, jedoch nicht wegen ihres Verdienstes, sondern weil oft noch besonders gefährliche Feinde sie in ihrem Herzen beherbergen. Zur Erziehung solcher Seelen gehört von Meiner Seite große Langmut und Geduld; denn sie bereiten Mir viel Unehre und missbrauchen Meine Liebe!

Darum sagte Ich: Wenn ihr betet, so gehet ins Kämmerlein eures Herzens und haltet dort zuvor Umschau wie es beschaffen ist, damit ihr nicht versucht seid, unreine Begierden und Leidenschaften vor Mir zu entschuldigen, sondern bittet um Beistand, dieselben zu beseitigen.

Nur so wird eure Bitte: „Führe uns nicht in Versuchung" von Mir erhört werden! – Amen. Amen. Amen!

219. Verhaltenswinke im Missionsdienst

(Mk. 10)   27. Februar 1881

Liebe Kinder! In diesem Kapitel ist alles gegeben, wie sich Meine Jünger einst haben verhalten sollen, wenn sie in ihrem Missionsdienste etwas für Mich erzielen wollten. Dazu gab Ich ihnen Kraft nach innen und außen, und bereitete sie auf die vielen Entbehrungen vor, welche ihrer warteten.

Ich konnte und musste sie deshalb immer wieder auf Mich Selbst hinweisen, da Ich Selbst alles zuerst erduldete, was auch ihnen nachmals auferlegt wurde. Weil es für sie überhaupt keinen anderen Weg in den Himmel und für ihre Nachfolger gab und gibt, als den Reinigungsweg, welcher viel Kreuz als Wegzeiger aufgesteckt hat, damit die Seele von Irrwegen abgehalten werde.

Ich will nur einige davon nennen, z.B. wie gut ist gegen Lauheit und Sicherheit die Verfolgung, wie treibt diese so sehr zur Wachsamkeit an! Was eure Eigenliebe euch gut zu verbergen weiß, das wird aufgedeckt, wenn eure Mitmenschen durch Hass und Neid euch verfolgen. Diese zeigen bei solchen Gelegenheiten euch eure Fehler in so greller Farbe, dass ihr selbst darüber erschrecket, und so eine ernstere Selbstprüfung haltet, was euch zu großem geistigen Segen werden kann.

Darum ist die Verfolgung oft recht nötig bei euch, und auch die wahre Demut kann dadurch mehr erlangt werden, als bei Anerkennungen.

So ist euch nun dieses Kreuz als ein Beförderungsmittel gezeigt worden, und nun wollen wir noch die Armut beisetzen; wie viel Gelegenheit bietet doch diese, um mit Mir zu verkehren.

Wenn ihr ratlos seid, und euch die Menschengötter im Stiche lassen, so gilt es festen Glauben zu fassen, dass die Hilfe bei Mir zu finden ist. Ihr werdet dann bald den Unterschied zwischen Gotteshilfe und Menschenhilfe finden, und also an Liebe zu Mir, welche aus dem Danke stammt, zunehmen.

Also auch dieses Kreuz sollet ihr nicht aus dem Wege zu räumen euch bemühen; denn es ist ein guter Mittler zwischen Mir und euch, und ihr habt ja diesen Wunsch so oft schon getan, immer inniger mit Mir vereint zu werden. Erkennet also auch hierin die Gewährung eurer Bitten.

Es gibt auch Kreuze, welche durch die Liebsorge für das Wohl anderer, seien es nahe Blutsverwandte oder sonstige Menschen, hervorgerufen werden.

Dies ist schon ein Kreuz edlerer Art, und darum ruhet doppelter Segen darauf; denn sowohl ihr als diejenigen, für welche ihr glaubet das Kreuz mittragen zu müssen, sollen von Mir aus Gutes dafür empfangen; nur müsst ihr begreifen:

Das Kreuz ist die Saat auf weltlichem Boden, und die Frucht von dieser Saat soll geistig geerntet werden. Dies ist das große Geheimnis des Kreuzes! Gleichwie auch Ich dem Leibe nach das Kreuz trug und dafür geistig triumphierte, so ist es bei jedem Meiner Nachfolger eine Brücke von der Natur zum Geiste.

Bleibet daher in den Zeiten der Leiden und Anfechtungen nicht auf materiellem Boden stehen, sondern suchet auf geistigem Gebiete weiter zu kommen. Benützet diese Gelegenheiten zum geistigen Fortschritte, anstatt dass ihr oft mürrisch euch Mir gegenüber benehmet, und euren Eigendünkel zum Regenten machen wollet.

Traget das Kreuz mit Ruhe und Würde, im Aufblick zu Mir, damit ihr verstehen lernet, was diese Last bei euch bezwecken soll; denn ohne euch dadurch segnen zu wollen, lasse Ich die Kreuztragung nicht zu! Immer steht dieser Segen bereit in Empfang genommen zu werden, doch je nach dem Grade ihr dasselbe würdig zu tragen wisset.

Je mehr Glauben und Liebe ihr in euch habt, desto leichter und segensreicher wird eure Kreuztragung! Amen!

220. Das Reich Gottes

6. März 1881

„Das Reich Gottes ist so, als wenn ein Mensch Samen aufs Land wirft und schläft, und stehet auf Nacht und Tag, und der Same gehet auf und wächst, dass er's nicht weiß." (Mk. 4,26 ff)

Liebe Kinder! Es ist hier unter Meinem Reiche zunächst „Mein Wort" verstanden, welches das Reich des Friedens in euch bewirken soll, wenn ihr dasselbe in euer Herz eingehen lasset, indem ihr auf dasselbe achtet, es wertschätzet und jede Gelegenheit benützet, wo dasselbe euch gepredigt und erklärt wird.

So ist dann der Same auf das gute Land gefallen, weil ihr dadurch beweiset, dass euer redlicher Wille es ist, Mir zu gefallen, und diesen kleinen Anfang zu Meinem Reich in euch will Ich segnen, so dass ihr selbst staunen werdet, ohne Besonderes oder Außerordentliches das Reich der Liebe in euch zu finden.

Obgleich es auf einer andern Seite heißt: *„Das Reich Gottes leidet Gewalt"* (Mt. 11,12), so geht dasselbe doch so still und verborgen in die Herzen ein, dass es kein menschliches Auge erschauen kann, wie Ich schon so viele Herzen auf Meine Seite brachte durch den Gnadenruf, der nur im Innern hörbar ist.

Deshalb ist es von so großer Wichtigkeit, dass, wenn eine Seele solchen Ruf in sich vernommen hat, sie ja recht oft und viel und voll vertrauen zu Mir kommt, damit Ich Selbst ihr Lehrer sein kann.

Wird sie auf diese Art von Mir erzogen, so ist sie geschickt für Mein Reich, und kann auch andern bis auf einen gewissen Grad dazu verhelfen, wo ihr dann durch die wahre Demut klar wird, dass nur Ich es vermag, solche Seelen weiter zu führen.

In diesem Punkte der Demut wird gar viel gefehlt, weil oft die Eiferer für Mein Reich vergessen, dass nur Meine Liebe es ist, die sie an der äußeren Berufung teilnehmen lässt, während Ich die Vorarbeit im Innern zuerst besorge.

Gleichwie bei einem Landmanne, der säen will, der Boden zuerst da sein muss, ehe er denselben bearbeiten und ansäen kann; (denn es ist ja außer seiner Kraft, ein Stück Land zu erschaffen), also sollet ihr bei eurem Missionseifer bedenken, dass nur solche, welche Ich euch zuführe, den geeigneten Boden haben.

Sehet ihr aber dieses ein, so kann von euch auch viel mehr Liebe und Geduld um Meinetwillen verlangt werden, - und ihr sollet darauf verzichten lernen, wenn ein solch bekehrter Mensch an euch nur vorbeistreift und zu Mir Selbst eilt. Übergebet ihn deshalb mit eurer wahren Liebe Mir, so habt ihr verstanden zu säen, und Ich will euch die Ernte nicht vorenthalten. Nur ist zwischen Saat und Ernte stets eine Pausezeit, wo es - gleich wie in der Natur - auf Mich ankommt, wie viel Sonnenschein und Regen Ich dazu gebe.

Habt ihr im Äußern eure Abhängigkeit von Mir begriffen, so begreifet dieselbe doch auch in geistiger Aussaat; denn nur wo Mein Segen dabei waltet, kann dieselbe wachsen.

Seid daher nicht furchtsam, wenn euch eure Aussaat zu spärlich vorkommt; denn in Meiner Macht liegt es, dieselbe zu einer großen Ernte heranwachsen zu lassen.

Darum lasset die Hände nicht sinken, sondern säet den Samen aus, den Meine Gnade euch zuweist, und verlasset euch dabei aufs Neue auf Meine Mitwirkung.

Gleichwie Ich einst durch den Propheten sagen ließ: „*So ihr Mir treu bleibet, will Ich euch Früh- und Spät-Regen geben, und Meine Sonne scheinen lassen,*" (5. Mos. 11,13-14) also gelten diese Worte heute noch und in alle Ewigkeit. Amen!

221. Zweifel an Jesu Gottheit

(Joh. 7) 13. März 1881

Liebe Kinder! Dieses Kapitel erzählt euch, wie einst Meine Jünger, und darunter Meine Brüder, immer noch an Meiner Gottheit zweifelten. Sie wollten mehr Wunder und mehr Auftreten von Mir, damit Ich von der Welt desto bälder anerkannt werden sollte. Ihre Meinung war redlich; denn sie fühlten, wie auch sie noch nicht ganz von Mir überzeugt waren.

Darum ließ Ich sie allein nach Jerusalem gehen, damit sie darüber nachdenken sollten, inwieweit sie das Richtige im Tempel noch finden können.

Wäre Ich mit ihnen sogleich auch hinaufgezogen, so hätten sie sich auf Meine Anerkennung gestützt, darum zog Ich ihnen allein heimlich nach, und sie hörten so die verschiedensten Meinungen über Mich.

Dies alles gehört dazu, um Meine Nachfolger in ihrem Innern von Meiner Göttlichkeit so zu überzeugen, dass von außen her weder Einsprache noch Macht mehr imstande sind, sie von Mir zu trennen, und wenn die rechte Zeit da ist, wo Meine direkte Einwirkung nötig, so bin Ich sogleich mit derselben da.

Diesen Gang des Glaubens an Mich haben alle Seelen durchzumachen, die Mich finden wollen. Sie müssen Mich selbst suchen, und zwar durch Befolgung Meines Willens; denn es gibt wie einst, so auch noch in der Jetztzeit nichts anderes, um eine feste Überzeugung für Mein Wesen und Meine Worte zu gewinnen, als durch die Tat zu prüfen, ob Meine Worte beglücken und eine Wonne in euch erzeugen, welches der Fall ist, wenn ihr euch ernstlich um die Wahrheit bemühet.

Alsdann wird der göttliche Geist in euch zur Tätigkeit aufgefordert und ihm das Recht eingeräumt, euch mehr und mehr zu leiten und zu richten.

Dazu muss das Wort von außen her anregen, und dieses Anregen ist eine Beeinflussung von schon erweckten Geistern, die aus Liebe gegen Mich suchen auch ihre Mitmenschen zu beglücken und dieselben mehr in Verbindung mit Mir zu bringen.

Zu solchen Bemühungen gebe Ich stets Meinen Segen! Wer so ein Arbeiter von Mir werden will, den nehme Ich an, und er wird viel zu tun bekommen. Doch muss er Mir willenlos die Anordnungen überlassen, und darauf bedacht sein, sich würdig zu machen zu solcher Arbeit, wie es im 18. Verse steht: Er muss demütig sein, und nicht sein Eigenes suchen, sondern um Meinetwillen seine eigene Ehre fahren lassen! Denn *„wer von sich selbst redet, der sucht seine eigene Ehre; wer aber sucht die Ehre des, der ihn gesandt hat, der ist wahrhaftig, und ist keine Ungerechtigkeit an ihm."* (Joh. 7,18)

Liebe Kinder, dies ist im wahren Sinne des Wortes eine schwere Aufgabe , und damit ihr dieselbe recht verstehen lernet, so komme ein jedes selbst zu Mir; denn es hat diese Aufgabe für jeden ein besonderes Bewandtnis, welches nur durch den göttlichen Geist ihm klar gemacht werden kann, wie weit ein jedes angefangen hat, solcher Aufgabe nachzukommen; denn eine allgemeine Aufstellung führt immer wieder zu Entschuldigungen.

Darum gelten hier auch die Worte: *„Wen da dürstet, der komme zu Mir und trinke!"* (Joh. 7,34), denn zuerst muss ein Bedürfnis gefühlt werden nach etwas, ehe eine Bitte darum getan wird, und erst dann kann die Abhilfe erfolgen.

So war bei Meinem Erdenwandel durch die vielen Widersprüche (im Kirchentume) bei dem Volke das Verlangen nach Wahrheit hervorgerufen worden, und jetzt ist es wieder ebenso!

Durch die vorhandenen Widersprüche fühlen viele einen (Licht-) Mangel in sich und kommen so zu Mir um Erleuchtung.

Darum, wenn solche diese Worte nicht anerkennen, welche ihr ihnen zuführen wollet, so seid ruhig darüber. Meine Ehre liegt in dem, dass sie ihre Zuflucht doch zu Mir dadurch nehmen. Opfert eure eigene Ehre dabei um Meinetwillen, dann seid ihr Meine wahren und getreuen Knechte. Amen. Euer Vater!

222. Glaubt auch ein Oberster oder Pharisäer an Ihn?

(Joh. 7,48) 20. März 1881

Liebe Kinder! Diese Frage wird heutzutage oft ausgesprochen gegen einfache suchende Menschen, welche, obgleich Ich bei ihnen anders geschildert werde, dennoch in ihrem Herzen inne werden, dass ein göttlicher Hauch oder Funke in ihnen glimmt, und zwar dadurch, dass sie mit Mir verkehren.

Sie sind stark von oben beeinflusst, so dass äußere Worte nicht mehr vermögen, sie von der wahren Anschauung Meines Wesens abzubringen, und diese unterscheiden sich von solchen, die nicht selbst suchen, sondern ihren vermeinten Glauben bei denen abholen, die sie für hochgestellte Lehrer und bedeutende Personen halten.

Dass solch ein (bloßer Autoritäts-) Glaube, der nicht aus Überzeugung des eigenen Herzens oder vielmehr durch den Heiligen Geist selbst hervorgerufen wird, nicht stärkere Wurzeln gewinnt, wenn der Sturm der Leiden über ihn kommt, das wisset ihr aus eigener Erfahrung.

Leider ist aber in der Jetztzeit bei den vielerlei Ansichten und Anpreisungen von Wahrheit dieses beim größeren Teile der Christen der Fall, dass sie sich blindlings leiten lassen im Glauben, ohne mit ihrem eigenen Herzen nachzufragen und zu forschen, ob die vernommene Wahrheit, welcher sie huldigen, aus Mir Selbst stammt, oder ob Menschensatzungen dieselbe entstellen, sie prüfen zu wenig, ob das, was sie glauben, Liebe zu Mir oder Furcht vor Mir in ihnen erzeugt? Dieses Kennzeichen ist das sicherste, und kann von jedem Einzelnen beurteilt werden.

Es gibt so viele Widersprüche in dem Glauben, weil auch Meine Lehre in manchen Stellen Widersprüche hat, und zwar darum, damit der Mensch dadurch angewiesen wird, zu forschen und zu suchen; wo dann der Heilige Geist sich vorbehalten hat, die Seele selbst zu erleuchten, und dieses muss von innen heraus geschehen!

Gleichwie ein Mensch einem finstern Raume das geeignete Licht nicht verschaffen kann, ehe er denselben kennt nach seiner Beschaffenheit und den rechten Punkt weiß, wo das Licht aufzustellen ist, ebenso kann auch kein Mensch dem andern das rechte Licht verschaffen ohne Meine Beihilfe, sondern nur durch Mich wird dieses gelingen. Wo aber Ich mitarbeite, da soll es heller Tag werden, und keine äußere Macht soll denselben je mehr ganz zerstören!

„Ich bin das Licht der Welt" (Joh. 8,12), und an diesen Worten haltet auch ihr fest, wenn man euch die Frage entgegenstellen will: „Glaubt auch ein Oberster oder Pharisäer an Ihn?"

Nicht die Vorgesetzten können euch das wahre Zeugnis ausstellen, ob Ich bei euch Wohnung genommen habe, sondern nur euer eigenes Herz.

Darum heißt es schon im Alten Testament: „Es ist ein köstlich Ding, dass das Herz fest werde" (Hebr. 13,9); ist dieses der Fall, o so fürchtet euch nicht vor allem Widerstande. Denn Ich Selbst lege in eure Worte den Segen, dass eure Gegner, statt euch zu überreden, von euch zum Nachdenken gebracht werden sollen; aber euer Anliegen soll dabei sein, Mir und euren Mitmenschen dadurch eine Liebe zu erweisen.

So ausgerüstet könnt ihr ruhig der Zeit entgegensehen, wo die Knechte beauftragt werden, nach euch zu fahnden. Ich Selbst will sie euch zuführen und es so lenken, dass auch sie Mich dadurch finden! Euer Meister Jesus!

223. Der Knecht, der seines Herrn Willen weiß

26. März 1881

„Der Knecht, der seines Herrn Willen weiß und hat sich nicht bereitet, auch nicht nach seinem Willen getan, der wird viele Streiche leiden müssen." (Lk. 12,47)

Liebe Kinder! Dieser Spruch gilt ganz besonders denen, die Meine Gnade an sich schon oft und auf vielerlei Weise erfahren haben, und die also nicht allein durch das äußere Gesetz wissen, was Mein Wille ist, sondern wo auch der Heilige Geist in ihnen stets bemüht ist sie zu erleuchten, damit sie jede Abweichung erkennen.

Wenn dieselben aber gleichgültig gegen solche Gnadenrufe werden, und ihre eigenen Wege wieder zu wandeln anfangen, also vom Geistigen abweichen und sich dem Natürlichen wieder zuwenden, so sind die Heimsuchungen, welche solche treffen, oft sehr schwer, ja oft warten größere Leiden auf sie, als es bei den Weltkindern der Fall ist; denn (solch ein Rückfall) ist ein Zurückstoßen Meiner Liebe und Gnade.

Gleichwie ein Vater mehr Ansprüche an ein Kind machen kann, das stets um ihn ist, und deshalb jeden Tag viel Liebe empfängt, und zwar mehr als ein anderes, das noch in der Fremde lebt, und erst wenn es zum Vater zurückkommt, gleichfalls alles mit genießen darf; so ist es auch der Fall bei solchen Seelen, die schon durch die Gnade erweckt sind.

Ich verlange da mehr Gehorsam, weil sie den Segen des Gehorsames und der Liebe schon mehr genießen durften, als solche, an die noch keine so dringende Berufung ergangen ist, und wo Meine Weisheit und Geduld es für gut findet, erst später ernstere Weckstimmen an dieselben ergehen zu lassen, weil nur Ich allein jeden Menschen ganz durchschaue. Aber solche, welche schon mehr Gnade empfangen haben, können sich nicht mehr vor Mir mit ihrer Schwachheit entschuldigen, weil Ich mit der Erleuchtung auch die nötige Kraft verbinde, um das was der Mensch als Meinen Willen erkennt, auch auszuführen.

Tut er solches nicht, so ist es Mangel an Liebe zu Mir, und somit schätzt er sich selbst und seinen eigenen Willen höher als den Meinigen.

Dies ist also eine Widersetzung gegen Mich, und somit verfallen solche Seelen den strengsten Erziehungsmitteln, während andere zuvor noch in der Stufe der Belehrung stehen.

Diese Worte enthalten für euch und für noch viele eine Antwort auf die Frage: „Warum müssen gerade die Kinder Gottes oft so viel leiden?"

Weil da der Abfall viel gefährlicher ist und geistigen Tod herbeiführt; darum wacht die Gnade ganz besonders über solche, die Gott lieben wollen, und übersieht ihnen auch kleinere Fehltritte nicht leicht, sondern schwingt ihre Zuchtrute über sie, um dieselben auf dem einmal betretenen richtigen Wege zu erhalten, während andere durch Liebe und Geduld erst dazu gebracht werden müssen.

Denn auch der Sohn in der Fremde hat Ansprüche auf des Vaters Liebe, nur ist oft seine Zeit noch nicht gekommen, ganz mit dem Vater zu leben; aber sie ist demselben vorbehalten, und im Stillen sorgt der Vater auch ihm für eine bessere Zukunft.

So ist es ebenfalls bei Mir! Ein jedes wird berufen, damit es seinen Zweck erreichen kann, wie Ich es will, sei es früher oder später; wie Ich euch schon im Gleichnisse von den Arbeitern im Weinberge sagte.

Nicht die Zeit, sondern der Wille und die Tat werden einst in die Waagschale kommen.

Darum - *„wer steht, der sehe zu, dass er nicht falle!"* (1. Kor. 10,12) Amen!

224. Wer diese Rede hört

3. April 1881

„Darum, wer diese Meine Rede hört und tut sie, den vergleiche Ich einem klugen Manne, der sein Haus auf einen Felsen baut." (Mt. 7,24)

Liebe Kinder! Ich habe euch in den vorhergehenden Kapiteln alle Verhaltensregeln angegeben (Bergpredigt Mt. 5-7), welche ihr beobachten sollet, wenn ihr Meine wahren Nachfolger und Kinder werden wollet; denn es ist in diesen Worten alles enthalten, was zum Fortschritt im geistigen Leben gehört.

Doch unterscheiden sich diese Gesetze darin von den Zehn Geboten (worin zwar auch alles enthalten ist), dass Erstere leichter anders gedeutet und gedreht werden können.

Hier sind sie von Mir Selbst in einer Weise wiederholt worden, wie ein Vater mit seinen Kindern redet und ihnen durch Beispiele manches besser verständlich macht.

Solches tue Ich auch heutzutage noch, durch den Heiligen Geist, wenn eines Meiner Kinder in eine solche Lage kommt, wo es entweder ängstlich wird, wenn es seiner Schwachheit sich bewusst einsieht, dass ein großer Unterschied ist zwischen Meinem und dem eigenen Willen, wobei es einsehen lernt, wie weit es noch entfernt ist, mit Mir ganz vereint zu werden.

So lange aber eine Seele noch Mich für einen harten Mann hält, (also arm an Liebe ist), indem sie meint, Meine Gebote seien zu schwer, und man könne dieselben nicht genau befolgen, so lange kann Ich da nicht mit derjenigen Liebe einwirken, welche die Seele doch zum sicheren Wachstum nötig hat; denn wenn sie Fortschritte machen will, so muss sie sich anstrengen, Meinen Willen zu tun, so wie es hier nach Meinem eigenen Ausspruch in den Kapiteln Mt. 5-7 geschrieben steht.[1]

Diese Worte gab Ich, während Mein Herz von Mitleid und Liebe durchdrungen war. Aber Ich gab sie nicht vom Berge Sinai, als Gesetzgeber, sondern als Bruder, da Ich im Fleische unter den Menschen wandelte, und auch Meine eigene Natur sogar denselben Gesetzen entgegentreten wollte!

Darum hütet euch, Mich zu beschuldigen, als ob Ich die Menschen überfordere!

---

[1] siehe auch Jugendgeschichte Kap. 298-299

Wenn ihr freilich die Natur mit der Natur überwinden wollet im Kampfe, so werdet ihr zu keinem Resultate (das Segen für die Ewigkeit hat) gelangen, sondern der Geist in euch muss sich erheben, und muss dem natürlichen Drange in euch Schranken setzen, und dazu muss er angetrieben und unterstützt werden durch den göttlichen oder Heiligen Geist in euch, welcher sich an den Vater wendet oder an die Liebe, mit der Bitte: *„Dein Wille geschehe, wie im Himmel, also auch auf Erden."* (Mt. 6,10)

Gleichwie die Seele, wenn sie sich mehr mit Mir und göttlichen Dingen beschäftiget, beglückt oder selig ist, und Mich und Meine Liebe zu preisen und zu loben weiß, so soll sie in dieser Stimmung suchen, Meinen Willen auch in den äußeren Vorkommnissen zu ehren mit Mut und mit Lust; weil sie das Beglückende derselben innerlich fühlt, sei es im Verzeihen, im Dulden, im Vertrauen, im Wohltun, welches alles Ausflüsse der heiligen geistigen Liebe sind, erreichbar durch die Befolgung Meiner Worte. Und darum eben sind solche Seelen, die sich in allen Fällen Meinen Willen zur Richtschnur nehmen und denselben in Anwendung zu bringen suchen, gleich dem klugen Manne, der sein Haus auf Felsen baute, dass es jedem Sturme trotzen konnte.

Solche werden gleichfalls mit Paulus sagen können: *„Nichts soll mich scheiden von der Liebe Gottes, die da ist in Jesu Christo unserem Herrn!"* (Röm. 8,35).

Auch Paulus war ein Mensch, und wusste welch großen Kampf es kostete, in Meinem Namen aufzutreten und zu arbeiten; aber seine Worte geben Zeugnis von der Wirkung des göttlichen Geistes; denn nur der inneren Kraft bewusst, konnte er diese Worte ausrufen, und mit Mut dem entgegensehen, was seinem natürlichen Menschen den Todesstoß bereitete!

So bauet auch ihr euer Haus fest auf den Grund der göttlichen Liebe, damit euch nicht bange wird, wenn Stürme kommen! Amen. Euer Jesus.

225. Passionszeit

(Mk. 14,41)   9. April 1881

Liebe Kinder! Nach der Kirchenordnung nennet ihr diesen Zeitabschnitt: „Passionszeit", welche sich jedes Jahr der äußeren Form nach wiederholt. Aber nur wenige sind es, die den wirklichen Segen daraus gewinnen, welcher nur denen bestimmt ist, die aus Liebe zu Mir in Mein Leiden sich versenken, und sich selbst prüfen, wie viel sie zu Meiner Verfolgung und Kreuzigung beitragen.

Es gibt gar viele Petrusse in der Jetztzeit, die sich ihres Glaubens rühmen, aber scheu zurücktreten, wenn es gilt, Mich vor der Welt zu bekennen, welche noch die Übermacht hat. Weshalb auch ein offenes Bekenntnis von Mir oder von Meiner Göttlichkeit, so wie Ich es durch Meinen Geist euch lehre, Verfolgung und Kreuz zur Folge hat.

Diese Opfer zu bringen, dazu gehört mehr Glauben, als ihr es ahnet oder bemessen könnt, weil ihr das Toben der Hölle zu wenig kennt, die ihr Augenmerk ganz besonders auf die Kinder des Geistes richtet, weil der Fürst der Finsternis wohl weiß, dass dieselben zum Werkzeuge dienen müssen, seine Macht zu stürzen.

Wie in der Jetztzeit viele Menschen glauben, der Satan habe zu viel Macht die Menschen zu beeinflussen, daher komme so viel Elend unter dieselben, so hat auch der Satan ebenfalls einen geistigen Blick in das große Weltgebiet und in Meine Ordnung, wodurch ihm klar wird, dass er durch sein Toben und Treiben seinen eigenen Untergang herbeiführt; daher auch sein immer mehr sich steigerndes Wüten.

So war es auch in Gethsemane der Fall. Der Satan sah, dass seiner Macht Ende nahe war, nämlich durch Meine gänzliche Hingabe an den Vater, oder an die alles durchdringende Liebe.

Auch sogar für ihn sollte der blutige Opfertod geschehen, seiner eigenen einstigen Erlösung Bahn zu brechen, während er - gerade beim Innewerden dieser großen Gnade und Erbarmung - desto mehr Meiner Liebe sich entgegensetzte. Dies war der große Kampf der Liebe, welcher der Gerechtigkeit und Heiligkeit gegenüber unternommen werden musste, und welchem Ich Mich nicht entziehen konnte.

So ist es jetzt wieder! Die Zeit ist da, wo Meine Liebe und Erbarmung den Menschen durch allerlei Weckstimmen angeboten wird, welches ihnen klar machen soll, dass Ich als ihr wahrer Vater auch der alleinige Helfer und Beglücker bin; aber leider muss Ich, um es menschlich auszudrücken, abermals sagen:

„Meine Seele ist betrübt bis in den Tod" (Mk. 14,34), denn Meine angebotene Liebe wird mehr denn je zurückgewiesen. Die Menschen lassen Mich allein kämpfen, und selbst Meine Jünger sind schlaftrunken, so viel Ich sie auch schon zur Wachsamkeit und zum Gebet aufforderte. Auch sie teilen noch zu wenig die Liebe mit Mir, die so sehr trauert bei dem Verfalle der von Mir geschaffenen und zu Meinen Kindern bestimmten Erdenmenschen. Denn sie sind selbst noch zu entfremdet von Mir, darum ist ihnen die Größe des Abfalls nicht klar genug, und sie erkennen nicht, dass die Stunde so nahe ist, wo Ich zum dritten Male sprach: *„Ach wollt ihr nun schlafen und ruhen? Es ist genug, die Stunde ist gekommen, des Menschen Sohn wird überantwortet in der Sünder Hände, stehet auf! Lasset uns gehen, der Mich verrät, ist nahe!"* (Mk. 14,41)

Diese große Passionszeit ist auch bei euch wieder angebrochen auf geistigem Gebiete; es ist der Moment, wo Ich wieder ausrufen möchte: *„Ach, Vater, ist's möglich, so überhebe Mich dieses Kelches"* (Mk. 14,36), das bedeutet: Welch großen Schmerz, die Vaterliebe empfindet beim Anblick ihrer entarteten Kinder, dass sie im Kampfe mit ihrer Heiligkeit und Gerechtigkeit fast erliegen möchte.

Darum wachet, auch ihr eine Stunde mit Mir, und bittet für eure Mitmenschen um Gnade und Erbarmung, damit Mein Vaterherz erquickt wird durch die Bruderliebe, welche ihr an euren Mitmenschen beweiset, und so der Sieg auf Seite der Liebe gebracht werden könne. Amen!

226. Mich dürstet

(Joh. 19,28)   Karfreitag 10. April 1881

Liebe Kinder! *„Mich dürstet!"* Auch jetzt möchte Ich euer Herz dadurch Mir geneigt machen, dass es diese Worte tief eindringen lässt; denn Meine Liebe schmachtet abermals nach Gegenliebe, welche Mir (im Vergleich zu denen, die nicht nach Mir fragen) von gar so wenigen Menschen dargebracht wird, und auch diese wenigen sind noch sehr verschieden; davon z.B.

manche (zum Teil aus Unkenntnis) Mir statt Liebe bloß große Verehrung bringen, welche in äußeren Opfern besteht, die nur ihrem Besitztume entnommen werden, wobei aber ihr Herz sich von der Pflicht losgekauft fühlt, nach Meinem eigentlichen Wohlgefallen stündlich und gründlich (d.h. innerlich geistig) mit Mir zu verkehren.

Sie vergessen, dass nur in solcher Stellung zu Mir die Liebe, die Ich ersehne, Mir dargebracht werden kann, eine Liebe, welche bemüht ist, stets mehr Meinem Vorbilde nachzuwandeln; denn ebenso, wie Ich euch jede Minute neue Beweise Meiner Liebe gebe, sowohl um euch her, als auch in euch selbst durch das Innewerden des Heiligen Geistes, so soll es denen, die Mich lieben wollen, ein Anliegen sein, in jedes Wort, in jede Tat, in jede Begegnung mit ihren Nebenmenschen ein Zeugnis uneigennütziger Liebe zu legen, damit sie freudig und hoffnungsvoll zu Mir als ihrem liebevollen Vater stets aufblicken können, nur aus Liebe und nicht scheu zu Mir kommen, unsicher ob eine einzeln dastehende vollbrachte gute Tat wohl genügt, Mich zu befriedigen, gleichsam wie einen Richter, der sich bestechen lässt und nun ein milderes Urteil spricht? Diese Liebe ist entsprechend der Trank, der Mir gereicht ward am Kreuze, Essig mit Galle vermischt, als ich ausrief: „Mich dürstet!" und dieser Mein Durst nach reiner Liebe ist bis heutzutage noch nicht gestillt!

Ihr alle, die ihr mit teilnehmenden Worten Meine Feinde anklaget, welche Meinen Leib töteten und Mich schmachten ließen, bedenket doch, wie viel bedeutungsvoller es ist, wenn Meine göttliche Liebe auch jetzt gleichfalls noch so wenig Gegenliebe findet und Ich abermals sagen muss: „Mich dürstet!" nachdem doch Meine Auferstehung und die ganze Aufrechterhaltung Meiner Worte und Lehre die Echtheit Meiner Gottheit bezeugen, und dennoch nun abermals eine gänzliche Abwendung von Mir selbst bei dem größeren Teile der sogenannten Christen stattfindet, und sogar von denen, die Meine Kinder sein wollen, Mir ebenfalls ein unlauterer Trank dargebracht wird, vermischt mit Eigenliebe und Selbstsucht!

Darum ihr alle, die ihr Mich aufrichtig lieben wollet, entfernet diesen bitteren Beisatz, damit eure reine Liebe ein Erquickungstrank für Mein blutend Vaterherz werden kann, welches so gerne alle an Seine Brust nehmen möchte, und Ich deshalb mit so vieler Langmut und Geduld immer noch Vorbereitungen treffe, viele bei Meinem Wiederkommen würdig zu finden.

Haltet Mich also nicht länger von Meinem Erscheinen ab durch Lauheit; denn so wie Ich jetzt alles antreffen würde, wäre dasselbe euch allen noch zum Schrecken. Wenige nur könnten vor Mir bestehen, auch wenn Meine große Erbarmung, obwalten würde; weil es nicht allein Schwachheitssünden sind, die euch zu sehr entstellen, sondern es fehlt noch zu sehr am ernstlichen Wollen und Streben.

Darum prüfe ein jedes sich selbst, wie viel es Mich verschmachten lässt, und wie viel es zu Meiner Auferstehung in der göttlichen Liebe durch sein Wollen, seine Liebe und sein Tun beiträgt. Amen. Euer Jesus.

227. Komm, o Jesu, komme bald

Osterfest 12. April 1881

„Komm, o Jesu, komme bald!" und: „Es ist *der Herr!*" (Joh, 21,7)

Liebe Kinder! Mein Auferstehungsfest ist die Besiegelung Meiner Göttlichkeit, und für euch hat es noch den besonderen Beweis, dass Ich bis heutzutage noch bei den Meinigen erscheine, gleichwie im Evangelium Johannes Kap. 20 und 21 erzählt wird, wo Ich denen Mich zeigte, die um Mich trauerten.

Die Liebe zog Mich zu ihnen, und weil sie Mich liebten, so verkehrte Ich mit ihnen wie im natürlichen Leben; sie konnten den Verkehr begreifen und ertragen. Denn obgleich ihnen Meine Lehre von Meinem Reiche ein Geheimnis wurde durch Meinen Tod, so erlosch durch denselben ihre persönliche Liebe zu Mir doch nicht, sondern ihr nunmaliger (Herzens-) Standpunkt war eine große Betrübnis, und in diesem Zustande ist es Mir möglich, Meinen wahren Nachfolgern, also Meinen Kindern nun wiederum zu erscheinen.

Wenn Ich von euch jetzt ebenso ersehnt werde, wie dort von Meinen ersten Jüngern, wozu ihr Ursache genug hättet bei den vielen Erfahrungen, wie Mich die Menschen aufs Neue verspotten, verhöhnen, Mir die Gottheit abzustreiten suchen, so sollet ihr, die ihr Meine Vaterliebe durch euer ganzes Leben so deutlich erfahren durftet, mit großer Sehnsucht die Bitte tun:

„Komm, o Jesus, komme bald!" und wenn ihr Mich bei Meinem Eintreten auch nicht gleich erkennet, so werdet ihr doch bald euch überzeugen, dass - Ich es bin!

Ja, in Joh. 21,7 heißt es: Johannes erkannte Mich und sagte zu Simon Petrus: „*Es ist der Herr!*"

Diese Worte entsprechen der Liebe und dem Glauben. Die Liebe erkennt Mich zuerst, und Petrus (als der Glaube) war nackt; also der Glaube ohne die Liebe musste sich vorher gürten, um Mir sich nahen zu können. So ist es auch noch heutzutage bei euch!

Die Liebe soll zeugen von Mir, dass Ich es bin, Der bei euch ist, und auch der Glaube soll wiederum aufs Neue gestärkt werden unter den Menschen, damit Ich ein Mahl mit ihnen halten kann, auf dass Mein Hunger und Durst nach Vereinigung mit Meinen geschaffenen Kindern gestillt werden kann, und gleich wie Ich einst Meinen Jünger Petrus darauf hinwies, dass nur die Liebe zu Mir ihn würdig mache, Meine Schafe zu weiden, so rufe Ich nun auch euch zu: „*Habt ihr Mich lieb, so zeuget von Mir!*" (Joh. 14,15) und wenn euch Widersprüche entgegentreten, so berufet euch auf dieses Kapitel, und lasset euch beweisen, ob Mein Erscheinen seither nie stattgefunden hat?

Ich sage euch: Viele Meiner Kinder habe Ich schon besucht, und besuche sie heute noch; aber nicht um sie vor der Macht der Welt groß zu machen, sondern um sie durch Meine Vaterliebe immer mehr an Mich zu fesseln. Dieselben erkennen auch darin den Zweck Meines Besuchs und brüsten sich nicht damit, sondern wandeln nach Meinem Beispiele in der Demut voll Liebe; aber sie wissen Meinen Besuch hochzuschätzen dadurch, dass sie ein Liebesmahl ihren armen Mitbrüdern bereiten, sowohl in geistiger Speise, als auch in äußerer Handreichung, und werden fürbittend Mir ihre Mitmenschen empfehlen, und Ich will auch um solcher Gerechten willen Meine Langmut und Geduld walten lassen. Amen. Euer Jesus.

228. Es kommt die Zeit

25. März 1881

Liebe Kinder! Einst sagte Ich zu dem Weibe von Samaria: *„Es kommt die Zeit und ist schon jetzt, dass die wahrhaftigen Anbeter werden den Vater anbeten im Geist und in der Wahrheit; denn der Vater will auch solche haben, die Ihn also anbeten."* (Joh. 4,23)

Ehe Ich Fleisch und Blut annahm, um Mich Meinen geschaffenen Kindern nahen zu können, war Ich ihnen gegenüber ein gefürchteter Machthaber, ein heiliger, gerechter Richter, unnahbar, welches am meisten solche empfanden, die noch einen göttlichen Zug in sich fühlten, und darum suchten mit einem Wesen höherer Art in Verbindung zu kommen, was in eurer Sprache unter dem Namen „Gott" bezeichnet ist.

Um diese Entfernung zu beseitigen, kleidete Ich Mich in die Menschenform ein, damit es Mir möglich wurde, in Worten und Taten den Menschen Meine große Liebe zu beweisen, damit sie in Mir den heiligen Vater kennenlernen sollten.

Meine Mich umgebenden Jünger fühlten wohl Meine Göttlichkeit; allein auch sie wurden in ihrem Glauben oft zweifelhaft gemacht durch die vielen Verfolgungen, die Ich zu erdulden hatte, (und die Ich Mir ohne Widerstand gefallen ließ), weil auch ihnen noch die Liebe, die alles trägt und duldet, gänzlich mangelte.

Sie mussten durch Wunder immer mehr bestärkt werden, weil auch auf sie ein gar großer und schwerer Kreuzweg wartete, den Ich ihnen nach Meiner tiefen Weisheit und Liebe nicht abnehmen konnte, wie es auch heutzutage noch der Fall ist.

Denn gleichwie zur Ausreifung der Früchte große Sonnenhitze gehört, ebenso muss das geistige Wachstum durchs Kreuz befördert werden; doch ist dasselbe ganz verschieden, es besteht teils aus sichtbarem, teils aus innerem Kummer; bei manchen tritt das Kreuz mehr in der Jugend, bei manchen erst im Alter ein.

Diese Anordnungen sind Liebesanordnungen von Mir als dem Vater. Dieser Name ist von großer Bedeutung für Meine Nachfolger, weil man alles, was vom Vater kommt, mit mehr Ruhe, mit mehr Vertrauen hinnimmt, und sich genauer untersucht, warum oft ein Verhältnis oder eine Lage sich ganz gegen das eigene Gutdünken gestaltet.

Es ist die Annäherung zum Vater eine zutrauliche, keine furchtsame. Daher ist es von so großer Bedeutung, dass Ich wahre Kinder erhalte, die Mich als den Vater lieben, Der sich in Jesu ihnen geoffenbart hat; denn wenn Ich erscheine, will Ich aus Liebe aufgenommen sein.

Darum fürchtet euch nicht! Die Zeit ist da, wo Meinem Empfange Bahn gebrochen werden soll; daher verkündet den Vater, wie Ich Selbst euch lehre, und verlasset euch aber auch dabei auf Meine schützende Macht.

Es wird an euch viel weniger Anspruch auf Glauben gemacht, als an Meine dort Mich umgebenden Jünger, die, als sie Meine Nachfolger wurden, noch nicht die Beweise von Meiner Gottheit, wie ihr, nach Meiner Auferstehung und nach dem Wachstume des christlichen Reiches hatten; und doch seid ihr noch weit hinter denselben zurück, in der Selbstverleugnung und in dem Mute, mit welchem sie ihre innere Überzeugung kundgaben. Sie scheuten keine Schmach, keinen Verlust, selbst ihr Leben war ihnen nicht zu viel, es für Mich einzusetzen.

Nun könnt ihr Mir da entgegenhalten: „Du willst ja, dass wir noch verborgen bleiben", und Ich sage euch: nur darum, weil ihr alle noch nicht die Liebe in euch traget, die Meine Apostel hatten; darum Ich eben bei dem Zuruf verbleiben muss: Wachset in der Liebe! Auf dass eure Lampe nicht erlösche aus Mangel an Öl, wenn der Bräutigam Einzug halten will; denn Ich sage euch: Es naht die Zeit, wo Ich als Vater und nicht als strenger Gott von euch erkannt sein will, und von allen Menschen.

Im Geiste und in der Wahrheit, mit einem aufrichtig liebenden Herzen sollet ihr alle zu Mir kommen, und Ich will unter diesem Namen der Hirte aller Schafe sein, oder der Vater der Menschheit! Amen.

229. Ihr seid Meine Freunde

(Joh. 15,14)   1. Mai 1881

„Ihr seid Meine Freunde, so ihr tut, was Ich euch gebiete."

Liebe Kinder! Diese Worte gelten euch besonders, die ihr Mir besonders nahe stehen wollet, weil Ich diese Bedingung nicht unterlassen kann; denn nur durch die Tat könnt ihr immer mehr zu Mir geführt werden, weil die Liebe eine Gabe von Mir oder das anvertraute Pfund ist, mit dem ihr wuchern sollt, dieser Wucher kann nur mittels der Tat getrieben werden, und die Liebe kann bloß durch Ausübungen sich vervollkommnen und vermehren.

Wenn ihr z.B. Liebe einem Undankbaren erzeigen sollet, so werdet ihr Abneigung gegen diesen in euch fühlen; nun eben in solchen Fällen muss aber die Liebe sich so verstärken, dass sie das Übergewicht gegen die Abneigung erhält, und somit liegt in Ausübung der Liebe das Mittel, diese selbst zu vergrößern durch Geduld.

Ebenso liegt im Handeln auch das Mittel Mir gegenüber, um Mich mehr lieben zu lernen; denn es dünkt sich manche Seele oft sehr gut und fromm, wenn sie gute Vorsätze fasst, und meint, sie habe dadurch mit Mir einen großen Freundschaftsbund geschlossen.

Es ist dies wohl auch gut; aber wenn es bei dem Vorsatze verbleibt und nicht darnach zur Tat geschritten wird, so erkennt ihr nicht, wie viel euch noch fehlt an Kraft, denn zwischen vorhaben und ausführen ist ein großer Unterschied.

Bedenket, was Ich Selbst als Gott wäre, wenn Ich die höchsten Ideale Meiner Liebe nicht verwirklicht hätte! Wo wäre dann die Beglückung Meiner Wesen geblieben, die gleichfalls bloß Ideal geblieben wäre?

Der größte Punkt der Beglückung ist die ausführende Tat; denn nur sie verbindet, wie ihr es in euren täglichen Verhältnissen sehen könnt. Wenn Freunde einander noch so viele Liebesversicherungen geben, aber nicht die Gelegenheit benützen, solches in der Tat zu beweisen, so kann eine derartige Liebe vom Wind hinweg geblasen werden, und es hört dann das Ohr sogar Verleumdungen des Freundes mit Ruhe an, wenn es nicht durch Tatsachen Beweise der Liebe hat.

Darum Ich auch sagte: „*Seid Täter des Wortes und nicht Hörer (oder Leser) allein, damit ihr euch selbst nicht betrüget!*" (Jak. 1,22)

Nicht ist es etwa ein Tribut, den Ich von euch verlange durch Gehorsam in der Tat, sondern, weil die Ausführung ein Bestandteil der Liebe ist, und zwar derjenige, der das Leben in sich birgt, darum kann diese nicht getrennt oder verlassen werden, gleichwie es bei Mir Selbst der Fall ist.

Nach Meinem Bilde seid ihr ausgestattet; das Ideal, der Verstand, und die Liebe sind Triebfedern zur Erschaffung edler

Werke. Was hätte aber ein Triebwerk für einen Wert, wenn es sich täglich auch in Bewegung setzte, aber den Zweck nicht erreichte, zu welchem es bestimmt ist, und ebenso, was hat die Liebe für einen Wert in euch, wenn sie nicht außer euch ihre wirkende Kraft ausübt?

Also erkennet doch zuerst, was Liebe ist, und strebet danach, sie immer mehr zu vervollkommnen, damit ihr den Spruch ganz auf euch anwenden könnt: „*Daran wird man euch erkennen (dass ihr Meine wahren Jünger seid), so ihr Liebe habt*," (Joh. 13,35) d.h. so ihr wahre Liebe übet; denn die Liebe muss jetzt bei Meinen Kindern geordnet werden, ehe die höchste (ewige) Liebe mit ihnen Hand in Hand wirken kann.

Die Vaterliebe will Kinder in der Tat und in der Wahrheit! Amen!

230. Gottesliebe und Weltliebe

(Ps. 16)   8. Mai 1881

Liebe Kinder! David, der Hirtenknabe und spätere König von Israel, heißet ihr „einen Mann nach dem Herzen Gottes" oder nach Meinem Herzen.

Darum leset, was er in der Fülle seiner Liebe zu Mir aussprach; denn er erkannte gar gut die Bedingungen, welche dazu gehören, um Mich im Herzen so zu besitzen, dass dieses Besitzen eine Lust und Wonne verschafft.

Wer es bloß für Pflicht hält, Mich aufzunehmen, in dem ist nicht die göttliche Liebe, sondern nur die Lohnsucht, die nichts nach Meinem Willen zu wirken vermag.

Das Erkennen Meiner Gottheit im ganzen Sinne, sowohl nach Meiner Macht, als nach der Liebe und Heiligkeit gehört dazu, um diese Liebe und dieses Vertrauen zu erreichen, wie es einst David aussprach.

Und wo lernte er dieses? Ich sage euch: Mehr in seiner Armut als Hirtenknabe, wo ihm das Buch der Natur aufgeschlagen und eine Beeinflussung von oben weit mehr möglich war, als wenn dieselbe, d.h. ihre Strömung, in bevorzugter Stellung, durch glänzendes Metall, sei es Gold, Silber oder Edelsteine gehindert wird.

Es ist dieses schon darum, weil die Natur ihre Üppigkeit durch die Sonne und zwar in deren Licht und Wärme erhält, wo Ich Mir das Wachstum der Pflanzen und die ganze Entwicklung der Schöpfung Selbst vorbehalten habe, darum dieselbe auch nur Liebe und Nutzen entfaltet, und zwar so, dass ohne Menschenhand vieles sogleich genießbar ist. Es ist da mit allem ein wohltuender Zweck verbunden, und somit von Mir ausgehend; während die Metalle, welche die verblendete Menschheit so hoch beglücken, im finsteren Erdreich gesucht werden müssen, und erst nach unsäglicher Mühe so weit gebracht werden, dass man sie bloß anschauen kann; aber sie haben nicht einmal etwas Heilbringendes für den Körper in sich, höchstens Gifte.

Wie viel mehr Schaden aber richten sie dem Geiste gegenüber an! Sie ziehen den Menschen, der ihnen huldigt, hinab bis in die Grube, wo sie gegraben werden, um sich da zu verbergen vor denen, die ihr Haupt froh emporheben, wie die munteren Vögelein, welche ihren Schöpfer durch die wohltätige Einwirkung der Natur lobpreisen.

Sehet, so wie zwischen Natur- und Metall-Freude ein großer Unterschied ist, so besteht dieser auch im geistigen und materiellen Leben. Das geistige Leben kann durch Meine Liebe befriedigt werden, das materielle Leben aber (wer sich nämlich in dasselbe ganz hineinstürzt) nur durch Sorgen und Mühen; und wie einst David seine Lobpsalmen als Hirtenknabe machte, und seine Klagelieder als König, so ist es heute noch.

Auf dem Felde und in den Hütten werden Mir mehr Danklieder gebracht, als in schimmernden Gold- und Industriepalästen. Darum sage Ich euch, wenn Ich wiederkomme, werde Ich zuerst solche besuchen, die ihre Danklieder in der Armut singen lernen, weder Gold noch Silber zu ihrer Beglückung von Mir erwarten, und erst dann, wenn die großen Materialisten einen Austausch bei Mir machen wollen, kann auch ihnen Meine ganze Liebe zugeteilt werden.

Darum finden auch immer große Vorarbeiten auf der Erde statt, oft im Ganzen, oft bei Einzelnen durch besondere Ereignisse und Verluste, welche die Wertlosigkeit des Besitzes klar machen sollen, damit auch solche Heimgesuchte dennoch nach vielen Kämpfen und Verläugnungen sagen lernen:

„Das Los ist mir gefallen aufs Lieblichste, mir ist ein schönes Erbteil geworden!" (Ps. 16,6)

So, liebe Kinder, habt ihr ein Bild vom wahren Reichtume! Strebet nach demselben; er ist euch ja hingelegt, es kommt alles bloß auf euch selbst an, ob ihr denselben zu würdigen wisset, und prüfet euch, wie viel ihr noch umzutauschen habt zwischen der Liebe zu Mir und zwischen der Liebe zum weltlichen Besitze, damit ihr mit Paulus ausrufen könnt:

„Denn ich achte alles für Schaden und Kot gegenüber der überschwänglichen Gnade Jesu Christi." (Phil. 3,8)

Ein David, ein Paulus und noch viele Meiner Kinder werden euch einst dort empfangen, von denen ihr euch nicht mit eurer menschlichen Schwachheit entschuldigen könnt. Auch sie waren Menschen; aber sie haben auf den Mahnruf geachtet und danach gelebt, den Meine Liebe ihnen zukommen ließ. Auch euch ist vieles anvertraut, und es wird einst auch viel von euch gefordert werden! Euer Vater!

231. Mein Gott, warum hast Du Mich verlassen

(Mk. 15,34; 1. Mos. 6,6)   15. Mai 1881

Liebe Kinder! Ich will euch heute die Worte vorführen, welche Ich einst vor Meinem letzten Atemzuge aussprach, sie lauten: *„Mein Gott, Mein Gott, warum hast Du Mich verlassen!"*

Prüfet dieselben ganz nach eurem eigenen Standpunkte, wenn ihr dieselben aussprechen würdet; denn auch ihr seid Kinder Gottes dem Geiste nach.

Es liegt in diesen Worten ein wichtiger Sinn für euch; denn es ist ein Bekenntnis, dass ihr mit Gott vereint leben wollet. Aber in diesem Augenblick, wo ihr ein Verlassensein fühlet, zieht sich das Göttliche zurück, und wenn dieses geschieht und die Seele sich allein fühlt, so erkennt sie ihre große Schwachheit, die nur durch die Vereinigung mit dem Geiste behoben werden kann; alsdann ringt sie wieder danach, und dieses ist die Entscheidung - ganz auf Meine Seite zu treten; es ist das Urteil (oder Schicksal), das sie sich ausspricht, wodurch ihr Wohl begründet wird.

So musste auch Ich als Mensch noch den Übergang wieder in das rein Göttliche machen. Ich fühlte das Zurückziehen der Gottheit in Meinem Menschlichen, und ergriff dieselbe durch das Flehen zur ewigen Liebe. Die Liebe siegte bei Mir, dadurch, dass Ich all Meinen Feinden den großen Schmerz vergab, den sie Mir durch ihren großen Spott und die Qualen, die Ich leiden musste, zufügten.

Welch großer Kampf dieses war, könnt ihr nicht begreifen; aber denket euch: Ich, die Liebe Selbst, so gut gegen Meine Feinde, wie gegen Meine Jünger, und im Gegensatz den vollen Überblick der Tücke, Rache und des menschlichen Verderbens vor Mir!

So musste Ich von ihnen scheiden, und Mein irdisches Tagwerk aufgeben, welches doch so Großes und so Gutes den Menschen bereiten sollte, ohne jeden Erfolg bei den meisten der Menge, die Mich umgaben. Lauter Ungestalten (monstra), statt Menschen und Geschöpfe von Meiner Hand sah Ich da im Geiste um Mich her; und also rief Ich im tiefsten Schmerze: „Warum hast Du Mich verlassen, Mein Gott!" d.h. Ich bereute in diesem Momente, dass Ich nicht bei Meiner Gottheit stehen geblieben war, sondern diese in Vaterliebe verwandelte, und dadurch so viele Kämpfe Mir zuzog.

Sehet, dieses Gefühl war das allerschwerste für Mich, so dass der ganze Himmel und das ganze Universum trauerte, und die Hölle schon anfing zu triumphieren, aber zu früh! Denn Meine Liebe siegte und konnte mit Freuden ausrufen:

„Es ist vollbracht!" (Joh. 19,30) Es ist der große Bund besiegelt, der die Gottes- und Vaterliebe verbindet, und Keines von Meinen Erdenkindern kann nun verloren gehen, sondern alle müssen gerettet werden; ob hier oder dort, die Arbeit an denselben wird nie aufhören, und alle Seligkeit Meiner Engel besteht in dem Einen, dieselben retten zu helfen.

Und nun, liebe Kinder, sage Ich euch, auch ihr dürft mitarbeiten; euch will Ich Mich immer mehr zeigen in Meinem Wesen. Zaget also nicht, wenn euch bange wird, und ihr euch verlassen fühlet, sondern rufet laut (wie Ich einst), und die Entscheidung für Mich soll dadurch auch euch gelingen.

In der Jetztzeit möchte Ich auch wieder so ausrufen: „Es reuet Mich, dass Ich Menschen schuf" (1. Mos. 6,6); denn auch jetzt sind die Zerrbilder in großer Überzahl. Aber Meine Vaterliebe zieht Mich abermals auf die Erde hinunter, um zu retten, was sich noch auf derselben retten lassen will.

Darum gieße Ich nun an allen Orten Meinen Geist reichlich aus, (wo herzlich danach verlangt wird), und werde noch vielen in die Feder diktieren. Denn es ist von großem Werte für die

Seelen, wenn sie schon im irdischen Leben die Vereinigung mit dem heiligen göttlichen Geiste anstreben, weil ihr freier Wille da noch das Organ hat, sich in der Tat zu bekunden (im Leibesleben).

Wohl den Menschen, die, statt diesen Vorteil hintanzusetzen, denselben Mir dankbar gebrauchen.

So bedenket, was es heißt, einen Gott entweder zu erfreuen oder Ihn zu betrüben, Der Sich Selbst gegeben hat für alle zur Erlösung! Amen. Euer Vater.

232. Himmelfahrt

26. Mai 1881

Liebe Kinder! Da der aufgefahren ist über alle Himmel, Der ist es, welcher nun wiederum Sich herablässt auf eure Erde, und mit euch redet durch Seinen Geist, welcher in euch vernommen werden kann, so ihr es wollet, und diesen euren Willen beweiset ihr dadurch, dass ihr euer Tun und Lassen einrichtet nach dem, was euch da mitgeteilt wird.

Gleichwie auch Ich (als Jesus einst) musste den Willen des Vaters tun, um eins mit Ihm zu bleiben (oder die ewige Liebe kann sich nur dann mit der natürlichen Liebe vereinen, wenn diese Naturliebe sich der göttlichen Liebe unterordnet); also sollet auch ihr gehorsam sein der inneren Stimme in euch, welche mit dem Vater eins ist, und euch straft und warnt vor dem Bösen, welches aus der Selbstsucht hervorgeht.

Auf dieses Innere habe Ich ein Anrecht, denn es ist göttlicher Abstammung und wird sich nie mit eurem Verstande, wenn derselbe gegen Meine Ordnung handelt, vereinen und schweigen, sondern es vertritt Mich bei und in euch; oder hat je ein Mensch sein Gewissen zum Schweigen gebracht? Es ist dies niemals möglich, der Mensch kann es bloß so weit bringen, dass er eben nicht darauf hört, wo dann dasselbe oft zu einer anderen Zeit desto stärker sich vernehmen lässt.

Wer aber stets auf dasselbe hört und es zu Rate zieht, der wird von Stufe zu Stufe näher zu Mir kommen und eingehen in die Vereinigung mit Mir; gleichwie auch Ich in Jesu Meinen „Sohn" (oder das irdische Organ, mit dem Mein Ich sich umhüllte) durch den inneren Geist so leitete, dass er vom Bösen frei blieb, und die Gegensätze, welche durch die Natur bewirkt werden, von Mir als Mensch nicht angehört wurden, sondern treu, und wie der Geist es verlangte, musste der Leib sich unterordnen, und also wurde es möglich, dass er (der Leib Jesu) als rein und verklärt im Himmel aufgenommen werden konnte.

Damit wurde dem ganzen Universum gezeigt, wie der Mensch als Abkömmling von Mir alle Fähigkeiten in sich hat, mit Mir vereint im Himmel zu leben, denn er hat als Kind das Recht dazu, aber er muss auch als Kind durch Gehorsam dieses Rechtes sich würdig machen, wie Ich Selbst auf Erden dem Vater (Meinem Geiste) gehorsam war bis zum Tod am Kreuze; wo Ich (aber erst durch Kampf) sagen konnte: *„Nicht Mein, sondern Dein Wille geschehe!"* (Lk. 22,42)

So müssen ebenfalls die Menschen, welche Meine Kinder werden wollen, durch Ringen und Kämpfen sich diese (Eigen-) Willenlosigkeit erstreben. Es geht dieses zwar nicht leicht, aber es ist doch möglich, und wer sich ernst vornimmt, diesen Kampf zu unternehmen, dem werde Ich zu Hilfe eilen, dass auch er ausrufen kann: *„Alle Dinge sind möglich dem, der da glaubt!"* (Mk. 9,23)

Darum bin Ich vor dem Angesichte Meiner Jünger zum Himmel aufgefahren, damit sie umso eher glauben konnten, dass Ich auch vom Himmel aus noch mit ihnen verkehren und sie beschützen kann. Ich bestätigte so nochmals Meine Lehre und Meine Verheißungen mit einem sichtbaren Akte, um die Jünger im Glauben an Mich zu erhalten und zu bestärken, und auch um Meinen späteren Nachfolgern ein ermunterndes Andenken zu hinterlassen; denn sie sollten alle auf Den bauen, Der im Himmel thront, und von dort aus alle Seine Kinder versorgt, wenn sie sich durch Seine Worte erziehen lassen.

Darum auch Meine erste Gabe an sie dann die Ausgießung des Heiligen Geistes war, oder wie Ich es deutlicher sagen will: Mein in euch gelegtes göttliches Ich wurde da durch Meine Einwirkung vernehmbarer, und eben dieses sucht auch euch zu göttlicher Tugend immer mehr anzutreiben durch innere Aufschlüsse, Warnungen und Erhebungen, sowie durch mahnende und freudige Gefühle.

Ebenso wird Mein Wiederkommen auf Erden durch geistige Gaben an die Menschen sich zunächst bemerkbar machen, damit sie es zu würdigen wissen; denn ehe eine (wahre) Sehnsucht nach Mir in den Herzen ist, komme Ich nicht!

Darum Ich auch zu Meinen Jüngern sagte: *„Niemand als der Vater allein weiß es, wann Ich wiederkomme!"* (Mt. 24,36) Nur die göttliche Liebe kennt den rechten Zeitpunkt; denn Ich will nicht zum Gerichte erscheinen, sondern als Vater Meine Haushaltung wieder Selbst besorgen.

Darum wehe den Ungetreuen, so sie sich nicht bessern lassen und von der Selbstsucht besudelt sind! Amen!

233. Kommet zur Hochzeit

(Mt. 22; Pred. 28)   Pfingstfest 29. Mai 1881

Liebe Kinder! In diesem Kapitel, wo Ich als König Meine Knechte ausschicke, zur Hochzeit zu laden, da sind wir nun schon an dem Zeitpunkte angelangt, wo Ich den Gästen sagen lasse: „Siehe, Meine Mahlzeit ist bereit, Meine Ochsen und Mein Mastvieh ist geschlachtet, und alles bereit, so kommet zur Hochzeit!"

Ich möchte Mich jetzt mit der Menschheit vermählen und mit ihnen ganz Eins sein, dazu Ich alle Vorbereitungen getroffen habe, und ihnen sowohl im Leiblichen und im Geistigen viel Segen spende.

Die Knechte (und Mägde) welche Ich nun aussende zum Einladen, sind abermals die dazu erwählten Seelen, welche Ich besonders beeinflusse, dass sie von Mir zeugen können.

Doch wie Ich nach Meiner göttlichen Ordnung stets klein anfange, um etwas Großes zu erzielen, so ist es auch hier der Fall, bei diesen Knechten, welche für Mich einladen. Sie sollen nicht vereinzelt bleiben, sondern Ich will jeden Tag noch mehr dazu berufen, so dass alles Mir zum Zeugnis dienen muss, um unumstößliche Beweise zu geben, dass Ich Selbst es bin, Der zur Hochzeit ladet, d.h. zur innigen Verbindung mit Mir. Denn durch „Hochzeit" wird bezeichnet, dass eine Seele nun ganz entschieden auf Meine Seite getreten ist, und um Meinetwillen alles andere hintansetzt.

Da werdet ihr einsehen (laut Erfahrung), wie die Einladung von so vielen gar nicht gehört wird, und somit Meine Bemühungen zumeist vergeblich sind; ja sogar empören sich viele gegen diesen Vaterruf, und verfolgen solche, die Mir dabei dienen wollen.

Sie prüfen nicht einmal, ob solche Ermahnungen von Mir ausgehen; würden sie dieses tun, so wollte Ich mit Meinem Geiste ihnen zu Hilfe eilen, und sie könnten so gewonnen werden.

Darum muss Ich mit der Einladung oft Gerichte verbinden, wenn Ich sie an eine Seele ergehen lasse; Ich wirke da mit Meiner Gnade dann desto mächtiger mit.

Darum, ihr Lieben, die ihr euch berufen fühlet, für Mein Reich zu wirken, verzaget nicht, wenn ihr ohne Erfolg wieder zu Mir kommet. Folget nur Meinem Rat, den Ich euch ins Herz lege, und lasset nicht ab von neuem anzusuchen; denn Meine Liebe kann nicht ruhen, bis alle an Meinem Tische sich sättigen.

Es sind noch gar viele in der großen Irre, die herbeigebracht werden müssen. Das Ausscheiden dabei überlasset Mir Selbst, so habt ihr eure Pflicht getan, und Ich will euch den Segen dafür geben, den die Welt euch nicht rauben kann. So bringet noch viele in eurem Herzen Mir vor den Thron, damit Ich auf Eure Fürbitte sie segnen kann.

Benützet dazu abermals das Pfingstfest, wo Mein Geist reichlich ausgegossen wird über alles Fleisch, und wo auch ihr Meinen vollen Segen dabei fühlen dürfet! Amen!

234. Wer den Heiligen Geist lästert

5. Juni 1881

„Wer den Heiligen Geist lästert, der hat keine Vergebung, sondern ist schuldig des ewigen Gerichtes!" (Mk. 3,29; Lk. 12,10)

Meine lieben Kinder! Es ist hier unter Lästerung des Heiligen Geistes nicht eine einzelne Tat verstanden, welche nie mehr könnte bereut und vergeben werden, sondern es ist das Zurückstoßen der inneren Stimme, welche durch den Heiligen Geist stets angetrieben wird euch zu lehren, zu strafen und zu bessern.

Wer sich derselben stets widersetzt, auf dieselbe gar nicht hört, der kommt dann in Fälle, wo er Taten verübt, die davon zeugen, dass er ein solcher Lästerer (des Heiligen Geistes der

Erbarmung Gottes) ist, und alles von sich weist, durch was ihn noch die Gnade zu beeinflussen sucht.

Solche Seelen sind dem Gerichte verfallen, weil sie den Rettungsweg meiden, und ihr freier Wille das Böse sucht. Darum ist für sie keine Hilfe mehr möglich, weil diese Seelen innerlich zwar einen Widerspruch fühlen, aber absichtlich die Wahl zum Guten unterdrücken.

Darum Ich sagte, sogar die Gotteslästerungen können vergeben werden, weil diese oft auf Unwissenheit vom Wesen Meiner Person beruhen, wo ihnen auf dem Gnadenwege mehr Licht beigebracht werden kann, was eben das Werk des Heiligen Geistes ist. Wird diesen Beeinflussungen entgegengearbeitet, so hört Mein Wille auf, und die Seelen verfallen der ewigen Verdammnis (gemäß ihrem freien Willen).

Darum, ihr lieben Kinder, ist es so nötig, dass ihr immer mehr den Heiligen Geist an euch in Seinem Gnadenwerke walten lasset, was dadurch geschehen kann, dass wenn ihr Mir folgen wollet, Er euch immer mehr und stets deutlicher zeigt, wo ihr und wie viel ihr jeden Tag, jede Stunde von Meinen Geboten wieder abgewichen seid.

Nehmt ihr diese Mahnungen dankbar an, so habt ihr einen sicheren Führer zum Himmel, und er wird euch nicht nur strafen und ermahnen, sondern auch die nötige Weisheit geben zu eurem Handeln und Wandeln; er wird euch immer mehr eurer Abstammung versichern, so dass ihr mit Lust mehr nach innen als nach außen verkehret, und eure Bitte wird sogar ein Triumpfgebet für euch sein, wo es heißt: „Abba, gib mir den Heiligen Geist!" Ihr werdet das Wahrzeichen an eurem Mitmenschen herausfinden, und sie mit der gerechten Liebe behandeln lernen, die ihr ihnen schuldig seid.

Darum konnte Ich Meinen Jüngern einst und jetzt keine größere Himmelsgabe zur wahren Beglückung geben, als Meinen Heiligen Geist, welcher die Quelle alles Guten ist. Wer seinen Besitz schätzen lernt, und sein Herz zur Wohnung für Ihn reiniget, dem wird und ist ewig geholfen.

Wenn ihr nun an Pfingsten um den Heiligen Geist bittet, so wisset, dass eure Bitte erhört wird. Beobachtet aber auch die Kennzeichen, woran ihr wisset, dass ihr Ihn empfangen habt, und wachet, damit ihr Seine Warnung oder innere Unruhe nicht etwa schnell zu beseitigen suchet, sondern bedenket, dass da der Heilige Geist mit euch reden und Sein Gedankenwerk in euch fortsetzen will, damit ihr wachsen sollet in der Besserung zum Guten, und ihr vereint mit Ihm den Sieg über alle Leidenschaften des Bösen davontraget.

So ist auch in Meinem Gebete (Vaterunser) in den Bitten um diese Gaben alles enthalten, was ihr von dem Pfingstsegen erwarten könnt, wo es ja darin heißt: „Dein Reich komme! Dein Wille geschehe!" und „erlöse uns von dem Übel" (Mt. 6,9), das ist von dem Widerspruch gegen Deinen Heiligen Geist.

Nachdem Ich euch nun den Wert des Heiligen Geistes erklärt habe, machet eure Herzen bereit Denselben aufzunehmen. Amen. Euer Jesus-Vater!

235. Dreieinigkeitsfest

(Joh. 8)   12. Juni 1881

Liebe Kinder! Das Dreieinigkeitsfest wird in der Kirche so vielfach gefeiert nach seiner Bedeutung (nicht umsonst sind also so viele Trinitäts-Sonntage), dass unter den vielerlei Ansichten von Meinem Wesen kaum mehr die Wahrheit herausgefunden werden kann, nicht einmal durch die Beweise aus Meinem heiligen Worte selbst, weil dasselbe durch den Heiligen Geist muss gedeutet werden, und gerade das Amt desselben wird von den meisten nicht mehr geglaubt, weil dessen Eingebung schnurgerade ihrem materiellen Streben entgegenläuft.

Daher suchen sie solche Stellen in der Bibel aus, welche am ehesten nach ihrer Richtung können gedeutet werden, wie es bei den Pharisäern und Schriftgelehrten schon zu Meiner irdischen Lebzeit der Fall war, wo sie Meine Gottheit lächerlich zu machen suchten.

Auch heute will Ich nochmals Meine Worte wiederholen, wo Ich sagte: „Abraham war froh, dass er Meinen Tag sehen sollte, und er sah ihn und freute sich." (Lk. 2,13-14, Joh. 8,56)

Jesus sprach zu ihnen: „Wahrlich, wahrlich, Ich sage euch: Ehe Abraham ward, bin Ich!" (Joh. 8,58) Nun in diesen Worten liegt die Bürgschaft für Meine Gottheit von Ewigkeit her; denn wenn ihr dieselbe umstoßen wollet, so ist die ganze Heilige Schrift für euch wertlos; entweder müsst ihr fest überzeugt sein, dass alles was Ich geredet habe, Wahrheit ist, ihr könnt nicht das Eine anerkennen und das Andere verwerfen, um euch eine bequeme Lehre dadurch zu machen, oder ihr müsst fest glauben, dass Ich Der bin, welchen Ich repräsentiere.

Dieser Ausspruch, welchen Ich gerade gegenüber den Pharisäern und Schriftgelehrten tat, als es sich um Meine Person handelte, kann nicht wohl anders gedeutet werden, als er lautet, wird aber bei vielen ganz übersehen, sie wollen von diesem Zeugnisse gar nichts hören, weil sie nicht recht wissen, wie es zu verfälschen ist.

„Ehe denn Abraham war, bin Ich"; der Sohn ist kein neu erschaffenes Ich, sondern Mein Reich ist von Ewigkeit her, und hat sich bloß durch den Sohn in Menschenform eingehüllt, um der kreatürlichen Menschheit zugänglich zu werden, welche gleichfalls die Gnade und Erbarmung schuf, als Hüllen oder Organe für das eigentliche Ich, welches durch diese Umkleidung „Mensch" genannt wurde.

Darum auch das Urwesen des Menschen von Mir ausgeht und von Ewigkeit herstammt, und deshalb auch nicht eher befriedigt oder beseligt werden kann, als bis es wieder in Mir ruht in Meinem Wesen, welches ist die göttliche Liebe. Zu diesem Zwecke wurde es eingekleidet, und deshalb begab Ich Mich Selbst unter die Menschen unter derselben Form, um so als Lehrer und Meister durch Wort und Beispiel voranzugehen.

Der Widerspruch des Satans aber war sehr groß, deshalb je mehr er sich gegen Mich erhob, desto demütiger musste Ich sein, und seine Verfolgungen dulden, dem Stolze - Demut, dem Hasse - Liebe entgegensetzend, weil diese zwei Tugenden die Grundgesetze Meines Reiches ausmachen.

Wer nun in dasselbe wieder zurückkehren will, der muss ebenfalls denselben Prinzipien huldigen, ansonst sie (die Widerspenstigen) als Empörer gegen Mich ausgewiesen werden müssen.

Darum Ich als Jesus also gelehrt, gelitten und gesegnet habe, und durch Mein Menschliches die göttliche Liebe euch mitteilte, damit das in euch gelegte Abhängigkeitsgefühl von einem höheren Wesen jetzt euch nicht mehr Bange, sondern Freude machen solle, weil ihr statt dem Schöpfer und strengen Richter in Mir den Vater habt kennengelernt.

Wer an den Richter glaubt, zieht sich zurück vor demselben, und alle Gebote von Ihm sind ein Muss und verstümmeln den freien Willen des Menschen. Wer aber „den Vater" anerkennt, der ist glücklich, als Kind dessen Willen zu erfüllen.

Darum ist es von großer Wichtigkeit, Mich in Meinem wahren Wesen zu erkennen, und zu wissen, dass Ich von Ewigkeit her war als Jesus, oder dass in Meinem Wesen, welches Gott als heilig, gerecht und allmächtig darstellt, auch die Liebe vorhanden war, welche Mich antrieb - Mensch zu werden.

Auch jetzt hebt die Mehrzahl Steine gegen Mich und will Mich vertilgen, sie wissen nicht mehr, von wannen sie gekommen sind, noch wohin sie einst zu gehen haben, sondern tappen im Finstern. Ungesättigt durch hohle Reden und Lehren folgen sie den Irrlichtern der Menschen, anstatt die geistige Sonne, welche ihr Innerstes erwärmen und erleuchten will, auf sie einwirken zu lassen; ihre Strahlen brechen sich an dem Starrsinn, in welchen sie Ihren freien Willen umzuwandeln wissen.

Mein Bild, das Ich ihnen aufgeprägt habe, ist so entstellt, dass es nicht mehr möglich ist, nach demselben Mein göttliches Wesen zu beurteilen; daher auch die vielen falschen Ansichten von Meiner Gottheit.

„Aber Ich will zu dieser Zeit nun Meinen Geist reichlich ausgießen!" (Apg. 2,17) Auch diese Worte der Verheißung sollen jetzt in Erfüllung gehen; und wenn Meine Kinder trauern beim Überblicke dieser Folgen des Sündenfalles, so sage Ich ihnen: „Es ist des Vaters Wohlgefallen, euch das Reich zu geben" (Lk. 12,32); darum freue dich, du kleine Herde, die du vom wahren Hirten auf die grünen Auen geführt wirst und an die Brünnlein, wo Lebenswasser fließt die Fülle ewiglich! Amen!

236. Wehe euch Schriftgelehrten

19. Juni 1881

„Wehe euch Schriftgelehrten, denn ihr habt den Schlüssel der Erkenntnis weggenommen; ihr kommet nicht hinein, und wehret denen, die hinein wollen!" (Lk. 11,52)

Liebe Kinder! Diese Worte, welche Ich einst aussprach, als Mich die Pharisäer und Schriftgelehrten in ihren Kreis zogen, um Mich näher zu prüfen; sie sind auch für euch heutzutage noch von derselben Bedeutung. Und damit sie auch euch zum Segen werden, so wendet sie hauptsächlich auf euch selbst an, anstatt sie auf eure Gelehrten übertragen zu wollen; denn ihr seid jetzt diejenigen, denen die Heilige Schrift mehr im geistigen Sinne erklärt ist, gegen viele andere, auch euch ist der Schlüssel der Erkenntnis gegeben durch die vielen direkten Belehrungen.

Prüfet, ob ihr sie euch ganz aneignen könnt, was nur möglich ist, wenn ihr dieselben befolget, denn nur so könnt ihr eindringen in das Reich der Wahrheit.

Soll aber dieses geschehen, so muss besonders auch die Liebe zu Mir und dem Nächsten vertreten sein nach Meiner Vorschrift, damit auch diejenigen, die das gleiche Bedürfnis nach Wahrheit in sich fühlen, dieselbe gleichfalls erreichen können.

Hier ist aber auch im Wissen und Erkennen die Eigenliebe oft so groß, dass sie ihren Mitmenschen nicht das gleiche Recht zukommen lässt, sondern sich durch ihr Mehrwissen über den Nächsten erhebt, und denselben warten lässt in seiner Sehnsucht, so dass derselbe oft ermüdet sich wieder abzieht. Anstatt dass die Mehrwissenden brüderliche Handreichung tun zum Fortschritte im Geistigen, verbrauchen sie das anvertraute Pfund zur Überhebung und zu zeitlichen Vorteilen.

So war's bei den Pharisäern und Schriftgelehrten einst, sie wollten absichtlich das Volk unaufgeklärt hinhalten, und so ist es heute noch. Nicht allein bei den Gelehrten im allgemeinen, sondern sogar unter Meinen Kindern hat diese Eigenliebe noch viel Raum, überall Erhebung, Herrschsucht, nirgends brüderliche Offenheit, was doch der wahre Weg ist, der zur Demut führt.

Noch lange kann unter solchen Umständen Mein geistiges Reich nicht walten, welches im Erkennen, Bekennen, Hingabe, Übergabe, Liebe und Wahrheit besteht, wo eins das andere zu durchschauen vermag, vermittels der eigenen Mitteilungen, und wo die Liebe einen solchen Grad erreicht hat, dass sie alle Schwachheiten zu bedecken weiß, und gleich groß bleibt.

Sehet, hierher gehört die Verheißung; „Wo *zwei oder drei versammelt sind in Meinem Namen, da bin Ich mitten unter ihnen!*" (Mt. 18,20)

Ach, wie viel Missbrauch wird mit diesen Worten getrieben, gleich werden dieselben angewendet bei einer Versammlung, ohne dass ein jedes vorher sich genau prüft, ob es wohl vor Meiner Gegenwart bestehen könnte, und die nötige Arbeit vornehme, sich zuerst vom Schmutze zu reinigen, der ihm noch anhaftet, welcher oft in Neid, Hass, Empfindlichkeit, Stolz und dergleichen besteht.

Darum hauptsächlich ein „Wehe" solchen, denen mehr anvertraut ist von Meinem Reichsplane, wenn sie lau und eigensinnig ihr Amt verwalten, zu welchen sie durch den Ruf des Heiligen Geistes sich veranlasst fühlen.

Erkennet daher ihr alle, die ihr so gerne bittet: „Komm Herr Jesu, komme bald mit Deinem Reiche" - wie viel ihr noch zu tun habt, ehe Ich Einzug halten kann, und seid Täter des Wortes und nicht Hörer allein, damit ihr nicht euch selbst betrüget. Amen! Euer Vater in Jesu!

237. Zum Reformationsfest

26. Juni 1881

Liebe Kinder! An dem heutigen Tage, da ihr das Fest der Reformation feiert, will Ich euch etwas deutlicher den Unterschied zeigen, wie ehemals Meine Kirche oder Meine Nachfolger im Glauben standen.

Diesen Glauben bezeugten sie Mir durch große Verehrung, sie ließen sich viele Opfer gefallen, um Mein Wohlgefallen zu gewinnen.

Freilich waren diese Opfer immer nur materiell, und es war kein innerer Kampf damit verbunden, welcher gegen die Sünde ankämpfte, sondern es wurde dieselbe im Gegenteil in mancher Art noch dabei unterstützt; z.B. die Eigenliebe, die Herrschsucht; denn wer viele Mittel hatte zum Opfern, dem wurde viel Gewalt eingeräumt, und er somit vielen Versuchungen ausgesetzt war; und doch wurde durch solche Opfer und Verehrung Mir noch mehr Recht für Mein Wesen damals zuteil, als nun, weil Ich wenigstens doch noch anerkannt wurde; während in der Jetztzeit die Mehrzahl auch noch dieses Mittels, mit Mir zu verkehren, sich entledigt, um desto bequemer ihrer (natürlich-) sündhaften Natur frönen zu können. Diese Menschen ergreifen Mich nur als Versöhner, der aber ohne jede Bedingung für sie die Strafe der Sünde abzubüßen hat, und sie weisen Mir als dem gerechten Gott gleichsam die Quittung vor, welche durch Mein vergossenes Blut am Kreuze sie berechtige, an den Freuden im Himmel teilzunehmen und also sie dort einzulassen.

Es ist aber der Betrug darin leicht zu finden, weil die wahre Beschaffenheit des Reiches der Seligkeit zu wenig erforscht wird, obwohl deutlich im Evangelium steht: *„Das Reich Gottes ist nicht Essen und Trinken, sondern Friede und Freude in dem Heiligen Geiste!"* (Röm. 14,17)

Würde mehr über diese Freude nachgedacht, so würde manchem klar, dass er mutwilligerweise dasselbe oft und viel von sich stößt, und dafür nach höllischer Ausstattung strebt, wie z.B. nach Gewalt, Herrschsucht und so sich immer mehr von der Nächstenliebe entfernt, die doch als Hauptstatut im Himmel gilt.

Jetzt ist der Glaube nur noch, dass einem der Himmel geschenkt werde, bei der Mehrzahl vertreten; aber den Glauben, dass das Reich Gottes durch Liebe in der Tat muss erlangt werden, findet man zu abergläubisch (unbequem).

Und leider sind nun auf Erden zu wenig von Meinen wahren Kindern vertreten, die in ihrem Kreise den Beweis liefern, dass Mein Reich und seine Gesetze bei ihnen Eingang gefunden haben, und sie den Genuss als Reichsgenossen fühlen dürfen!

Auch unter solchen, die Mich wirklich suchen und teilweise gefunden haben, ist die Liebe zu Mir und dem Nächsten noch sehr mangelhaft, so dass Ich noch kein Musterreich mit ihnen aufstellen kann, um andere dadurch zu gewinnen. Ich muss noch an jedem Einzelnen tüchtig reinigen und arbeiten, damit er eingefügt werden kann zum großen Bau, der jetzt so nötig wäre, für so viele Hungrige und Verlassene, welche durch den Geist des Erbarmens angetrieben werden zu suchen. Allein da, liebe Kinder, seid ihr noch weit, weit zurück von dieser Ausführung, weil ihr immer eure Schwäche Mir vortraget, anstatt auf Meine Kraft dabei zu bauen. Ihr wollt wegen der großen Entfernung des Zieles nicht einmal die ersten Schritte unternehmen; doch wie könnt ihr da zu einem Ziele gelangen, wenn ihr stehen bleibet. und das Laufen gar nicht anfanget.

Oh ihr Toren! Ihr seid mehr zu bedauern als solche, die noch gar keinen Vorgeschmack von Meinem Reiche haben. Ihr härmet euch ab hineinzukommen, und sehet dasselbe im Geiste mit all seiner Seligkeit; aber ihr seid wankelmütige Kämpfer, und der Gegner Meines Reiches lacht Hohn über euch!

Habe Ich doch allen Glaubensmännern Meine Hilfe angedeihen lassen, wenn es sich darum handelte, für Mich den Mitmenschen eine Wahrheit festzustellen, und so halte Ich es heute noch.

Schauet auf Luther, wie sich Meine Liebe und Macht an ihm bewiesen hat, nach dem Grade, wie Ich es zulassen konnte, dass seine Glaubensansichten seinen Anhängern damals und später zum geistigen Segen werden konnten.

Wenn Ich Mein Reich will aufschlagen, so handelt es sich nicht um äußere Vorbereitungen, und daher gebe Ich auch keine äußeren Anleitungen, sondern um aufnahmefähige Herzen, und wenn solche durch Mich zusammengeführt werden, so soll aus den Anregungen eines jeden einzelnen ein Teilchen zum Bau geliefert werden. Ein jedes prüfe des andern aufrichtig ausgesprochene Meinung in der wahren Liebe zu Mir, und um Meinetwillen auch zu seinem Bruder, so werdet ihr sicher und stark werden in der Eintracht und im Frieden, und somit ist der Grundstein zum Bau gelegt, zu welchem Ich als Baumeister noch vieles beischaffen will.

Reformieret - nicht die Kirche, sondern eure Herzen, damit die unsichtbare Kirche durch sie kann gebaut werden! Amen! Euer Jesus!

238. Meine Jünger schlafen

(Pred. 30)   3. Juli 1881

Liebe Kinder! Als Ich im Garten Gethsemane war, fand Ich bei Meiner Rückkehr Meine Jünger schlafend. Sie wussten nicht, welch schweren Kampf Ich in Mir trug für die Menschheit, obgleich sie viel Liebe zu Mir hatten, und durch Meine Reden und Mein Benehmen traurig gemacht wurden; doch was die Ursache Meiner Schmerzen war, konnten sie noch nicht fassen, und obgleich Ich ihnen sagte: *„Wie lange wollt ihr noch schlafen wie die andern, könnt ihr nicht eine Stunde mit Mir wachen?"* (Mt. 26,40)

So war dies kein Beweis von Mir, als ob Ich nicht zufrieden mit ihnen wäre, sondern Mein Herz, das in dieser Stunde alle Liebe entbehren musste, wollte bei den Jüngern, weil dieselben

Mir am nächsten waren, eine Teilnahme suchen, und ermunterte sie dazu; denn ihre Schläfrigkeit war gleichfalls ein Einfluss des Satans, um Mir auch diese Liebe vollends zu rauben.

Und wie Ich euch schon oft sagte, dass jedes Wort, jeder Akt in Meinem Leben durch Entsprechungen sich wiederhole, so wiederholen sich auch diese Worte. Denn auch jetzt kann Ich noch mit den wenigen, die Mir angehören wollen, eine väterliche Sprache führen, und sie aufmerksam machen auf die große Trübsal, die auf der Welt herrscht, dadurch, dass Mich die Menschen gänzlich hintansetzen, und die große Kluft, die Ich durch Meine Menschwerdung beseitigen wollte, wird durch die vielen Menschensatzungen und das Breitschlagen Meiner Lehre immer größer. Hauptsächlich wird die Liebe als tätige Liebe so viel als möglich vom Glauben getrennt, und für denselben als entbehrlich gehalten; und die Zeit, von der es heißt: „Gräuel der Verwüstung" (Mt. 24,15) hat im geistigen Gebiete, oder in den Herzen der Menschen ihren höchsten Grad erreicht.

Und so wie von allem Geistigen sich eine Entsprechung dafür auch in der Natur bildet, so geht es auch jetzt. In allen Formen und Verhältnissen der Menschen herrscht Entartung der Ordnung, in der Ehe, in der Kindererziehung, in den Ämtern, im bürgerlichen Verkehr, überall wenig Liebe, und nur Form ohne Wesen; darum ist es Zeit, dass Ich Mich aufmache.

Auch nun soll der Fürst der Finsternis bald erfahren, dass Ich Mein mächtiges „Bis hierher" ausspreche, wo dann ein Auferstehen folgt. Aber zwischen diesem liegt noch der schwere Kampf, weshalb Ich auch zu euch als Meinen vorbereiteten Jüngern sagen muss: Wie lange wollet ihr noch schlafen? Und gleich wie Meine Jünger dort mit Sehnsucht auf eine bessere Zukunft warten, anstatt jetzt mit Mir Hand in Hand zu gehen, und auch mich auf den Kampfplatz zu begleiten!

Doch ängstiget euch nicht zu sehr über diese Aufforderung; denn Ich wollte damals ja nicht, dass Meine Jünger für Mich äußerlich fechten sollten, sondern tadelte den Petrus darüber, welcher gleichfalls nun dem Glauben entspricht, der durch Gewalt und Rache etwas für Mich tun will, dagegen wenn es gilt Mich offen als Den zu bekennen, als welchen Ich Mich an euren Herzen bewiesen, aus Scheu vor Verachtung oder Hohn Mich oft lieber verleugnet.

Es gilt hier nur ein festes Vertrauen zu bewähren, dass Ich zu rechter Zeit euch auch die rechte Hilfe und Weisung gebe; einstweilen aber das was ihr schon erhalten habt, als ein anvertrautes Pfund zu betrachten, mit dem ihr wuchern und für euch und eure Mitmenschen Gewinn erzielen sollet; denn so jemand sucht seine Mitmenschen zu beglücken, dem wird der größte Teil des Glückes selbst zufallen! Amen!

239. Mein zweites Kommen

10. Juli 1881

„Wenn aber des Menschen Sohn kommen wird in Seiner Herrlichkeit und alle heiligen Engel mit Ihm, dann wird Er sitzen auf dem Stuhle Seiner Herrlichkeit." (Mt. 25,31)

Liebe Kinder! Es ist Mein zweites Kommen hier näher bezeichnet. Viele Menschen können dieses (Wieder-) Kommen gar nicht glauben, weil sie überhaupt keinen richtigen Begriff von Mir haben, und ihnen schon deshalb Meine Gegenwart kein Bedürfnis, sondern vielmehr ein Schrecken ist; darum Ich auch im Allgemeinen mit demselben noch lange werde verziehen müssen. Ehe der Glaube, dass Ich der Schöpfer und Gott, dennoch mit den Menschen als Vater verkehren will, feste Wurzeln hat, wäre Mein Kommen ohne jeglichen wahren Nutzen und somit Meiner Ordnung, gemäß welcher alles Nutzen und Wohltat vorbereitet, ganz entgegengesetzt.

Ich komme, um die Sehnsucht Meiner Kinder zu stillen, welche aber, weil mit Meinem Wesen vertraut, wohl wissen, dass unsere Verwandtschaft geistig ist und daher, je mehr sie streben sich zu vergeistigen, desto mehr fühlen sie, dass ein äußeres Schauen nicht so beglückend für sie wäre, als das geistige Innewerden: Der Vater ist unter uns.

Es ist dies wiederum ein Gefühl, das mit äußeren Worten nicht ganz fassbar beschrieben werden kann, wenn Ich nämlich eine Seele besuche und mit ihr verkehre.

Um aber dennoch auch schwächere Seelen etwas von diesem Genusse verkosten zu lassen, erwählte Ich in jedem Zeitalter Menschen, die sich mehr darüber auszudrücken wussten. Auf diese Art wurde dem Volke Israel durch die Propheten Mein Wille kundgetan und dasselbe Mir erhalten, bis Ich Selbst ins

Fleisch kam, und nun sie (die Menschen) ganz für Mich gewinnen wollte. Wie weit es Mir gelang, gegenüber ihren freien Willen, wisst ihr aus der Geschichte, so weit als dieselbe nach menschlicher Willkür euch noch erhalten blieb.

Hier zweifelten oft Meine wahren Kinder bei obiger Annahme an Meiner wahren Liebe und kommen Mir mit der Frage: Warum ließest Du denn zu, dass so vieles, was uns doch auch freuen und erquicken könnte, von Deiner Lehre und Deinem Leben nicht für uns erhalten blieb?

Und Ich sage euch: Was euch äußerlich durch den Buchstaben entzogen wurde, will Ich euch durch den Geist wieder ersetzen. Höret nur im vollen Glauben auf Ihn, so werdet ihr bald erkennen, ob dieses Innewerden von Mir ausgeht und mit Mir verbindet, oder von Mir trennt!

Dieses (lebendige) Wahrnehmen will Ich noch vielen geben, die Mich redlich suchen, aber dabei ängstlich sind sie möchten auf Irrwege geraten, wenn sie sich nicht von den gewohnten Lehrern leiten lassen; gerade in solchen Seelen herrscht die wahre Demut, und ihnen werde Ich Meine direkten Vaterworte zuführen und sie so segnen, dass sie Meine Stimme darin erkennen; denn „*Meine Schafe hören Meine Stimme und erkennen Mich.*" (Joh. 10,27)

Ihr aber, die ihr euch zu denselben zählen wollet, folget auch derselben, damit noch viele ermuntert durch euer Beispiel der Herde nachlaufen.

Es ist also die Zeit Meines Wiederkommens schon da! Ich will Mich in Meiner Herrlichkeit zeigen, und Meine seligen Engel mit Mir, durch Meine Liebe und Herablassung in solchen Kreisen, die an Meinen direkten Einfluss glauben.

Und gleich wie Ich nach Meiner Auferstehung nach und nach alle Meine Anhänger besuchte, so will Ich auch wiederum überall Mich sehen und finden lassen, wo die Herzen dazu reif sind; darum seid wach und ernst in dieser Stunde, weil ihr nicht genau wisset, wann Ich eintrete.

Oft komme Ich auch bei verschlossenen Türen eures Herzens und klopfe an um Einlass. Wohl jedem, der Mir auftut mit Freuden. Amen! Euer Jesus!

240. Wo kaufen wir Brot

(Joh. 6)   17. Juli 1881

Liebe Kinder! Einst fragte Ich den Jünger Philippus, als das Volk um Mich versammelt war: „*Wo kaufen wir Brot, dass diese essen?*" (Joh. 6,5)

Obgleich Ich Selbst es ja so segnete, dass es gut ausreichte, so wollte Ich doch Meinen Jünger an dieser Liebsorge für seine Mitmenschen teilnehmen lassen, denn in der sorgenden Liebe beteiligt sich der Mensch an Meinem Wesen. Diese ist es, der Ich am meisten von Mir mitteile, weil Mein Urwesen Liebe ist, und dasselbe gleichfalls bei euch sein soll; darum auch alles, was ihr aus Liebe tut, großen Segen euch bringt. Wenn dabei auch Undank euch entgegentritt, so wisset ihr ja, dass Ich der Vergelter bin für jeden Liebesdienst, und nicht der Empfänger desselben; denn um Meinetwillen sollet ihr es tun.

So wollte Ich auch hier Meine Jünger zu einer Liebestat veranlassen durch Meine Frage, und verzog deshalb mit Meiner Beihilfe, bis sie erst das befolgten, was Ich ihnen als nötig aufgetragen. Sie durften Meinen großen Segen erst erfahren, als sie im Glauben und in der Liebe tätig waren; aber das ganze Volk wurde dann satt, so dass noch von dem scheinbar Wenigen viel übrig blieb.

Sehet, diese Volksspeisung bietet abermals eine Entsprechung für die Jetztzeit, wo zwar viele suchen ihren Geist zu befriedigen, aber in der (geist.) Wüste sich befinden (des puren Weltverstandes), sie nicht wissen, mit was sie den Hunger des Geistes befriedigen können.

Auch unter diesen befinden sich vielfach solche, welche Mir nachfolgen wollen, und sich gerade deswegen nicht mit dem weltlichen Treiben befriedigen können. Hier gilt eben wieder obige Frage: „Wo kaufen wir Brot, dass diese essen?"

Es ist diese Frage von Mir in der Jetztzeit eine ernste, indem Ich nun von Meinen Jüngern einen viel größeren Glauben verlangen muss, um Mir die Hand zu solcher Sättigung zu bieten, weil sie Meine persönliche Mitwirkung nicht wie damals Meine Mich umgebenden Jünger annehmen können, welche Augenzeugen dieser Meiner Mitwirkungen waren. Aber statt dieser Anschauungen haben Meine jetzigen Kinder die ganze Entwicklungsgeschichte Meines Reiches (und zahllose Beispiele) hinter sich, und können wissen, dass nur Meiner göttlichen Allmacht und Weisheit es möglich war und ist, unter den vielfachen Verfolgungen und dem Widerstande aller Art dasselbe dennoch zu erhalten, leider aber nur noch sehr mangelhaft, so dass es nun höchst nötig ist, abermals Meine Kraft an demselben zu beweisen. Und solches muss zuerst an einzelnen Seelen geschehen, die fest im Glauben und in der Liebe zu Mir stehen, und sich nicht abschrecken lassen beim Anblicke, des großen Arbeitsfeldes bei so wenigen Arbeitern; denn ohne mutigen Anfang kann kein gesegneter Fortgang bestehen.

Und damit ihr euch mehr ermuntert fühlet, wenn Ich euch berufe, und eure Schwachheit euch dabei zu sehr beunruhigt, so schauet hinaus in die Natur, wie oft eine einzige wohlriechende Pflanze die umgebende Luft vor vielen anderen Gewächsen erfüllt, ebenso kann durch ein einziges geeignetes Gewächs dem Schaden vor vielen anderen gesteuert werden.

Also auch da, wo Ich Meinen Segen dazu gebe, kann ein einziger Mensch, der Mir treu dient, ein ganzes Dorf mit seinem Beispiele segnen, wenn es ihm ein Anliegen ist.

Ich lege Meinen Segen ins Einzelne, durch welches er auf andere übertragen werden kann, so dass derselbe dann eine für euch noch unglaubliche Größe und Höhe erreichen kann, (Mt. 13,31-32 Vom Senfkörnlein), weil ihr euch zu wenig in Meine Ordnung versenket, welche doch so sehr geeignet ist euer Vertrauen zu stärken, um euch Meine Führungen besser gefallen zu lassen.

Ebenso lege Ich einer kleinen von euch geübten Liebestat so großen Wert bei, dass viele Sünden dadurch getilgt werden; denn der Geist wird euch dann antreiben vieles zu vergessen, was Ärger, Hass, Neid und Unzufriedenheit euch bereiten könnte.

Auch diese Gefühle enthalten weit größere Segnungen in sich als ihr ahnet; denn es sind nicht immer (wie es viele oft auslegen) Gefühle, die nur aus Eigenliebe und Selbstsucht hervorgehen, sondern es ist vielmehr oft ein Gehobensein nach einer vollbrachten guten Tat, wozu Ich Meinen Segen gebe.

Und so bin Ich überall bereit zu segnen im Innern und im Äußern. Sobald ein redliches Wollen bei einer Seele stattfindet, will Ich Meinen starken Arm gebrauchen, sie zu unterstützen. Doch muss dieselbe es Mir überlassen, welche Mittel Ich dabei anwende; aber dass es nur segnende sind, das glaubet auch heute aufs Neue wieder - eurem Jesu! Amen.

241. Der Unglaube hat seinen Höhepunkt erreicht

(Mt. 28,18)   24. Juli 1881

Liebe Kinder! Ihr seid in eine Zeitperiode eingetreten, wo der Unglaube seinen Höhepunkt erreicht hat, und man (im Allgemeinen) gar keinen (richtigen) Begriff mehr von Mir hat.

Dieser Zustand gleicht Meiner Grablegung; denn auch die Pharisäer und Schriftgelehrten waren nach Meiner Kreuzigung vollkommen beruhigt, und wollten das Andenken an Mich gleich nach dem Feste vollends austilgen. Aber siehe da, nun wurde ihnen die Wahrheit Meiner Worte bewiesen, welche lauten: „*Mir ist gegeben alle Gewalt im Himmel und auf Erden!*" (Mt. 28,18)

Auch Meinen Jüngern fehlte noch der starke Glaube an diese Worte, darum meldete Ich Mich nach Meiner Auferstehung bei denen an, die noch zweifelten, und richtete Mein Erscheinen je nach dem Grade ihres Glaubens ein. Einige waren von der Wirklichkeit Meiner Person sogleich mit Freuden erfüllt und begrüßten Mich, andere aber erschraken, als ob Ich ein Gespenst wäre! Dieser Unterschied bei den Jüngern gründete sich auf ihren geistigen Standpunkt, wie weit sie nämlich in der Liebe mit Mir verbunden waren.

Gleich wie es in äußeren Verhältnissen der Fall ist, dass je mehr ein Mensch den andern liebt, desto besser er denselben kennenlernt und sogleich weiß, in welcher Stimmung derselbe sich befindet, wenn er mit ihm verkehrt, (denn nur die Liebe kann ein richtiges Urteil fällen); ebenso geht es nun heutzutage mit Meinem Eintreten.

Nur wer in der Liebe zu Mir steht, wird freudig „herein" rufen, wenn Ich anklopfe, und weil er Mich durch die innere Erleuchtung getrieben herbeisehnt, wird er sich auch nicht vor Mir, als einen erhabenen Gott fürchten, sondern je größer die Liebe zu Mir bei einem Menschen vorhanden ist, desto besser und stärker glaubt derselbe an einen innigen Verkehr zwischen Mir und ihm, und setzt sich dadurch in ein Verhältnis, wo es nicht mehr möglich ist, Mich bloß nur in der Ferne zu bewundern und zu beehren, sondern es muss dasselbe ein zugänglicheres sein.

Darum wenn Ich euch als Vater ganz beglücken will, so muss in euch der Glaube an Meine herablassende Vaterliebe gelegt sein, ihr müsst suchen denselben durch Gegenliebe festzuhalten, was ihr dadurch beweiset, dass ihr die Worte, die euch diktiert werden, als Meine Worte anerkennet, weil sie von Mir und Meinem Wesen, hauptsächlich von Meiner Liebe zeugen, so sage Ich euch, dass wenn Ich solches tue, kein Zwang zum Glauben dabei stattfinden darf; darum auch keine äußeren Beweise durch Wunder dabei statthaben, sondern sowohl bei denen die es schreiben, als bei denen, die es lesen, ist das Mitwirken des Heiligen Geistes erhöht, damit sie es verstehen und begreifen.

Ihr sollet daher da, wo es euch drängt, über Mich zu reden, offen von Meiner Liebe zeugen; aber die Art und Weise, wie ihr sie noch besonders fühlen dürfet, sollet ihr so lange als möglich verbergen, bis Ich Mich anmelde zu einem Besuch, und solche Seelen Selbst vorbereite; gleich wie damals bei den elf Jüngern, wo doch Einige zweifelten.

Weil Ich aber solche Seelen genau durchschaue, die zwar zweifeln an der Art und Weise, aber in der Liebe reif sind, so dass Ich Wohnung bei ihnen nehmen kann, so sage Ich euch:

„Mir ist auch über diese Gewalt gegeben im Himmel und auf Erden“, darum lehret sie und taufet sie (d.h. weihet sie ein) in dem Namen des Vaters, des Sohnes und des Heiligen Geistes, und lehret sie halten alles, was Ich euch geboten habe, das ist: die Erfüllung Meiner Liebesgesetze. Und dann wird die Zeit bald anbrechen, wo Ich nicht nur in Zeitabschnitten euch Meine Nähe durch äußere Worte besonders fühlen lassen, sondern es gelten dann die Worte für euch alle: *„Ich bin bei euch alle Tage bis an der Welt Ende!“* (Mt. 28,20)

Bleibet also treu und stark in der Liebe zu Mir, damit ihr nicht durch die äußeren Lockungen etwa das Mittel dem Zwecke vorziehet. So geht es ebenfalls im Schreibverkehr; nicht so sehr das Schreiben soll euch freuen, sondern der damit verbundene erhöhte Verkehr mit eurem Herrn und Gott, und zugleich eurem liebenden Vater. Amen.

242. Lade nicht deine Freunde

31. Juli 1881

„Er sprach zu dem, der Ihn geladen hatte: Wenn du ein Mittag- oder Abendmahl machest, so lade nicht deine Freunde, noch deine Brüder, noch deine Verwandten, noch deine Nachbarn, die da reich sind, auf dass sie dich nicht etwa wieder laden und dir vergolten werde!" (Lk. 14,12)

Liebe Kinder! Obschon Ich diese Worte sprach, als Ich bei einer Gelegenheit über allgemeine Lebensregeln sprach, so sind dieselben doch von geistiger Bedeutung, und gehören gleichfalls wie in die Bibel, so auch zu euren Erziehungsregeln, sowohl dem äußeren Sinne nach, als nach ihrer geistigen Bedeutung, weil jede Handlung Ausdruck des Innern ist. Darum Ich als der Allwissende oft ganz anders Mein Urteil fälle, als die Menschen, die nur kurzsichtig und meistens lieblos dabei sind.

Auch in dem kleinsten Vorkommnisse liegt oft eine gewichtige Triebfeder zugrunde, wie z.B. bei dem Obenansitzen, wo die Erhebung als die Wurzel so vieler Sünden stark ausgeprägt ist; dann aber auch noch beim Einladen zum Mahle.

Am liebsten suchen die Menschen mit solchen in Verkehr zu kommen, die nach äußerem Stande ihnen am nächsten und bequemsten sind, und ihnen für ihre Liebe und Freundschaft Gegengenuss bieten. Aber diese Liebe ist noch lange nicht die echte, wahre, welche Ich von Meinen Kindern verlange, dieselbe soll weit uneigennütziger sein, sie soll ihren Gegengenuss im Beglücken suchen, was ihr dadurch möglich ist, dass sie ihre Liebe solchen Armen zuwendet, die in der Lage sind, bloß anzunehmen und nicht wiederzugeben.

„Wenn du ein Mittagsmahl machest, so lade nicht deine Freunde" (Lk. 14,12); unter dem Mahl ist ein Genuss verstanden, der ein gemeinschaftlicher und jedem freundlich angeboten ist, der dazu geladen ward. -

Es ist nun die Zeit, wo Ich zum großen Mahle auch durch euch einladen lassen will, damit durch das wahre Himmelsbrot noch viele gesättigt und erquickt werden sollen; darum Ich euch heute auch auf die Verhaltensregeln hinweise, die ihr beobachten sollet, ebenso wie dieselben hier beschrieben sind.

Auch jetzt sage Ich wieder wie einst: *„Ich bin nicht gekommen aufzulösen, sondern zu erfüllen"* (Mt. 5,17). Ebenso geht es mit der Bibel, Meine direkten Worte sollen nicht Neues bieten, sondern vielmehr anreizen, die Bibel mit mehr Nachdenken und Selbst-prüfung zu lesen, damit der Heilige Geist dabei zugänglich sein und immer mehr erleuchten kann. Darum ladet auch ihr ein nach Meinem Sinn, bietet auch den Armen Brot an, und trauet Meiner Verheißung, dass Ich es einst vergelten werde.

So leset mit immer mehr Verständnis Meine Aufträge in der Bibel, damit ihr erkennet, dass kein anderer Gott euch regiert, als der wahre Bibelgott; und ihr werdet euch immer mehr über-zeugen, dass Ich es bin, damit auch andere durch manche Stel-len in der Bibel beweisen können, dass euer Streben biblisch ist, besonders wenn ihr wirklich darnach zu handeln bemüht seid; so segnet euch euer Jesus. Amen!

243. Ich bin ein guter Hirte

7. August 1881

„Ich bin ein guter Hirte und erkenne die Meinen, und bin be-kannt den Meinen, wie Mich Mein Vater kennt, und Ich kenne den Vater, und Ich lasse Mein Leben für die Schafe." (Joh. 10,14 ff.)

Liebe Kinder! In diesen Worten sprach Ich Meine große Liebe aus, welche Ich gegen solche fühle, welche Mir angehören wollen. Ich möchte dieselben so eng mit Mir verbinden, gleich-wie Ich und der Vater eins sind, und ließ daher Mein Leben für sie.

Wenn die Menschen mehr erkennen würden, was es heißt, ganz eng verbunden zu sein mit ihrem Schöpfer und großen Gott, so eng wie Vater und Kind, so würden sie ganz andere Be-griffe vom Zwecke ihres irdischen Daseins haben, und dasselbe besser ausnützen, um das Band der Liebe mit Mir immer fester zu knüpfen. Aber leider ist diese Erkenntnis immer noch zu we-nig bei denselben vorhanden, darum weil gerade dieses Unab-hängigkeitsgefühl der große Abfall von Mir war, da der Satan selbständig wirken wollte, ohne Mich. Er verwarf Meine Liebe zu ihm aus Überhebung, und so bleibt dieses Grundübel allen Menschen noch zu fest angeklebt, weil sie auch von seiner Seite beeinflusst werden. Er hat es auch nach Meiner Menschwer-dung immer darauf abgesehen, Mich als Gott so unnahbar als möglich den Menschen vorzustellen, weil er wohl weiß, dass durch diesen Standpunkt er mehr Sieg erhält, als wenn Ich als Vater mit den Menschen verkehre.

Gegen dieses sucht er am meisten einzuwenden; daher es auch so schwer geht, den Menschen diese Lehre beizubringen; und doch muss dieselbe vor Meinem zweiten Kommen zuerst recht klar gepredigt werden, wozu Ich aber Meine eigenen Lehrer, die durch den Geist gelehret und geschult sind, berufen werde, wofür Ich jetzt im Stillen überall anstalten treffe, was ein jedes, das Ich berufen habe, beim Überblick des Religionswesens nun im allgemeinen erkennt, dass es nur mangelhaft ist, und eine wahrhaft gründlich suchende Seele nicht ganz befriedigt.

Dieser Drang nach Suchen wird unter den Worten bezeichnet: *„Viele sind berufen, aber wenige sind auserwählt."* (Mt. 22,14)

Es suchen viele, aber sie sind zu lau und harren nicht aus, solches nach der Vorschrift zu tun, welche mit dem Erkennen zugleich die Tat verbindet. Und daher je mehr eine Seele das was sie erkennt, in Tat und Leben zu bringen sucht, desto mehr Erleuchtung und Liebe wird sie empfinden, und eben solche Seelen sind die Auserwählten, welche in Gemeinschaft mit Mir kommen, und also innerlich überzeugt sind, dass Ich als Vater bei ihnen wohne, und nicht als unnahbarer Gott. Von denen sage Ich: *„Meine Schafe hören Meine Stimme und erkennen sie."* (Joh. 10,27)

Solche Schafe habe Ich auch noch unter solchen, denen das neue Wort noch unbekannt ist, und welche von Mir als dem einzig wahren Gott in Jesu noch nicht belehrt sind. Es gibt Seelen, die ein Heimweh nach einem höheren Wesen oder eine Ahnung von demselben in sich tragen; denn diese Ahnung bringt der Mensch als Erbgut von seinem Heiligen Vater mit auf die Welt, und ist solches deshalb unaustilgbar. Es kann bloß durch falsche Begriffe unkenntlich und unvernehmbar gemacht werden; aber bei jedem gibt es Zeiten, wo dasselbe mehr vernehmbar ist.

Um durch diese Ahnung wieder mehr zu Mir hinzuleiten, kam Ich ins Fleisch, damit durch das Wort dasselbe unterstützt und so der Zugang zu Mir als Gott und Vater erleichtert werde. Aber anstatt Mich Selbst zu erkennen, halten Mich sogar die meisten Christen für einen Abgesandten Gottes, wodurch ihnen der wahre Sinn und die wahre Kraft Meiner Worte entzogen, und weil sie dann diese nicht begreifen, ihr geistiges Wachstum gehindert wird.

Darum ist es von so großem Wert, Mich als Den zu erkennen, Der Ich bin, Meinem ganzen Wesen nach, damit Ich etliche unter den Meinen finde, die Mich lieben in der Tat und in der Wahrheit, um denselben durch Meinen Heiligen Geist zu Hilfe zu kommen, auf dass Ich bei Meinem zweiten Erscheinen ein Bethlehem antreffe, von dem es heißt:

„Du Bethlehem bist mitnichten die kleinste unter den Städten Judas, aus Dir soll Mir kommen der Herzog, der über Mein Volk Israel Herr sei!" (Mt. 2,6; Micha 5,2) Amen!

244. Vom Vertrauen auch im Äußeren

(Lk. 12,11 ff.)   4. August 1881

Liebe Kinder! Wenngleich Meine Jünger alles verließen, um Mir nachzufolgen, so konnten sie doch der Sorge um den äußeren Unterhalt für sich und die ihrigen nicht ganz los werden; denn diese Sorge ist als Instinkt dem Menschen, ja sogar den Tieren, beigelegt, an welchen ihr sehen könnt, wie sie für ihre Jungen sorgen, und manche für sich selbst auf die Winterszeit.

Auf dem Instinkte beruht die Ausbildung der Liebe; denn ohne eine Anlage, die zur Liebe zwingt, würde kein Bestehen der Kreatur möglich sein. Immer muss das Eine dem Andern zu seinem Fortbestehen behilflich sein, ihm dienen; und dienen ohne Lohn ist Liebe tun.

Leider ist aber nun die Lieblosigkeit so groß, dass sie bei manchen Menschen sogar den Instinkt in vielen Fällen noch hintansetzt, und die natürlichen Bande der Liebe nicht mehr achtet. Daher auch so vieles Unheil überall, soviel banges Sorgen, weil jedes fühlt, dass es auf sich angewiesen sein wird in der Not, daher so viel Eigennutz und Zusammenraffen zeitlicher Güter, um dadurch sich vor Entbehrungen zu schützen.

Alle diese Übel kommen von der Lieblosigkeit her; denn wäre die Liebe nach Meinem Sinne vertreten, so könnte die Zeit und euer Streben mehr zu eurer geistigen Ausbildung verwendet werden!

Darum muss auch dieses Gebot unbedingt als das erste Hauptgebot von den Meinen anerkannt werden, ehe sie weitere Fortschritte in ihrem geistigen Leben machen können.

Da aber kommen bei euch die Fragen, welche der Instinkt mit sich bringt, ob es denn nicht doch erste Pflicht und auch Liebe sei, solche zu versorgen, welche euch durch die Natur verbunden sind, und ob ihr euch deshalb nicht von der allgemeinen Liebsorge frei machen dürfet?

Ich sage euch aber: Wenn ihr mehr Liebe zu Mir hättet, so hättet ihr auch mehr Vertrauen zu Mir, und würdet in allem, sowohl in der Natur als aus der Geschichte, wie an euch selbst erkennen, dass Ich euch alle zu versorgen weiß, und euch auch versorgen will.

Darum tat Ich an Meine damaligen Jünger diesen Zuspruch, die zwar alles um Meinetwillen verlassen hatten, deren Herz aber doch noch voll ängstlicher Sorgen war.

So geht es auch heute noch Meinen Nachfolgern! Sie bemühen sich zwar dieser Liebe nachzukommen; aber ihr Verstand trägt ihnen stets die Berechnung vor und dadurch wird das unbedingte Vertrauen zu Mir immer wieder geschmälert, und so Mir die Gelegenheit entzogen, Meine ganze Vaterliebe und Sorge ihnen zu zeigen, um dadurch dann noch viele aufzumuntern, in Meine Nachfolge durch Befolgung des Liebegesetzes einzutreten.

Zu diesen Meinen Nachfolgern sagte Ich einst und wiederhole es heute: „*Euer Vater weiß wohl, dass ihr es bedürfet*" (Lk. 12.30); denn wer im ganzen Vertrauen zu Mir nicht ängstlich sorgt, sondern oft mehr als er berechnen kann aus Liebe zu Mir tut, dem will Ich Vater sein, im vollen Sinne des Vaternamens, und werde ihn auch äußerlich nicht zu Schanden werden lassen, um Meines Heiligen Namens willen! Und obgleich es wenige sind, die sich mit diesem Vertrauen in Meine Vaterarme werfen, so gilt doch ihnen das Wort: „*Fürchte dich nicht, du kleine Herde, es ist des Vaters Wohlgefallen, euch das Reich zu geben!*" (Lk. 12,32)

An diese Worte haltet euch, zur Zeit der Anfechtung, wo ihr zu viel sorget um das Zeitliche, und euer geistiger Fortschritt dadurch Schaden leiden könnte.

Leset diese Worte, die unumstößlich für alle Meine Nachfolger gelten, und tröstet euch damit, dass dieselben auch an euch erfüllt werden. Euer Vater in Jesu. Amen!

245. Was muss ich tun

(Lk. 18,18 ff.)											21. August 1881

Meine lieben Kinder! Der Oberste fragte Mich: *„Guter Meister, was muss ich tun, dass ich das ewige Leben ererbe?"*

Er kam zu Mir in dem Bewusstsein, dass er mehr als viele seiner Genossen rechtlich gehandelt hatte (wie es bei ihm auch wirklich der Fall war); darum erwartete er von Mir eine Anerkennung, weil er sagen konnte: *„Das alles habe ich gehalten von Jugend auf."* (Lk. 18,21)

Es gibt heutzutage noch viele Menschen, die sagen können, sie haben von Jugend auf sich nicht gegen die Gebote verfehlt, hauptsächlich wenn dieselben oberflächlich genommen und bloß dem äußeren Sinn nach gehalten werden, so dass die Menschen kein Recht zur Verdammung haben. Aber auf das Halten der Gebote so einzugehen, wie sie der Heilige Geist beleuchtet, daran sind schon viele gescheitert, weil hierzu viel Selbstverleugnung gehört, wie ihr auch in manchen Büchern eine Erklärung darüber findet, geschrieben von Männern, die der Heilige Geist dazu antrieb.

Diese kamen fast alle zu der Einsicht, dass, wenn man die Gebote erfüllen will, die ganze Kraft dazu gehört, um zu siegen über die natürlichen Leidenschaften, die so sehr an deren Befolgung hindern.

Darum sagte Ich dem Obersten: *„Verkaufe alles was du hast!"* (Lk. 18,22)

Ein Hauptgegner der Liebesgesetze ist der Geiz, welcher alles für sich behalten will, und nichts mitteilen kann. Auch wenn solch eine mit Geiz behaftete Seele noch so viele innere Anregungen erfahren hat; der Geiz überwuchert dieselben, dass sie nicht hervortreten können in Leben und Tat.

Darum heißt es: *„Der Geiz ist eine Wurzel alles Übels"* (1. Tim. 6,10), er ist eine Hauptsünde, weil dadurch alles Wachstum gehindert und jeder geistige Fortschritt gehemmt wird. Auch unser Oberster kehrte um und kam nicht wieder.

So gehen gar viele Berufene zurück, wenn sie schon zur Erkenntnis gelangt sind, und sie dieselbe nun in Tat und Leben bringen sollen, da geraten sie ins Stocken. Denn mit der Tat ist immer ein Opfer verbunden, sei es, dass man seine eigenen Ansichten unterordnen und dadurch seine Eigenliebe fahren lassen muss, oder auch, dass äußere Mittel nötig sind, den Geboten nachzukommen, so wie der Geist sie innerlich erklärt.

Viele Seelen kommen nur bis zu diesem Standpunkte: sie bemühen sich, vieles zu lernen, zu erkennen und vieles zu scheinen. Darum richten sie ihr Leben so ein, dass ihnen menschlicher Beifall gewiss ist. Aber hiermit sind sie nur aufnahmefähig in das Weltbürgertum, aber nicht in das Reich Gottes, welches innerlich gegründet sein muss, und zwar so, dass die Liebe nicht nur das tut, was sie sieht und welchen Pflichten sie nicht ausweichen kann, um nicht äußerlich zu verlieren (am Ansehen), sondern die echte göttliche Liebe sucht sich hauptsächlich an anderen zu beweisen (unbemerkt im Stillen), und geht denselben nach mit vieler Geduld, bis sie angenommen wird.

So ist ein Drängen im Herzen, das nicht mehr ruhen kann, bis es den Gedanken, welche der Heilige Geist in ihm bewirkt, Gehör gibt, und dieselben ins Leben treten lässt. Wo dieses Drängen stattfindet, da bin Ich Regent des Hauses oder der Behausung des Geistes.

Es ist ein Drängen im Herzen, das nicht mehr ruhen kann, bis es den Gedanken, welche der Heilige Geist in ihm bewirkt, Gehör gibt, und dieselben ins Leben treten lässt. Wo dieses Drängen stattfindet, da bin Ich Regent des Hauses oder der Behausung des Geistes.

Wo viele solche Menschen sich vereinen, um nach innen zu hören und nicht nach außen zu berechnen, da lässt sich das Reich Gottes nieder, richtet einen Tempel auf, und diese Hütten bilden sodann die unsichtbare Kirche, wovon Ich Selbst der Baumeister bin.

So prüfet nun euch selbst, ob auch ihr dieser Kirche könnt eingefügt werden, die am Eintritt die Inschrift führt: „*Seid Täter des Wortes und nicht Hörer* (oder Leser) *allein, damit ihr nicht euch selbst betrüget!*" (Jak. 1,22)

Leset dieses Kapitel 18 weiter, und wenn euch Mein Verlangen abermals zu schwer dünkt demselben nachzukommen, so haltet euch an Vers 27, wo es heißt: „*Was bei den Menschen unmöglich ist, das ist bei Gott wohl möglich,*" und dann leset noch, was ihr dafür ernten dürfet, schon im zeitlichen und dann noch mehr im ewigen Leben.

Bedenket allezeit: Ich bin der Wahrhaftige, Der da spricht, und Der alle Seine Worte erfüllt, die Er verheißen hat! Amen. Euer Jesus.

246. Wink über die jetzige Annäherung der Geisterwelt

(Lk. 19)   29. August 1881

Liebe Kinder! Heute will Ich euch Meinen Einzug in Jerusalem vor Augen führen, damit die Entsprechung dieses Vorganges auch euch zum Segen wird.

Zuerst gab Ich Meinen Jüngern zur Ausführung dieses Aktes einen Auftrag; sie mussten im Glauben hingehen, und tun was Ich ihnen auftrug, und weil sie dieses taten, so fanden sie auch alles so, wie Ich es ihnen zuvor gesagt hatte.

Durch diese Wahrnehmung wurde ihr Glaube an Mich gestärkt, so dass sie Mich mit weit mehr Verehrung betrachteten, als zuvor. Als Meine Diener, und also Diener eines großen Gottes, wurden sie von den himmlischen Chören beeinflusst, Mir die gebührende Lobpreisung zu bringen.

Auch hierin ist wieder gezeigt, wie eine ganz gering scheinende Handlung, wie hier das Losbinden des Füllens, oft von so unübersehbaren Folgen sein kann, wenn diese kleine Handlung aus Gehorsam gegen Mich geschieht, auch wenn der Verstand keinen Grund dafür weiß, warum sie geschehen soll.

Wer also zu Mir steht, dass er bloß handelt aus Liebe zu Mir, dessen Tun soll in jedem Kleinen gesegnet werden; denn zu solch einem Menschenkinde lassen sich aus Freude die Engel nieder.

O wenn ihr begreifen möchtet, wie die seligen Geister sich über euch freuen, wenn ihr Mir auch im Kleinsten gehorchet, ihr würdet vor lauter Streben nach Gehorsam all eure leiblichen Sorgen weit hinter euch zurücklassen, und von den euch umgebenden unsichtbaren Mächten in den Himmel getragen werden.

Daher kommen bei euch oft so gehobene, wohltuende Gefühle, die euch selbst rätselhaft sind. Wenn ihr nämlich in Meine Liebesgesetze eingehen wollt und darüber nachdenkt, so stehen schon viele gute Geister um euch, um diese gute Regung des göttlichen Funkens in euch gleichsam zur Flamme anzublasen. Denn so wie die bösen Geister auf der Lauer stehen, um finstere

Gedanken stets mehr anzufachen, so sind ebenfalls die guten Geister tätig, um für Mich zu gewinnen.

Bei dem Einzug in Jerusalem waren es Legionen von oben, welche die noch besser denkenden Menschen so stark zum Anstimmen eines Lobgesanges beeinflussten, weil sie die große Bedeutung dieses Ganges wussten. Darum lautete der Lobgesang ähnlich dem bei Meiner Geburt: *„Friede sei im Himmel und Ehre in der Höhe!"* (Lk. 19,38) Darum erwiderte Ich den Pharisäern: *„Wo diese schweigen, werden die Steine reden!"* (Lk. 19,40)

Im Geisterreiche wurde damit ein Zeichen zu ihrer Erlösung gegeben, und darum drängte die Wut Satans jetzt sehr Meine Gegner, ihren Hass gegen Mich vollends auszuführen.

So geht es heute noch! Im Geisterreiche nimmt nun die Entwicklung für Mein zweites Kommen den Anfang; darum wird auch jetzt wie nie zuvor so klar und viel den Geistern zugelassen, die Menschen beeinflussen und sich ihnen mitteilen zu dürfen.

Die Frage: Warum denn jetzt erst diese Zulassungen also stattfinden, liegt hierin beantwortet:

Gerade wie Ich damals oft große und ermüdende Tagreisen machte, ohne Mich einer Eselin zu bedienen, während ich es doch ebenso gut hätte tun können, und dabei nach eurer Ansicht vielleicht bei solchem Einzug viel mehr Menschen für Mein Wort begeistert worden wären, so geschah solches doch erst in den letzten Tagen Meines Erdenlebens.

Also ist es jetzt eben auch mit den neuen Kundgebungen! Hätte Ich dieselben gleich nach Meinem Tode als Allgemeingut beigegeben, so würden sie nun gleichfalls als veraltete Regeln betrachtet werden; und wie jetzt die Christen im allgemeinen zu unnahbar von Mir denken, so würden sie in angeführtem Falle zu gering Mich schätzen.

Damals war es bloß Mein Liebling Johannes zuerst, dann einzelne andere wahre Kinder in jedem Zeitalter, welche das richtige Verständnis von Mir hatten.

Jetzt, wo die Zeit Meines zweiten Kommens da ist, nun halte Ich Einzug auf offenem Weg, und lasse Mir Palmen streuen, von denen, die beauftragt sind die Eselin loszubinden, d.h. die der Heilige Geist antreibt Mir willenlos in allem, auch in unscheinbaren Dingen zu folgen, und die Mut besitzen zu sagen: *„Der Herr bedarf sein!"* (Lk. 19,34)

Gleichwie eine Eselin langsam weiter geht mit ihrer Last, aber doch auch zum Ziele gelangt, so habe Ich diesen langsamen Schritt, bescheiden, demütig, zu Meinem Einzuge gewählt, wodurch sich aber die Geisterwelt nicht stören ließ, ihr Hosianna darzubringen.

Also geht es auch jetzt wieder, eher als dass die Geister zum Schweigen kommen, werden die Steine reden.

Wer Meinen Zulassungen nun will entgegenarbeiten, dem wird durch Naturereignisse Meine Macht und der Anzug Meines zweiten Kommens klar werden.

Darum gehet auch ihr dorthin, wo Ich es euch heiße. Derer die mit euch ziehen sind mehr, als derer die euch daran zu verhindern suchen. Amen!

247. Ihr seid nicht von der Welt

4. September 1881

„Ich habe ihnen gegeben Dein Wort, und die Welt hasset sie; denn sie sind nicht von der Welt, wie denn auch Ich nicht von der Welt bin." (Joh. 17,13-14)

Liebe Kinder! Diese Bitte sprach Ich einst als euer Jesus aus an die ewige Liebe in Mir, damit Meine damaligen Jünger sowohl als wie Meine späteren Nachfolger erkennen sollen, dass zwischen Mir und dem Vater eine Verbindung stattfindet, die durch harmonisches Wollen hergestellt ward.

Ich betete zum Vater als Mensch, oder Meine Seele unterordnete ihren Willen dem göttlichen Geiste, und somit war sie nicht mehr von der Welt, sondern sie erkannte ihre Abstammung und war eins mit dem Geist oder mit sich Selbst. Darum sagte Ich auch: Ich und der Vater sind Eins.

Und so wie Ich Mein Menschliches mit der Gottheit oder mit dem Vater vereinte, so sollen es gleichfalls Meine Nachfolger tun. Auch sie sind Kinder und haben die Anlagen in sich, ihr Menschliches nach Meinem Bilde zu veredeln, wozu Ich Meinen Geist in sie gelegt habe. Auch bei ihnen soll eine Verbindung stattfinden, durch Unterordnen ihres freien Willens unter die Einflüsterungen des Geistes, und dazu haben sie das Vermögen, Gutes und Böses zu unterscheiden.

Mein Geist ist es, der solches in ihnen bewirkt und sie zu veredeln sucht. Darum konnte Ich von ihnen sagen: Sie sind nicht mehr von der Welt, weil ihr Streben und Tun sich nach Meinen Worten richtete.

Obgleich sie noch zu schwach waren, um gegen die Einflüsterung der Kreatur zu kämpfen, so war ihr Wille doch einmal aus Liebe zu Mir darauf bedacht, mit Mir in Liebe vereint zu bleiben, und sie wendeten ihre Gedanken von den weltlichen Sorgen und Ansprüchen ab; darum Ich ihnen auch das Zeugnis ausstellen konnte, dass Ich in ihnen verklärt sei.

Sie hatten Mich in ihr Herz als erstes und höchstes Gut aufgenommen; deshalb auch Meine Liebe so sehr für sie bat, damit sie nicht mehr in die alten weltlichen Gewohnheiten zurückfallen sollten. Denn von der Welt sie abzuberufen, hätte für sie keinen Gewinn gebracht, sondern das treue Aushalten im Probeleben macht ja den Menschen erst zum wahren Kinde Gottes.

So zähle Ich alle diejenigen, welche aus Liebe zu Mir ihre innere Stimme, welche von Meinem Geist ausgeht, zur Richtschnur ihres Verhaltens nehmen, zu denen, welchen Ich einst sagte: „ *Sie sind nicht von der Welt,* " sondern sie haben das göttliche Wort in sich, das da fähig ist, sie in Wahrheit zu heiligen, und so kann mein Drang zur Verbindung mit Wesen nach Meinem Bilde jetzt gestillt werden, weil Mir als Gott nun eine Liebe geboten werden kann, die aus sich selbst heraus, aus dem Menschlichen frei hervorgeht, und deshalb nicht als ein Zwangsopfer dasteht.

Denn eine Liebe, welche durch eine Bedingung muss erpresst werden, ist keine wahre und echte Liebe nach Meinem Sinne, hat deshalb auch vor Mir keinen Wert, sondern sie muss aus freiem Entschluss geboten werden, ehe sie sich mit Mir als der Ewigen Liebe vereinen kann.

Diese Liebe musste Mein Menschliches ebenfalls erringen, bis es wieder ganz mit dem Vater oder der göttliche Liebe harmonisch ward. Diese große Aufgabe kann nur durch Beeinflussung des Geistes geschehen; darum Ich all die Meinem dem Geiste übergab, der von Mir ausging, (als Tröster und Lehrer) und der somit ein dreifaches Amt auf sich hat: als Vater, Urgrund oder Zeuger der Menschen, als Sohn, Mittler und Erbarmer, und als (Geist) Lehrer, Tröster und Ermahner, ewig tätig an demselben, wozu nur Liebe die Unterlage bildet, von Anbeginn der Erschaffung bis zum Ende des Lebens eines jeden Menschen.

Also war Mein Gebet damals eine Unterredung Meines Menschlichen mit dem inneren Göttlichen, um dadurch Meinen Nachfolgern klar zu zeigen, wie eng sie mit Mir und dem Vater im Zusammenhange stehen! Ich sprach Mein großes Verlangen darin aus, ewig mit denselben vereint zu sein.

Darum liebe Kinder, wenn ihr diese Worte leset, bittet auch ihr um den Heiligen Geist, der in alle Wahrheit leitet, damit ihr immer mehr mit Mir verbunden werdet, bis auch eure Umhüllung euch abgenommen wird, und ihr in voller Klarheit Mein großes Erlösungswerk erschauen dürft, welches nur durch die größte Liebe ausgeführt werden konnte. Amen!

248. Winke zur Versöhnungslehre

10. September 1881

Liebe Kinder! Es ist jetzt viel Streit unter den Christen wegen der wahren Religion, welche Ansichten wohl die geeignetsten seien, um die Seligkeit zu erlangen.

Viele haben gar keinen (richtigen) Begriff von Seligkeit, sondern glauben, diese bestehe darin, dass alle Wünsche nach dem Tode befriedigt werden, während doch dieselben oft mit allem Recht in die untere Hölle gehören, weil sie oft einen unerbitterlichen Hass in sich tragen, und also um Rache bitten.

Solche Seelen freuen sich über das traurige Schicksal anderer, und wollen dann (doch dabei) mit einem Ruck in den Himmel eingehen, um dort selig leben zu können, während sie doch selbst alle Störungen am Frieden in sich tragen.

Für solche sind die verschiedenen Glaubensansichten nur ein Deckmantel; denn sie ziehen alle Stellen aus der Heiligen Schrift hervor, welche sie passend finden, um ihre angewohnten Leidenschaften zu entschuldigen, hauptsächlich wird die (kirchliche) Versöhnungslehre ganz zu ihrem Vorteil angenommen und gedeutet.

Würden die Menschen bedenken, dass die Versöhnung dazu geschah, damit Ich als Gott wieder mit den Menschen verkehren kann, so müsste die erste und ernsteste Frage sich ihnen aufdrängen: „Wie weit verkehrst denn du mit deinem Gott?" Und viele müssten dann einsehen, dass anstatt eine Annäherung an Mich zu suchen, sie lieber Mich in den alleobersten Himmel wünschen, und sich damit entschuldigen, dass sie nicht würdig genug seien, Mir gegenüber es zu wagen und zu glauben, dass Ich als der Allgegenwärtige stets bereit bin, Mich mit ihnen zu unterreden und mit ihnen zu verkehren.

Viele, welche nicht gewohnt sind, selbst zu suchen, folgen blindlings der Vorschrift solcher Lehrer, die Mich so weit als möglich und so unnahbar als möglich verkünden, damit ihr Mittleramt desto gewichtiger in die Waage fällt.

Solch willenlosen Seelen, die sich ganz leiten lassen von andern Menschen, komme Ich oft auf wunderbare Weise zu Hilfe, weil ihr Wille keiner Widersetzung fähig ist, und sie ohne ihr Zutun ganz den Einflüssen des Bösen unterworfen werden könnten, und in solchen Fällen könnt ihr von ganz unglaublichen Sachen erzählen hören.

Oft haben solche Seelen Träume, von da an sie ihre Sinnesänderung datieren, oft Schrecken, oft Erscheinungen von ihren verstorbenen Anverwandten, die sie liebend warnen.

Es sind dies Tatsachen, die Meine Gnade zulässt, obgleich sie der Unglaube verwirft, und darum war es in früheren Zeiten möglich, noch mehr Seelen zu retten, weil diese Gnadenmittel noch sehr wirksam waren. Jetzt aber hat der Unglaube eine freche Stirne, welche allem Trotz bietet, was ihm nicht bequem ist für seine Zwecke, und so gewinnt die Natur über den Geist die Oberhand. (1. Mos. 6,3). Sehet, diese Zeit ist die „letzte Zeit" für das Menschengeschlecht! Viele tragen nur noch den Leib als menschliche Form; aber der geistige Adel, der den Leib zum geschickten Diener des Geistes veredeln will, der ist ihnen unbekannt, und durch den Unglauben sind auch die außergewöhnlichen Beweise für ihr geistiges Grundwesen und ihr ewiges Fortbestehen nicht mehr wirksam.

Darum ihr Lieben, erhebet euer Geistesauge, die ihr durch Meine Liebe und Zulassung andere Begriffe von Mir und euch habt, und helfet Mir als eurem Vater, Den die Liebe unfähig macht Seine Allmacht und Gerechtigkeit die Menschen immer gleich fühlen zu lassen, und wenn ihr Willens seid, Meine Kinder und Diener zu sein, so tuet nach Meinem Beispiele.

Zuerst lasset die Liebe in eurer Mission walten, und denket an das was Paulus von Mir schrieb: *„Da er wohl hätte Freude haben können, erduldet Er das Kreuz, und nahm Knechtsgestalt an und ward ein Mensch erfunden."* (Phil. 2,7)

So, liebe Kinder, ließ Ich euch durch Meine Apostel deutlich sagen, wie Ich bei Meiner Mission Mich verhalten habe, und rufe nun auch euch als Gegenwärtige in eurer Mitte zu: *„Gehet hin und tuet desgleichen!"* (Lk. 10,37) Amen!

249. Die jetzige Zeit wiederholt sich

(Apg. 2)   18. September 1881

Liebe Kinder! In der jetzigen Zeit wiederholt sich auch wiederum dasselbe Vorkommnis, welches in der Apostelgeschichte beschrieben steht, im zweiten Kapitel, von der Ausgießung des Heiligen Geistes. Doch hätte ein auffallendes Wunder dabei für die jetzige Menschheit gar wenig Wert; denn sie hat es der Mehrheit nach in ihrem Eigendünkel so weit gebracht, dass ihr Verstand selbst da zu deuteln wagt, wo er auch gar keinen Anhaltspunkt zum Beweise hat.

Es ist dies ein Zeichen der Widersetzung von Seite der meisten Menschen gegen Mich (die Wahrheit) Selbst, als ob sie Mich gänzlich bemessen und sogar selbst abgrenzen könnten, wie weit Meine Macht, Meine Liebe, und durchaus Mein Verkehr mit ihnen gehen dürfte!

Anstatt dass sie bei oft wunderbaren Fällen daran denken sollten, dass der Mensch nach Meinem Ebenbilde beurteilt, noch viele verborgene Kräfte in sich birgt, beurteilen sie Mich nach sich selbst (d.h. in ihrem nunmaligen verkehrten Zustande), als ob auch Ich, weil sie stolz sind, ebenso Mich gebärden müsste, oder weil sie lieblos sind, es unter Meiner Würde wäre, wenn Ich mit aller Liebe mit den Menschen, als Meinen Kindern verkehren will, während Ich sie doch nicht bloß geschaffen und erlöst habe, sondern sie auch nach Meinem Ebenbilde erziehen möchte.

Leider gibt es nur wenige, die es glauben können, dass Ich direkt mit den Menschen verkehre, und die große Mehrzahl hat sich im Herzen noch nicht genug mit Mir beschäftigt. Daher ist solchen Ungläubigen Mein Lebensgang mit den Meinen noch zu fremd, weil eben ihre Stunde noch nicht gekommen ist, wo Meine Weisheit es für gut findet, stark bei ihnen anzuklopfen.

Darum auch gehen diese neuen Kundgebungen von Mir nur ganz langsam in die Herzen ein, weil letztere zuvor durch allerlei Mittel dazu empfänglich gemacht werden müssen.

Leider sind Kreuz und bittere Erfahrungen die geeignetsten Mittel dazu, und Meine Liebe, welche lieber Freude und Glück geben möchte, zögert deshalb oft lange mit diesen passenden Mitteln, und lässt zuvor dem Menschen noch Zeit, frei zu wählen.

Sehet, liebe Kinder, was hier der Gang beim Einzelnen ist, das ist auch im großen Ganzen so. Meine Liebe zögert immer noch mit den scharfen Mitteln zu kommen, und daher geht es eben auch langsam mit der Annahme Meiner Vaterworte.

Eine Trübsalszeit würde wohl viel eher zum Suchen und zum Glauben antreiben, aber der Erfolg würde zumeist mit der Trübsalsflut auch wieder zerrinnen.

Darum befleißiget ihr euch, Meine langmütige Liebe nachzuahmen, und seid zufrieden, wenn der Geist vorerst nur einzelne Seelen zur Überzeugung bringt. Gedenket dabei der Worte, welche Ich dem Abraham gab: „*Um zehn Gerechter willen will Ich das Land schonen*" (1. Mos. 18,32), und machet es auch wie Abraham, der bittend für seine Nachbarstadt zu Mir kam.

Also sollet auch ihr bittend für die ungläubige Herde zu Mir halten, damit noch viele können durch den Liebegeist gerettet werden, was einen viel größeren Gewinn der Seele bringt, als wenn dieselbe durch Zwangsmittel muss gerettet werden.

Haltet euch zurzeit, wenn Ungeduld euch beschleichen will, immer an Mein Wort in der Heiligen Schrift. Es ist ja darin für jeden Zustand des Herzens sowie für den allgemeinen ganzer Völker, Aufschluss zu finden. Noch rufe Ich euch heute besonders zu: „*Kommet her zu Mir, die ihr mühselig und beladen seid, Ich will euch erquicken.*" (Mt. 11,28) Amen! Euer Vater.

250. Rette mich

(Lk. 18,3)   25. September 1881

Liebe Kinder! In dem Gleichnis von der Witwe, die zum Richter kam mit der Bitte: *„Rette mich von meinem Widersacher!"* liegt abermals eine Entsprechung für Meine Kinder, welche gleichsam ohne äußerliches Oberhaupt sind, und wie verlassen dastehen, weil sie viele Gegner haben an den (Buchstaben- und) Zeremonienchristen, von welchen sie vieles dulden müssen; denn denselben ist das Eingehen in die Gebote, wie sie der Geist verlangt, sehr unliebsam, und sie können es deshalb auch an andern nicht ertragen, wenn diese das Wort ins Leben bringen; daher stehen die wenigen wahren liebetätigen Christen so vereinsamt da, und wenden sich an Mich als ihren Richter, damit Ich ihnen beistehen solle.

Obschon Ich nicht nötig habe, dass diese Scheinchristen Mich verehren, bloß oberflächlich dem Scheine nach, so will Ich ihnen doch Zeit lassen zur Umkehr, und trage sie mit Langmut. Aber auch Meinen bedrängten Kindern will Ich zu Hilfe eilen in der Not, und deshalb habe Ich die tröstlichen Worte mit diesem Gleichnis verbunden: *„Sollte aber Gott nicht auch hören Seine Auserwählten, die zu Ihm Tag und Nacht rufen, und sollte Geduld darüber haben? Ich sage Euch: Er wird sie erretten in einer Kürze."* (Lk. 18,8)

Auch jetzt ist Meine unsichtbare Kirche der Hilfe recht bedürftig, und Ich will Mich aufmachen und sie erretten von dem Fürsten der Finsternis, welcher da ist der Widersacher, weil er wohl weiß, was um Meinetwillen im Verborgenen geschieht, das ihm den Untergang bereitet. Denn bei allem was im Stillen geschieht, sei es von einer Gemeinschaft oder von einer einzelnen Seele, da ist die Demut vertreten, denn es geschieht nicht aus Ruhmsucht, sondern aus Liebe und Vertrauen zu Mir, und also handelnde Seelen gehören zu den Auserwählten, welchen Ich Meine Hilfe will innerlich und äußerlich zukommen lassen. Darum Ich auch allen, die Mich auf diesem Wege suchen, so sehr das Gebet anempfehle; denn es ist eine stille Hingabe an Mich, wobei Meine Liebe nicht widerstehen kann, die an Mich gebrachten Bitten anzunehmen und zu segnen. Haltet auch deshalb im Stillen ganz zu Mir, und lasset nicht ab mit Bitten, wenn ihr auch nicht gleich eine Erhörung nach eurer Ansicht findet, dann will Ich euch doch nicht Waisen lassen.

Haltet euch immer wieder an die biblischen Verheißungen, wenn euch will bange werden bei den Glaubensproben, die zu eurer Erziehung gehören; denn nichts hat mehr Prüfungen nötig als das wahre Vertrauen zu Mir, verbunden mit Herzensdemut.

Wollet ihr deshalb obige Trostworte auf euch anwenden, so prüfet euch vorher ernstlich, ob ihr euch zu den Auserwählten zählen könnt, die Tag und Nacht vor dem Throne stehen mit der Bitte und Danksagung, oder ob ihr all euer Tun und Lassen um Meinetwillen einrichtet, und all euer Anliegen Mir vortraget!

Manchmal muten Meine Kinder Mir auch zu, Unrecht zu üben, z.B. verlangen sie manchmal eine Strafe für eine Seele, die besser ist als sie, die aber ihnen zu wenig Lob spendet, da solle Ich auf lieblose Urteile hin ihre Mitmenschen richten, und da würden sie stolz darauf sein, wenn Ich solch törichte Wünsche ihnen befriedigen würde, anstatt dass sie bedenken, dass Ich nur Liebe bin, und also nur erhören kann, was in der Liebe Mir vorgetragen wird.

Daher erwäget eure Gebete wohl, ob dieselben der Liebe entspringen und nach Meinem Willen geordnet sind, ehe ihr die Erhörung derselben verlanget.

So, liebe Kinder, sollet ihr, ehe ihr betet, genau prüfen wie und um was ihr bittet, damit ihr nicht kleingläubig werdet beim Verziehen Meiner Hilfe. Amen.

251. So ihr die liebet, die euch lieben

2. Oktober 1881

„So ihr die liebet, die euch lieben, was werdet ihr für Lohn haben?" (Lk. 6,32)

Liebe Kinder! Bei diesen Worten will Ich euch aufmerksam machen, dass bei allen denen, welche Mich gemeinschaftlich verehren und wie ihr sagt eine Sekte bilden, immer wieder ein Hauptfehler sich einschleicht, indem sie ihre Bruderliebe zu sehr auf ihren engeren Kreis beschränken und sich dabei befriedigen.

Kommen sie nun mit ihren Mitmenschen in Verkehr, so verlangen sie so gerne Anerkennung, und durch diese Eigenliebe misslingt ihnen jeder Versuch, für Mich eine Seele zu gewinnen.

Diese Schwäche wird bei manchem „Mut, Festhalten und Treue zur Wahrheit" genannt, während es doch ein großes Hindernis ist, Seelen, die mit einigem Vertrauen sich an andere oder an euch wenden, ganz auf Meine Seite zu bringen.

Daher, wenn ihr für Mich arbeiten wollt, so müsst ihr euch viele Demütigung von solchen Seelen gefallen lassen; denn sie werden euch scharf prüfen, ob ihr die Liebe auch selbst in euch traget, die ihr ihnen anzupreisen euch bemühet.

Wenn ihr aber dabei bedenket, wie viel Geduld und Langmut von Meiner Seite euch zukommt, so werdet ihr noch manches an euch finden, das nicht taugt, um Mir ernstlich zu dienen, daher könnt ihr also keinen großen Erfolg von eurer Arbeit erwarten.

Erst wenn eure Liebe soweit reicht, dass ihr um Meinetwillen eure Gegner so lieben lernet, dass, wenn sie euch auch schroff entgegentreten, ihr durch euer Benehmen gegen sie beweist, dass eine geistige Liebe euch beseelt, welcher sie nichts entgegnen können, dann könnt ihr den gehofften Lohn erwarten und diesen werdet ihr dann hauptsächlich in dem Wachstum eures eigenen geistigen Lebens finden.

Lasset eure Nächsten zuvor eure Liebe im Handeln und in der Tat fühlen, ehe ihr sie durch Worte zu belehren sucht, und richtet es so ein, dass eure Mitmenschen angezogen durch euer Wohlwollen mit euch in Verkehr zu kommen suchen, anstatt dass ihr sucht ihnen so schnell als möglich eure (besonderen) Erfahrungen beizubringen.

Nicht Jedes ist fähig vieles zu wissen und zu begreifen, und jetzt da ihr die Zeit erkennet, wo es nötig ist Meine Worte den Menschen beizubringen, nun ist es auch nötig, euch genaue Verhaltensregeln zu geben, wie Ich einst auch Meinen Jüngern vieles sagen musste, ehe sie in die Städte gingen, um Mich zu verkündigen.

Vor allem aber tut es Not, dass ihr euch selbst erkennet, damit ihr mit Fleiß tuet, abzulegen, was oft anderen ein Ärgernis gibt. Oft ist es zwar vor Meinen Augen gerechtfertigt; aber wenn ihr seht, dass dieselben dadurch an ihrem Fortschritte gehindert werden, so opfert eure eigene Überzeugung der geistigen Liebe auf! Amen! Euer Jesusvater!

252. Vom direkten Verkehr mit dem Heiligen Vater, durch das Neue Wort

(Joh. 5)   8. Oktober 1881

Liebe Kinder! Es ist bei manchem, der diese Worte liest, welche Ich euch Selbst zukommen lasse, ein Stein des Anstoßes, dass Ich in so herablassender Weise mit Meinen Kindern verkehre.

Diese Zweifler können aber keinen eigentlichen Beweis liefern, warum solches unmöglich sei, sondern es ist ihnen eben zur Gewohnheit geworden, das als ihren wahren Glauben zu betrachten, was ihnen in der Schule (und Kirche) eingelernt wurde, und womit sie seither so bequem leben konnten, mit der Entschuldigung, dass sie sich eben auf die Versöhnung verlassen, weil es nicht möglich sei, durch Werke selig zu werden.

Sie haben zum Teil Recht, denn diese Werke, von welchen sie glauben, sie müssten Mich versöhnen, haben keinen Wert vor Meinen Augen, weil es meistens materielle Opfer sind, woran das Herz und die Liebe nicht teilgenommen haben, sondern wo die Triebfeder dazu „Spekulation" genannt werden kann. So scheint solchen Seelen die Aufgabe zu groß, mit Mir als dem heiligen und liebevollsten Gott sich mehr in Verkehr zu setzen. Sie sind oft zu ängstlich dabei und sagen: Es könne in der Heiligen Schrift kein Beweis dafür gefunden werden, während es dort deren viele gibt, und einem wahrhaft Suchenden bald solche Stellen klar werden, die darauf hinweisen, wie Ich immer wieder auf wunderbare Weise Mich und Meine Allmacht den Menschen kundgab, wie z.B. bei dem Teiche Bethesda, wo ein Engel das Wasser segnet, damit die Kranken gesund würden.

Es taucht hier wieder eine Frage auf, warum hier gerade der Erste nur gesund wurde, der hineinstieg, und es wird wohl Jedes die Antwort schuldig bleiben. Denn die richtige ist: Es gehörte auch diese Gnaden- und Liebeeinrichtung, welche vom Himmel aus gespendet wurde, zu den unerforschlichen, welche zeugen von der Verbindung zwischen Himmel und Erde, was aber mit dem natürlichen Verstande nicht begriffen werden kann.

Der Segen von diesem Glauben ist es, der klar machen soll, dass es Wahrheit ist, was ihr glaubet.

So habe Ich damals auch einen Kranken geheilt, ohne das äußere Mittel, das er so lange gesucht hatte. Auch dieser Kranke suchte seine Heilung in dem äußeren Mittel, und wartete lange

Zeit darauf; doch bat er dabei auch Mich im Herzen um das Gelingen, und darum weil er sich an Mich wendete, wurde ihm die rechte Hilfe zuteil.

Wendet jetzt euer Auge auf das geistige Gebiet, von welchem einst Mein Prophet so traurig klagte, *„es sei ein Totenfeld und der Leichengeruch gehe darüber"* (Hes. 37). Er sah im Geiste die Seelen der Menschen, welche dem geistigen Tod entgegengingen, und teilweise schon ganz stumpf waren, und zum Teil sich angetrieben fühlten, nach Rettung zu suchen. Und es wird euch klar werden, dass hier eine ganz außerordentliche Hilfe nötig ist dem Verderben zu steuern, und Ich will deshalb als der ewig unveränderliche Gott, als Der Ich schon vor Meiner Menschwerdung immer wieder Heilanstalten traf, teils zur äußeren Abhilfe, teils zur Rettung der Seelen, auch nun wieder unerforschliche Mittel gebrauchen, um über dieses Leichenfeld Leben zu hauchen.

Also saget den Ungläubigen, dass Ich nun darum gleichfalls wieder direkt mit einzelnen Menschen verkehre; und wie Ich dort einst den Segen in das Wasser legte im Teiche Bethesda, so will Ich auch zu dieser jetzigen Gnadenordnung Meinen Segen geben, damit alle, die geistig sich krank fühlen, und lange schon auf Hilfe warten, die ihnen aber von keinem Menschen gebracht wird, nun von Mir Selbst besucht werden. Gleichwie der Gichtbrüchige, der mit zäher Ausdauer auf das Gnadenmittel wartete, das vom Himmel aus gesegnet wurde, so sollen nun noch viele gesegnet werden durch das Wasser des Lebens, das vom Himmel euch zukommt.

Weiset viele hin auf diesen Teich Bethesda, und so wie Ich einst dort segnete, so will Ich als der ewig Unveränderliche, es auch jetzt noch tun, denn auch jetzt bin Ich nicht gekommen aufzulösen, sondern zu erfüllen, welche Worte nun abermals gelten. Viele werden noch zeugen müssen, wie ihnen der Glaube an Meine herablassende große Vaterliebe zur geistigen Genesung verholfen hat; darum soll auch euer Glaube mit Sieg gekrönt werden! Amen!

253. So ihr bleibet an Meinen Worten

16. Oktober 1881

„So ihr bleiben werdet an Meiner Rede, so seid ihr Meine rechten Jünger, und werdet die Wahrheit erkennen, und die Wahrheit wird euch frei machen." (Joh. 8,31-32)

Liebe Kinder! Diese Verheißung führt eine große Bedingung mit sich, und gibt das Mittel an, wie ihr zur wahren Kindschaft gelangen könnt.

So ihr bleibet an Meinen Worten, und diese als von Mir ausgehend anerkennt, so werdet ihr von selbst bemüht sein, euer Leben nach denselben einzurichten, wozu euch die Liebe zu Mir antreiben soll.

Dieses „Bleiben" bezeichnet hier: So ihr nach Meinen Worten euer ganzes Tun und Lassen einrichtet, so werdet ihr bald herausfinden, wie diese Lebensweise euch beglückt, und werdet die Kraft und Wirkung erkennen, die in denselben (Meinen Worten) liegt. Z.B. heißt es darin: *„Segnet eure Feinde!"* (Mt. 5,44) Wenn ihr also in eurem Herzen euren Gegnern Liebe statt Hass bewahret, so könnt ihr zeugen von der Freude, dass ihr es in der Liebe soweit gebracht habt, dass dieselbe euch die Bitterkeit des Hasses abgenommen hat, und euer Gewissen befriedigt euch. Somit erkennt ihr eine Wahrheit, welche euch immer mehr zur Liebe antreibt, und euch vom Hasse frei macht.

Der Lohn des Gehorsams gegen Mich ist in euer Herz gelegt; denn nur von dem Herzen geht die Beglückung des Menschen aus. Ist dasselbe nun bestrebt gut zu werden, und göttliche Liebe in sich aufzunehmen, so werden die Hindernisse dadurch beseitigt, indem der Mensch Meine Gebote zu Hilfe nimmt, die in der Heiligen Schrift aufgezeichnet sind; und glaubt er fest an diese, so wird ihm von Stufe zu Stufe in denselben gezeigt, was er zu tun und zu lassen hat.

Wenn jemand die Bibel aufschlägt, um desto andächtiger und gründlicher mit Mir in Verkehr zu kommen, der wird die Mitwirkung des Heiligen Geistes bald erkennen, und es wird ihm der wahre Sinn der Worte oft so deutlich gezeigt, dass er glauben darf, dass Ich sogleich bei ihm Selbst eintrete und das Amt der Erleuchtung übernehme.

Darum ist es von großer Bedeutung, dass ihr Meine Worte zur Richtschnur eures Tuns wählt, weil ohne diese Bedingung Ich nicht so bei euch Wohnung machen kann wie es nötig ist, wenn ihr Meine Kinder sein wollt, deren Erbgut in dem besteht, dass sie Meinem Ebenbilde gleichen, und denen Ich nur nach dem Grade ihrer Liebe die ewige Seligkeit zusichern kann.

Ohne Liebe gibt es keine Seligkeit! Wer selig werden will, muss lieben lernen, gleich wie Ich geliebt habe, und darum alles bis in den Tod hingab, um die Liebe wieder bei den Menschen herzustellen, die zum ewigen Leben nötig ist.

Ohne Liebe zu Mir und euren Mitgeschöpfen können Meine Gebote nicht gehalten werden, weil sie sonst zu schwer sind; darum heißt es: *„Die Liebe ist des Gesetzes Erfüllung!"* (Röm. 13,10) und: *„Wer in der Liebe bleibt, der bleibet in Mir und Ich in ihm!"* (1. Joh. 4,16)

Alles was von Mir ausgeht, trägt den Stempel der Liebe, und also soll es bei Meinen Kindern auch sein! All ihr Denken, Wollen und Handeln soll aus der Liebe hervorgehen. Nur so kann etwas für das geistige Leben gewonnen werden, und die Weisheit und Erkenntnis wird erlangt, die da immer mehr sich erweitern und lehren wird, wie die Schwierigkeiten zu überwinden sind, welche den natürlichen Menschen hindern, in die Tiefe der Liebe und Erkenntnis Meines Wesens einzudringen! Amen!

254. Fürchtet euch nicht!

22. Oktober 1881

„Fürchtet euch nicht! denn wer Mich bekennt vor den Menschen, den will Ich bekennen vor Meinem himmlischen Vater!" (Mt. 10,26 ff)

Liebe Kinder! Diese Worte sprach Ich einst zu Meinen Jüngern, als Ich sie zu ihrem künftigen Lehramt ausrüstete, und da dieselben noch nicht ganz klar darüber waren, dass Ich Selbst es war in Jesu, so musste Ich Mich nach ihrer Fassungskraft richten, und vom Vater als wie von einer andern Person reden; darum sprach Ich: „Den will Ich auch bekennen vor Meinem himmlischen Vater."

Das „Bekennen" soll aber hier bedeuten, dass wer seine Handlungen nach Meiner Gesetzgebung einrichtet, und dadurch unter Meine Fahne tritt, indem er Mich als den Regenten ansieht, der ist fähig den himmlischen Vater in sich aufzunehmen, und dessen Liebe teilhaftig zu werden, welche Liebe sich in allem äußert was er tut, und zwar nicht um des Lohnes willen, sondern aus Liebe zu Jesu, dessen Worte und Reden nebst all Seinem Tun sie als vom himmlischen Vater ausgehend anerkennen, und darum solche nachzuahmen bemüht sind, ohne darauf zu achten, was ihre Mitmenschen, die ganz den Natürlichen und der Welt mit ihren Schätzen huldigen, über sie sagen, sondern durch ihr gutes Beispiel Mich vor der Welt frei bekennen und sich nicht scheuen, sich zu denen zu zählen, die schon durch Meine Gnade auf den Demutsweg gestellt sind, und darum oft arm und gering scheinen; (aber wohl wissen, dass „was arm und gering scheint vor der Welt, das hat dennoch Gott erwählt.")

Solchen gelten die weiteren Worte in diesem Kapitel, z.B.: „Wer dieser Geringsten einen nur mit einem Becher frischen Wassers tränket in Meinem Namen, wahrlich Ich sage euch: Es wird ihm nicht unbelohnt bleiben." (Mt. 10,42)

Ehe aber Meine Kinder begreifen lernen, worin ihr Lohn besteht, haben sie oft eine lange Zeit in ihrer Erziehungsschule durchzumachen, weil auch sie noch zu viel Wert aufs Materielle legen, und solche weltlichen Glücksgüter zu hoch halten; darum liegt für sie der Wert des Wachstums in der göttlichen Liebe, welche da ist geistiges Leben, noch zu ferne; und erkennen sie daher die Segenshand noch zu wenig in einer Führung, die sie als Kreuz und Leiden betrachten, was dem Natürlichen nach auch der Fall ist.

Erst nach und nach können sie diese Führung fassen; darum Ich eben vorher ihnen zurufen muss: „Fürchtet euch nicht! Vertrauet auf Mich zur Zeit der Anfechtung, und bekennet Mich dadurch vor den Menschen, so will Ich euch vor dem himmlischen Vater bekennen, und ihr werdet in euch erfahren, wer Der ist, Der euch führt und leitet, damit ihr tüchtig werdet, zu zeugen von der Wahrhaftigkeit Meiner Worte, die sich von Jahrhundert zu Jahrhundert an allen denen wiederholt bestätigen, die fest zu Mir halten."

Und so wird es ewig bleiben, dass all die Meinen eben „durch Nacht zum Lichte" kommen, und erst durch Kampf zum Sieg. Denn ewig gelten die Worte die Ich einst aussprach: „Fürchte dich nicht, du kleine Herde, es ist des Vaters Wohlgefallen euch das Reich zu geben" (Lk. 12,32); so rufe Ich auch euch wiederum zu: „Fürchtet euch nicht!" Amen! Euer Jesus!

255. Auferweckung des Lazarus

(Joh. 11)   29. Oktober 1881

Meine lieben Kinder! Soeben habt ihr von der Auferweckung des Lazarus gelesen, wo Ich weinte, da Mich der Tote so sehr bewegte, weil er auch seine Verwandten dadurch in Trauer versetzte, welche aber ihre Hoffnung auf Meine Hilfe bauten.

Sehet, auch heute noch lasse Ich Mich gerne um Meine Hilfe bei dem Anblick geistig Toter anrufen; wenn nämlich solche zu Mir kommen, welche aus Liebe zu denselben wünschen, dass Ich helfen solle.

Heute noch segne Ich die Worte, die Martha im Glauben aussprach: „*Herr wärest Du hier gewesen, mein Bruder wäre nicht gestorben!*" (Joh. 11,21)

In diesen Worten des Glaubens und Vertrauens liegt ein sehr großer Segen; denn wo Ich weile, kann kein geistiges Absterben stattfinden.

Es ist hier wohl zu bedenken, dass, wenn Ich auch den freien Willen bei dem Menschen ehre, Ich doch ein Einfließen bis auf einen gewissen Grad ausübe, und dieser Grad kann durch eure Fürbitte erhöht werden.

In diesem Punkte liegt für euch noch ein Geheimnis, das ihr bis jetzt noch nicht begreifen könnt, weil es mit der Beschaffenheit Meines Wesens verbunden ist; da sollet ihr eben als vertrauensvolle Kinder dem Vater glauben, und auch in diesem Punkte suchen eure Liebe auszudehnen, bis ihr einst zum Schauen gelanget, wie eure seligen Geschwister, welche eben darum euch so anhaltend ermahnen (beim vom Herrn direkt veranlassten Verkehr mit ihnen) ins Gebet einzudringen.

Ihr habt Ursache genug dazu; denn der geistige Totengeruch ist euch nicht mehr fremd, da in dieser Beziehung beinahe die ganze Erde ein Leichenfeld bildet, wo auch ihr (bei dieser Betrachtung) an der geistigen Wiedergenesung der Menschheit zweifeln könnt.

Hier gilt die Einladung: „Komm o Jesu, komme bald!" (als Retter und Auferwecker). Auf dieses Rufen will Ich kommen; denn ob Ich schon auf halbem Wege bin, so zögere Ich doch noch immer, damit Ich sehnlicher erwünscht, und also doch wenigstens würdig empfangen werde, mit dem (rechten) Glauben an Meine Macht und Hilfe, gleichwie es bei den Schwestern des Lazarus der Fall war, die Mich als den Herrn über Leben und Tod erkannten.

Wie sollte es denn auch anders sein, als dass Mein Erbarmen die Höhe erreicht, die die Toten durch ein Allmachtswort ins Leben ruft! Darum ist auch jetzt die Zeit da, von der geweissagt ist: *„Ich will Meinen Geist reichlich ausgießen!"* (Apg. 2,17) Verzaget daher nicht, wenn ihr rufet: „Komm, o Jesu, komme!" Wisset es ist im Stillen mehr Vorbereitung als ihr wähnet zu Meiner Aufnahme als Vater getroffen.

Überall fühlen sich Seelen krank und suchen Hilfe gesund zu werden. Viele, viele Seelen haben keine Ruhe mehr und suchen einen Arzt; aber sie wissen nicht denselben zu finden, bis ihnen der Weg gezeigt wird, auf welchem sie Mich (den wahren Heiland) als Vater fassen können.

Der Vatername erweckt Zutrauen bei ihnen; darum sollet ihr nicht verzagt sein, sondern fortfahren, noch viele mit demselben bekannt zu machen, und wenn ihr eine Seele zu wenig von Mir begnadigt glaubt, da dieselbe noch ganz geistig tot ist und ihr Mir Vorwürfe macht: *„Wärest Du hier gewesen, so wäre dieser nicht gestorben,"* (Joh. 11,21) so wisset, dass Ich auch solche wieder auferwecken kann, gleich wie Ich Lazarus auferweckte.

Zweifelt also nicht länger an der großen Auferstehung der toten Menschheit, sondern freuet euch auf Meinen Besuch, Der Ich euch noch über bitten und Verstehen Meine Liebe und Macht beweisen will. Amen. Euer Jesus-Vater!

256. Tuet Buße

6. November 1881

„Tuet Buße, das Himmelreich ist nahe herbeigekommen." (Mt. 3,2)

Liebe Kinder! Dieser Ruf tönt heute noch fort, weil Ich stets bereit bin, das Himmelreich oder das Reich des Friedens auf Erden vorzubereiten, und es in die Herzen zu senken, welche aber immer noch sündhaft sind, und noch mehr zur Buße aufgefordert werden müssen, damit ihre Buße rechtschaffene Früchte der Liebetätigkeit, und somit des lebendigen Glaubens bewirke.

Immer wieder muss euch die Aufforderung zur Buße im Herzen hörbar sein; es ist ein Mahnwort, das nie stirbt, weil ihr der

Vervollkommnung fähig seid, und diese nie aufhört, auch als vollendet im Jenseits, sondern es muss ein stetes Wachsen sein; denn darin besteht die Seligkeit und das Reich des Friedens, in dem Zuwachs der Liebe und Weisheit, weil ihr Meine Kinder seid.

Bis ihr aber einen solchen Grad der Liebe erreicht habt, dass man in all eurem Tun euch als Abkömmlinge von Mir erkennt, da dürfet ihr nie aufhören euch stets aufs Neue selbst zu prüfen, und Buße zu tun über eure Schwachheitssünden, welche euch noch ankleben, und darum mit geistigen Waffen müssen bekämpfet werden.

Gerade wenn ihr diese Sünden besieget, tut ihr wahre Buße, welche auch eurem Nächsten zum Segen werden kann; denn jeder Mensch sieht wieder auf einen andern, um damit zu erforschen, wie weit es möglich ist, Tugenden zu erlangen und Laster zu meiden.

Sieht er Fortschritte der Tugend, so wird er zuerst aufgerüttelt, beunruhigt über seine Fehler, und angetrieben dieselben abzulegen, um auch nach Tugend zu streben; er erkundigt sich nach dem Mittel, welches meistens im Worte Gottes besteht, und so wird eine Seele gewonnen durch rechtschaffene Buße, welche für sich und andere Frucht bringt; darum ist es so nötig, dass ihr all euren Wandel nach Meinem Wort einrichtet, sowohl aus Liebe zu eurem Nächsten, als aus Liebe zu Mir.

Hier ist ein Hauptpunkt zu beachten: Es gibt Menschen, die bei einer Schwachheitssünde sich damit entschuldigen: „Gott sieht mein Herz, Er vergibt mir." Da haben diese wohl recht, dass Ich sie genau kenne, und darum Meine Vergebung durch Zuchtmittel an ihnen beweise, um sie vor größerer Sünde des Ärgernisses zu bewahren; denn diese Folgen sind vor Mir ein Gräuel; da hauptsächlich muss Ich von Meinen Kindern verlangen, dass sie kein Ärgernis geben, auch nicht im äußeren Lebenswandel. Sie sind damit nicht überfordert gegen andere, sondern sollen bedenken, dass wem viel anvertraut ist, von dem wird einst auch viel gefordert werden.

Denket nicht: „*Wir haben Abraham zum Vater*" (Mt. 3,9), d.h. denket nicht, dass ihr von Geburt aus berechtigt seid eures Vorzuges, den euch nur die Gnade zukommen lässt; denn in Meiner Macht steht es, auch aus steinernen Herzen Kinder zu gewinnen, sondern wisset, dass alles auf die Früchte ankommt; denn welcher Baum nicht gute Früchte bringt, der wird abgehauen und ins Feuer geworfen werden! Amen!

257. Der treue und kluge Haushalter

13. November 1881

„Wie ein groß Ding ist es um einen treuen und klugen Haushalter!" (Lk. 12,42)

Liebe Kinder! Diese Worte werden so gerne gebraucht bei der Verwaltung irdischer Güter, und viele meinen, dass sie sich dadurch über ihre „Sparsamkeit" rechtfertigen können, welche gerne Schätze auftürmt, und sich dabei noch ihres großen Vertrauens auf Mich rühmt; während Ich oft denselben nicht einmal eine Glaubensprobe auflegen darf, welche mit Verlust zeitlicher Güter zusammenhängt, damit sie Mir nicht gänzlich untreu werden.

Ich muss Mich mehr nach ihnen richten, anstatt dass sie nach Mir sich richten sollten, darum habe Ich auch Meine Lehre so gegeben, dass sie jeder wieder besonders dem Sinn nach auslegt. Es sind wohl nicht zwei, die den Sinn derselben gleich auffassen, denn bei jedem wirkt der Zustand im Innern mit. Deshalb ist z.B. bei der Deutung von Treue so vielfache Auslegung, weil eben der Geiz wie die Habsucht so stark bei den Menschen vertreten ist, und sie dieselben „Treue" nennen!

Darum Ich hier von einem Haushalter rede, welchen der Herr über sein Gesinde setzt, dass er ihnen zu rechter Zeit ihre Gebühr gebe!

Es ist hier die Treue in Befolgung der Nächstenliebe verstanden, die sich ausdehnt nicht allein auf Brüder und Schwestern, sondern auch auf solche, die durch ihre Armut darauf angewiesen sind, ihr Brot bei den Besitzenden zu suchen.

Diese (die Armen) haben ihr Pfund im wahren Gottvertrauen zu vermehren, während die Besitzenden dereinst mehr für ihre (Treue oder Untreue in der) Nächstenliebe verantwortlich sind.

Daher suche jedes treu zu sein, in den Verhältnissen, darein es von Mir aus gesetzt ist. Hier rede Ich bloß von denen, die sich „Meine Kinder" nennen und ihre Führung in Meine Hand gelegt haben; denn auch bei ihnen ist ein großer Unterschied der äußeren Verhältnisse, darum soll jedes wachen und beten, dass das ihm angewiesene Verhältnis ihm auch zum Segen werden kann und nicht zum Fluche; denn hauptsächlich Meinen Kindern gilt das Wort: *„Der Knecht aber, der seines Herrn Willen weiß und hat sich nicht bereitet, auch nicht nach Seinem Willen getan, der wird viele Streiche leiden müssen."* (Lk. 12,47)

Also prüfet auch ihr euch genau, wie weit ihr bereit seid Mein plötzliches Erscheinen ertragen zu können, sei es durch äußere Zeichen, oder durch den Todesboten, und wie viel ihr noch unterlassen habt zu befolgen mit dem falschen Troste: *„Mein Herr verzieht zu kommen"* (Lk. 12,45), während Ich euch doch in der Heiligen Schrift warnte.

Darum seid auch ihr bereit; denn *„des Menschen Sohn wird kommen zu einer Stunde, da ihr es nicht meinet."* (Lk. 12,40)

Die Worte in diesem Kapitel habe Ich damals zu Meinen Jüngern gesprochen, darum sie eingehende Verpflichtungen enthalten, welche Ich also auch von Meinen wahren Nachfolgern verlangen kann, und darum lege Ich dieselben auch euch ganz besonders ans Herz, weil auch ihr mehr Pfunde übernommen habt, als viele andere, und Ich will deshalb zuerst bei euch anklopfen, wenn Ich im Anzuge bin. Euer Vater! Amen!

258. Ein Rückblick aufs verflossene Jahr

20. November 1881

Liebe Kinder! Schon wieder ist nach eurer Kirchenordnung ein Kirchenjahr zu Ende!

Wie viele unter den Christen sind es wohl, die sich prüfen, ob sie an geistigem Segen bereichert worden sind, ob die vielen Feste und Gedächtnistage an Meine Person in ihnen Liebe zu Mir erzeugt haben, ob wohl der Same des göttlichen Wortes, das in dieser Zeitperiode (des verflossenen Jahres) ausgestreut wurde, aufgegangen ist, und Früchte getragen hat?

Stellet euch diese Frage recht vor und prüfet sie, so könnt ihr einen Einblick tun in das Verhältnis, das zwischen Mir und der kirchlichen Gesellschaft besteht.

Wie wenig Früchte der Liebe, der Duldung, der Demut sind es, die Mich da erfreuen können. Immer ist es die alte Form, die da den Schein der Liebe bloß hat, aber nicht die Liebe in sich birgt, welche durch Tat und Wahrheit Mich immer mehr zu verherrlichen sucht!

O wer einmal anfängt, die Liebe in Tat zu verwandeln, der wird erst zum Genusse kommen der vielen Segnungen, die jedes Fest, jeder Akt in Meinem Leben noch besonders bieten. Ich werde dabei das Erleuchtungsamt führen, damit so der freie Wille, der sich Mir übergeben hat, statt Kampf zu fühlen, zur Lust und Freude wird, Meine Gebote zu halten.

Solch eine Seele wird immer mehr sich klar werden, dass in der Ausübung selbst der größte Lohn verborgen liegt, weil sie dadurch sich immer mehr zu veredeln Gelegenheit hat; denn Meine Gebote verlangen Liebe. Weil Ich in Meinem Urwesen Liebe, und dadurch der Mächtigste, Heiligste und Reinste bin, so muss Ich diese Eigenschaft auch all Meinen Kindern einzuprägen suchen, und ehe sie diese Eigenschaft so schätzen lernen, dass sie alles daran setzen, dieselbe immer völliger zu besitzen, kann Ich keine weitere Gnadengaben austeilen, weil dann die richtige Anleitung fehlen würde, dieselben nach Meinem Sinne zu verwenden.

Benützet daher mit besonderem Fleiß alle Vorkommnisse, welche euch Gelegenheit bieten, eure Liebe zu verstärken; hauptsächlich in Fällen, wo ihr auf wenig Gegenliebe rechnen dürftet.

Seid wach, ob nicht ein solcher Fall eine besondere Aufgabe in sich birgt, die euch lehrt Natürliches dem Geistigen unterzuordnen; und wenn euch solches gelingt, so wisset, dass eine innere Freude euch bestimmt ist, die Ich euch Selbst schenke, und die daher auch dem finsteren Zerstörer unantastbar ist, wodurch er sich an euch ärgert, und euch den Rücken kehrt, weil er die hohe Bedeutung solcher Liebe wohl kennt und weiß, dass dadurch seinen listigen Anläufen ein Damm gebaut ist.

Denn wo diese Liebe das Herz regiert, die um Meinetwillen trägt und duldet, da bin Ich Selbst eingezogen. Und weil Ich jetzt wiederum Einzug halten will, so bereitet Mir eine wohl gereinigte Stätte, damit Ich bei euch wohnen kann als Vater unter wahren Kindern!

Gedenket der Worte in Joh. 17,21, wo Ich die Bitte und den Wunsch aussprach, durch diese Liebe mit euch eins zu sein, *„auf dass die Liebe, damit Du Mich liebst, sei in ihnen und Ich in ihnen!"* Amen!

259. Zum 1. Advent

27. Nov. 1881

Liebe Kinder! Es ist abermals in der Natur öde und die Erde all ihres Schmuckes beraubt.

In diese Zeit fällt nach eurer Rechnung Weihnachten, welche Rechnung Ich so zuließ, damit in dieser Zeit auch das Äußere eine Entsprechung darbietet für die geistige Welt oder für das Reich der Seelen, und so die Seele sich beschauen und vergleichen könne mit dieser Entsprechung, welche ein mehr trauriges Bild zeigt, ohne jeden Schmuck und Frucht, ja sogar ohne die nötige Sonnenwärme, denn selbst diese müssen die Menschen in dieser Jahreszeit (wenigstens bei euch) nur am selbst gemachten Feuer suchen.

In dieser Zeit ist es bald sehr stürmisch und kalt, bald wieder sehr veränderlich und ein jedes Gemüt wird von derselben beeinflusst, je nach dem Grade seiner Aufnahmefähigkeit.

Oft ist eine Seele ganz bedrückt bei dem Herannahen der dunklen Nacht und kann sich solche Ursachen nicht erklären; es sind dies aber lauter Gnadeneinrichtungen von Mir, die Ich den an die Menschen ausgesandten Schutzgeistern zur Hand gebe. Dieselben sind in dieser Zeit besonders tätig, und jeder will Mir zu Weihnachten seinen anvertrauten Zögling überbringen, (d.h. dessen erweckte Liebe); daher kommt es, dass die Menschen viel erregter, teilweise auch beengter sind in der Adventszeit. Sie suchen aber (in ihrem materiellen Sinn) alles das in der Witterung und Jahreszeit, weil sie nicht wissen und auch nicht glauben können, dass das Geisterreich jetzt viel tätiger auf sie einwirkt.

Ist aber eine Seele empfänglich fürs Gute, so benützt sie solche Zeit mit Ernst, und betrachtet im Stillen die Segnungen des Christtages; sie lebt sich sozusagen in diese Zeit hinein, und wird dann dadurch tüchtig gemacht, dass Ich auch in ihr geboren werden kann.

Alles um sie her hat die Wirkung in sich, dieselbe Mir mehr zuzuführen. Sie erkennt in der Natur die Vergänglichkeit und die Unmöglichkeit des Menschen, dieselbe neu zu beleben, und weiß also, dass sie in allem von Mir, als von Gott abhängt. Sie weiß, dass Ich allein ihr Ruhe und Frieden schaffen kann in den dunklen Stunden, welche sie oft beängstigen; denn nicht nur

Meine Diener im Lichtgewande sind da besonders tätig, sondern auch die finstern Mächte.

So ist die Adventszeit von großer Bedeutung (auch in Betreff des Geistereinflusses auf Menschen), und hat auch oft viele Zufälle in sich, hauptsächlich in den Gemeinschaften der Kinder Gottes, welche da mehr denn sonst vielen Versuchungen ausgesetzt sind.

Der Feind sucht durch Einstreuen von Zweifeln, Neid und Zwietracht solche Seelen auseinander zu bringen, er macht sie empfindlicher als sonst, weil er weiß, dass Einigkeit sie stark macht, und hauptsächlich die Fürbitte füreinander.

Darum seid beim Herannahen solcher Festzeiten doppelt wachsam, und bestrebet euch der ausdauernden Liebe, damit es dem Feinde nicht gelingt, euch den Segen zu rauben, welcher euch zugedacht ist vonseiten der jenseitigen Brüder, die fürbittend für euch zu Mir kommen, um euch denselben zu spenden.

Ich gebe euch diese Aufklärung, weil ihr oft mürrisch sagen könnt: „Warum muss in dieser Zeit so viel Unangenehmes (Störendes) über uns ergehen?"

Wachet! Betet! Der Segen wartet auf euch, so ihr treu bleibet in der Liebe zu Mir und euren Mitbrüdern und Schwestern. Erkennet oft die Nichtigkeit eurer Bürde, fasset sie als das auf, was sie in Wirklichkeit ist, so könnt ihr dieselbe leicht fahren lassen. O so sorget, dass mit Weihnachten die Geburt in euch geschehen kann, die euch zu Himmelsbürgern berechtigt, und feiert so eine Adventszeit nach Meinem Sinne. Amen. Euer wiederkommender Jesus.

260. Mir ist gegeben alle Gewalt

Zum 2. Advent, 4. Dez. 1881

„Mir ist gegeben alle Gewalt im Himmel und auf Erden!"
(Mt. 28,18)

Liebe Kinder! Diese Worte vergesset ihr so gerne, um euch damit zu beruhigen, wenn es euch oft bange wird, teils bei dem Erkennen eurer großen Schwachheit, wo ihr oft noch so wenig Kraft in euch verspüret, dieses oder jenes um Meinetwillen zu tun oder zu lassen. Das eine Mal fürchtet ihr den Spott der Weltmenschen, etwas zu tun, woran sie erkennen würden, dass höhere Antriebe es sind, die euch zu einer Tat veranlassen. Ihr berechnet dabei eure Niederlage und höret nicht den Spruch in euch, wo Ich der Allmächtige sage: „*Mir ist gegeben alle Gewalt im Himmel und auf Erden!*"

Würdet ihr dieses Spruches eingedenk sein, so könnt ihr wieder in umgekehrten Fällen um Meinetwillen manches verleugnen, was euch sonst mit eurer eigenen Kraft zu schwer dünkt. Wenn ihr Mich wahrhaft liebt, so ehrt Mich auch als Den, Der Ich bin, als den Allmächtigen, dem ihr euch sorglos anvertrauen dürft, ohne dass euer natürlicher Verstand vorher Bedenken trägt, und ihr so euch selbst zu schützen glaubt.

Schon von Anbeginn der Welt sagte Ich Meinen Kindern: „*Ich bin der allmächtige Gott, wandelt vor Mir und seid fromm!*" (1. Mos. 17,1) Aber Meine Allmacht soll euch nicht schrecken, sondern vielmehr euch im wahren Vertrauen stärken, und das wird auch der Fall sein, wenn ihr euren Wandel so einrichtet, dass ihr Mich dabei im Auge habt als Den, Der alles sieht, alles hört, alles weiß!

So ihr dies tuet, so bleibet ihr fromm, und werdet gleich den Engeln allzeit schauen das Angesicht des Vaters und nicht des Richters, d.h. ihr werdet ruhig wandeln auf dem Pfade, der euch zugewiesen ist, und sollte eure eigene Kraft euch im Stiche lassen, so werdet ihr Ruhe finden in den Worten: „Mir ist gegeben alle Gewalt".

Dies hat euch euer Vater gesagt durch Jesum auf Erden, und diese Worte behalten ihre Wirkung in alle Ewigkeit, und was ihr in Meinem Namen tuet und aus Liebe zu Mir, soll euch tausendfältige Früchte tragen.

Darum ihr Lieben bedenket: Ich stehe vor der Tür und möchte euch segnen. Forschet also schnell, was ihr noch habt (als hinderlich), um es als ein Opfer Mir darzubringen, und glaubet, dass Ich alles, auch eure unreinen Wünsche, Begierden und Leidenschaften, so ihr dieselben um Meinetwillen los werden wollet, euch abnehmen will.

„*Gib Mir, Mein Kind, dein Herz*", (*und lass deinen Augen Meine Wege wohl gefallen!*). (Spr. 23,26)

Dies ist Meine immerwährende Bitte an all Meine Kinder; Mir ist ja gegeben alle Gewalt im Himmel und auf Erden! Darum können auch in Meinem Namen Wunder geschehen und Siege errungen werden, die der natürliche Mensch nicht zu fassen vermag; denn es gibt für Meine wahren Kinder keine Gefahren, die mit Meiner Hilfe nicht nur für sie unschädlich gemacht, sondern sogar in Segen verwandelt werden können.

Darum bereitet den Weg, darauf Ich als Herr und König recht bald einziehen kann in euer Herz, und sorget in dieser Adventszeit, dass es nicht beim Anklopfen und Hereinrufen stehen bleibt, sondern dass der Einzug in Wirklichkeit geschehen kann! Amen! Euer Jesus!

261. Eine allgemeine große Trübsal

(Mk. 15)   16. Dezember 1881

Liebe Kinder! Meine Jünger wussten aus vielen Meiner Worte, dass eine Zukunft kommen werde, wo eine allgemeine große Trübsal Meiner Aufnahme vorher Bahn brechen solle. Sie glaubten - nur dadurch sei es möglich, der großen Sittenlosigkeit ein Ende zu machen.

Auch sie hatten noch zu wenig richtige Begriffe von Meiner Weltregierung, welche nicht vernichten, sondern retten will, und zwar durch Liebe.

Darum ist auch heutzutage der Irrtum und die falsche Auffassung von Meinem zweiten Kommen noch so hinderlich dem wahren Begriffe Meines Erscheinens. Leider sind nun die Menschen noch viel verstockter, Meine Einwirkung bei den oft sehr schweren Naturereignissen und bei der Zulassung von Unglücksfällen zu erkennen, zufolge ihrer menschlichen Aufgeklärtheit und vermeintlichen Naturwissenschaft. Sie sind stets bereit, dafür Beweise zu liefern mit Naturgesetzen, und doch - wie viele Fragen können solchen Aufgeklärten gestellt werden, wovon sie nicht eine einzige richtig zu beantworten fähig sind.

Ebenso bestreiten sie Mein Wesen, wie es wirklich ist, und wie Ich es jetzt wiederum den Menschen direkt offenbaren will. Sie streiten nun aber dabei nicht wegen Meiner, sondern wegen sich selbst, weil sie sonst ihren Lebenswandel ändern müssten. Denn es gibt nur zwei Wege, entweder Mich anerkennen und Mir folgen, wenn man glücklich und selig werden und als ein

Kind von Mir Anspruch aufs Erbe machen will, oder man verleugnet Mich, was durch Wort und Tat fast bei den meisten Menschen geschieht, wodurch sie selbst nicht mehr wissen, was für Geschöpfe sie eigentlich sind, und also nichts wissen von der hohen Aufgabe - ihr eigentliches Ich für den Himmel auszubilden. Dieses ist auch der Standpunkt der jetzigen Menschheit im allgemeinen; darum muss Ich nun, bald da bald dort, Mich mehr bemerklich machen durch Ereignisse, wobei sogar eure Hochweisen verstummen, nicht Rat wissend, weder den Anfang noch das Ende solcher Vorkommnisse zu verhindern. Sie gleichen jenen Zauberern Ägyptens, die da sprachen: *„Das ist Gottes Finger!"* (2. Mos. 8,19)

Dieselbigen erkannten doch ihre Ohnmacht; aber jetzt - was über die Berechnung solcher Hochweisen hinausgeht, da leugnen sie die Existenz desselben, und weil sie es zu bunt machen, so nimmt das niedere Volk ein Ärgernis daran, und fällt in Missachtung gegen alle religiösen Ansichten, und wird ebenso von Mir entfremdet. Ich muss deshalb dem geistig entgegenwirken, durch Seelen, die vor der Welt arm und gering sind, und das Gift der Gelehrten nicht kennen, sondern dem Drange folgen, in Mir den Vater zu glauben, Der sie leitet und Sich mit ihnen im Herzen beratet.

Sehet solche Seelen erziehe Ich Mir Selbst zu Meinem Reichsplane, und pflanze sie an jenen Orten auf, wo die große Welt mit ihrem prahlerischen Weisheitsdünkel es für zu gering achtet, ihr Augenmerk darauf zu richten. Aber Menschen, die gerne wandeln im Tale der Demut, diese werden bald zu denselben gelangen, und sich mit ihnen freuen, dass sie eine Bethlehemshöhle entdeckt haben; wie einst der reiche Kämmerer sein Amt und seine Würde vergaß, um des lieben Jesu willen.

Wer auch kann solche Wonne im Herzen, solche Gefühle der Seligkeit sich durchs Geld erkaufen, oder einem andern schenken, wenn nicht Ich mit im Bunde bin! Sehet, aber viele kennen diese Gefühle gar nicht, darum wissen sie dieselben nicht zu schätzen. Diesen wird jedoch durch Gegensätze klar gemacht, dass sie ohne Mich eine Null sind, und diese Gegensätze bestehen, in allerlei Leiden, Krankheiten, Unglücksfällen, oft für einzelne Seelen, oft für die Mehrheit, und es ist also dieses ein Erbarmungsakt Meiner Liebe, um sie zur Annahme der Seligkeit fähig zu machen.

Solche Zeichen werden geschehen, um wiederum aufs Neue die Menschen zu Mir zu ziehen. Darum haltet stets fester an dem Glauben, dass nur Liebe die Welt regiert, und nur Liebe auch euch leitet. Wenn also solches geschieht, so wisset, dass Ich einen Besuch bei Meinen Kindern machen und eine vernehmliche Sprache mit ihnen reden will. Euer Jesus. Amen!

262. Liebesmahl

Zum 4. Advent, 20. Dez. 1881

Liebe Kinder! Als Ich einst mit Meinen Jüngern das Abendmahl genossen habe, sagte Ich zu ihnen: *„Mich hat herzlich verlangt, dies Osterlamm mit euch zu essen, ehe denn Ich leide!"* (Lk. 22,15)

Die Liebe drängte Mich, ein Mahl mit ihnen zu halten und sie vorzubereiten auf die bedeutungsvollen Stunden, welche so nahe waren, und auch ihnen eine Entscheidung bereiteten, ohne dass dieselben es ahnten. Sie konnten den tiefen Sinn Meiner Worte nicht recht fassen. Denn es war ihnen wie den Kindern, die noch sorglos an des Vaters Tische sitzen; nur als Ich von einem Verräter sprach, wollte ihre Wissbegierde befriedigt sein.

Obschon sie Meine große Liebe und Meine Trauer wenig verstanden, so war doch ihr inneres Wohlsein in Meiner Nähe für Mich wohltuend, und ich schätzte dasselbe hoch. Es war dieser Schlussabend Meiner irdischen Laufbahn, wo Ich mit anziehender Liebe unter Meinen Jüngern saß, Mir ein Ersatz für viele Leiden und Beschwerden, die Ich schon vorher ertrug und noch dulden sollte.

Und so ist es wiederum jetzt; wo immer Mein Abendmahl gehalten wird, da sind die Herzen Mir zugetan und offen, und es ist also für Mich ein Liebesmahl unter den Meinen auf Erden. Ich komme zu ihnen mit Freuden, als Freund und Bruder, um Mich an ihrer Gegenliebe zu erquicken; denn - *„siehe Ich stehe vor der Tür und klopfe an, und wer auftut, zu dem werde Ich eingehen und das Abendmahl mit ihm halten, und er mit Mir!"* (Offb. 3,20)

Da nun ihr Mich auch eingeladen habt, so will Ich auch unter euch Meinen Segen walten lassen, euch stärken und trösten, dass ihr mit erneuter Kraft Mir dienen könnt, wenngleich auch da der Verräter lauert, euch als Meine Jünger zu stürzen!

O bleibet ruhig, arglos bei der Gefahr; Ich wiederhole euch die Worte: „*Mir ist gegeben alle Gewalt!*" (Mt. 28,18)

Bedenket, wer Der ist, Der das Mahl mit euch hält, mit Wem ihr euch auf heilige Weise aufs Neue vereinet, dadurch, dass ihr Brot und Wein als von Mir ausgehend empfanget. Sehet, eine unsichtbare Kraft liegt für das liebende und glaubende Herz darin verborgen; darum genießet es jetzt nach Meinem Sinn, und Mein voller Segen ruht auf euch! Amen. Euer Jesus-Vater!

263. Am Weihnachtsabend

24. Dez. 1881

Liebe Kinder! Am heutigen Abend, wo ihr auf Erden Mein Geburtstagsfest feiert, und die Herzen doch etwas mehr als an anderen Tagen Mir sich zuwenden, da zieht es Mich, auf Erden überall bei den Meinen Selbst anzuklopfen und sie zu besuchen. Denn an diesem Abend ernte Ich mehr Liebe für Mein Vaterherz, als oft das ganze Jahr hindurch; darum, auch diesem gesegneten Tage oft recht schwere Sorgen beladene Tage vorausgehen; d.h. ein Kampf zwischen Gutem und Bösen, hervorgerufen durch die verschiedenen Einflüsse von oben und von unten, oder von Finsternis und Licht.

Diese Zeit ist besonders geeignet, das Werk der Wiedergeburt anzufangen, und dadurch Mir eine Wiege im Herzen zu bereiten. Dieses ist auch das einzige Bemühen Meiner dienenden Himmelsgeister. Sie erschauen klar, dass Mir nur eine Gabe gebracht werden kann, und diese ist - das Herz des Menschen, oder sein Wille, Mich als den Vater anzuerkennen, und dieses Bekenntnis durch Gehorsam zu ehren.

Es ist ja der Zweck Meiner Geburt ins Fleisch, Mich mehr mit den Menschen zu vereinen, durch Liebesbeweise in Wort und Tat, wovon ihr ja so viele Aufzeichnungen in Händen habt.

Liebe, nur Liebe hat Mich zu euch getrieben, und auch heute noch ist es nur Liebe, die Mich veranlasst, auch mit euch in eurem kleinen Kreise zu verkehren. Es sind nicht immer Erziehungspläne, welche Ich euch diktieren will, sondern es sollen auch Zeichen Meiner Liebe sein, welche Ich euch darin bekunden möchte, damit ihr freie Kinder werdet, frei von Furcht, freudig im Bewusstsein - der gute Vater besucht uns, und will uns unartigen Kindern dennoch eine Freude machen.

Ich sage euch, dass so manch unartiges Kind in seinem Herzen doch oft mehr Liebe zu seinem Vater trägt, als ein anderes Kind, das selbstbewusst auf seine Artigkeit sich stützt, und meint des Vaters Liebe mit Recht beanspruchen zu können, während das unartige Kind im Stillen dem Vater dankbar ist für jede Liebe, die er ihm zukommen lässt.

Sehet, so geht es auch bei Meinen Kindern! Manches schaut bittend zu Mir auf, ihm doch seine Fehler zu vergeben, und schätzt Meine Liebe dann hoch, wenn es sie fühlt, während ein anderes meint, Ich müsse sie ihm so geben. Darum ist Mir die Geburt (Meiner Liebe) in eurem Herzen von so großer Wichtigkeit, weil sie euch belehrt darüber, was wahre Kindesliebe ist.

Wer sich dessen bewusst ist, dass Ich bei ihm Wohnung genommen habe, der wird mit aller Demut bekennen, dass nur Meine Liebe es ist, die ihn besser erziehen kann, und dass er aus sich selbst nichts ist.

O so lasset auch ihr eure Herzen Mir offen zur Wiedergeburt! Sorget, dass ihr Weihnachten stets mehr im Herzen erneuert, und eure Liebe sich mehr dem Göttlichen im Kinde zuwendet, als dem menschlichen Jesus in der Krippe, weil ihr wisset, dass dieser nur der Gottheit Umhüllung war.

Bringet auch eure Leiber Ihm dar zur Behausung, Ich will dieselben nicht verschmähen, sondern als Vater und Bruder sie mit eurem Geiste vereint regieren und leiten; damit noch viele dann von euch sagen müssen: *„Siehe da, eine Hütte Gottes bei den Menschen!"* (Offb. 21,3).

O, dass doch bald die ganze Erde sich zu der Hütte umgestalten möchte, wo Ich als Vater mit Meinen Kindern und unter ihnen wohnen könnte, und also der große (zweite und ewige) Weihnachtstag könnte gehalten werden, wo Ich nicht als Kind, sondern als Vater auf die Erde komme, um ein Friedensreich zu gründen, da dann die Engel nicht eine Nacht nur, sondern immerdar könnten von den Menschen geschaut und gehört werden, wo also Himmel und Erde eins sind!

Sobald die Menschen mit ihrem Gott in dem Verhältnisse stehen, wie Ich als Vater und Sohn eins war, dann wird der große Tag anbrechen.

Dass dies aber nicht sogleich mit allen geschieht, sondern vorerst nur von einzelnen erlangt werden wird, ist euch klar; tuet aber Fleiß anwenden, dass ihr immer mehr zu dieser Vereinigung gelanget, so könnt ihr ohne Aufsehen und ohne Worte zu machen, mehr leisten zur Gründung Meines Reiches, als einst die Märtyrer in ihrem Fanatismus! Amen!

Ich segne euch diese Stunde als euer himmlischer Vater im Jesuskinde!

264. Silvesterabend und Neujahr

(Lk. 4,25 u. 1,17)   31. Dez. 1881

Liebe Kinder! Am Schlusse des Jahres sind auch Meine Kinder viel mehr geneigt, mit Sorgen das neue Jahr anzutreten, fragend: „Was wird das kommende Jahr mir bringen? Freude oder Leid?" Jedes wünscht sich im Stillen Angenehmes.

Über diesem Wünschen vergisst die Mehrheit zumeist, zurückzublicken, auf die verlebte Zeit, um dort nachzusuchen, was diese Zeit ihm dargeboten hat.

Und da Ich hier mit euch als geistige Kinder rede, welche ihre geistige Pflege Mir übergaben, und Ich euch also erziehen will, so suchet, was euer geistiges Leben im verflossenen Jahr gewonnen hat, an Tugenden, an Liebe, am Vertrauen, an Selbstverleugnung usw.; so wird euch Meine Langmut dabei zum Troste werden, und ihr könnt aufs Neue es mit Mir halten.

Von euren Gemeinschaftsgliedern wird jedes dem andern bekennen müssen: „Der liebe Vater hat mir manchen Segen zufließen lassen, sowohl durch äußere Gnaden und Seine Worte, und im gegenseitigen Verkehr, als auch durch ein stilles Anklopfen bei Mir selbst."

Ich sage euch nun, wie einst Elias allein gen Sarepta (der Sidonier) zur Witwe von Mir gesandt wurde, um dort sein Leben zu fristen, so sende Ich auch euch vor vielen anderen Gemeinschaften Mein wahrhaftiges Wort, auf dass es bei euch zum Leben werde.

In eine arme Hütte kehrte Elias ein, und zuvor mussten ihn noch die Vögel und Raben ernähren, und das Wasser des Baches ihn erfrischen, ehe er in diese Hütte gelangte.

So geht es Mir gleichfalls auf eurer Erde! Die Tiere und Vögel haben mehr Lob und Dank für Mich, als die Menschen; darum musste Ich zu Elias Zeiten den Himmel verschließen, und Meine Güte und Fürsorge den Menschen auf einige Zeit entziehen, weil sie weder Mich noch Mein Wort durch den Propheten hören wollten.

Doch wie Ich einst den Elias versorgte durch eine arme Witwe, so will Ich wiederum zur Zeit der Heimsuchung, eine Gemeinde vor anderen auswählen, wo Mein Wort als von Mir ausgehend anerkannt und befolgt wird, und Ich will dafür sorgen, dass es diesen weder an Brot noch an Öl mangle, sondern die Liebe und Weisheit soll ihnen stets zufließen von oben, gleichwie es der Witwe verheißen war: *„Das Mehl im Kad solle nicht verzehret werden, und dem Ölkrug solle nichts mangeln, bis auf den Tag, da der Herr es regnen lassen wird auf Erden."* (1. Kön. 17,14)

An diese Verheißung möget auch ihr euch halten, wenn es euch bange wird, beim Überblick eurer Dürftigkeit, sowohl leiblich als geistig, nämlich, dass wo Ich anordne, kein Mangel vorhanden, und eine arme Witwe sogar zur Abhilfe bestimmt ist.

So auch du, arme Witwe, oder „Gemeinschaft in Meinem Namen" wisse, dass du unter vielen anderen Witwen oder Gemeinschaften bist vorgezogen, Mein Wort zu erhalten, und es zu verbreiten nach Meiner eigenen Eingebung.

Also freue dich, wenn es dir vergönnt ist, mit deinen Nebenmenschen das Mehl und das Öl zu teilen, und glaube, dass Ich sowohl leiblich als geistig der alleinige Geber bin, aber sorge auch, dass du mit freudigem Herzen die aufnimmst, die Ich dir zuweise, damit du Mich nicht als einen strafenden Vergelter zu fühlen bekommst, wie Ich einst zu Ahabs Zeiten den Himmel verschloss, dass weder Regen noch Tau das Land erquickte, sondern sorge du kleine Herde, dass Ich als Vater Mich bald groß an dir beweisen kann.

Ich segne euch jede Mühe und jedes Opfer vom verflossenen Jahre, und sage euch Meine väterlichen Verheißungen auch im neuen Jahre zu; aber Ich bitte euch aufs Neue, Meinen Willen zu erfüllen, wie er euch bekannt ist, da er heißt:

Liebe Gott über alles, und deinen Nächsten wie dich selbst! Amen! Euer Vater!

265. Erscheinungsfest

6. Jan. 1882

Liebe Kinder! Es haben die Drei aus dem Morgenland ihren neugeborenen König aufgesucht auf einem gefahrvollen und beschwerlichen Wege. Große Strecken mussten sie zurücklegen, und dabei waren sie noch nicht ganz des Ortes kundig, wo sie Denselben finden könnten; aber der Geist trieb sie dazu an, sie hatten die innere Überzeugung, dass das, was sie in sich wahrnahmen, Wahrheit ist.

Somit rüsteten sie sich zur Reise, mit Gold, Weihrauch und Myrrhen versehen; sie wollten nicht leer vor ihrem Könige erscheinen, sondern Ihn durch Beweise ehren.

Es ist dieses „sich auf den Wegmachen" der drei Weisen eine Entsprechung für den Gang der einzelnen Seelen. Denn auch eine jede Seele hat den Zug in sich nach einem höheren Wesen, um sich mit Demselben zu vereinen. Sie wird dadurch angetrieben, diesem Zuge zu folgen, und nachzuforschen, wo und wie sich dasselbe finden lässt.

Der Stern, oder die innere Erleuchtung, deutet ihr die Richtung und den Ort an, und wenn sie dann diesem Winke folgt, so begibt sie sich auf den Weg, oder auf die Reise nach etwas Besserem. Sie achtet nicht der Mühseligkeiten und Beschwerden, welche zwischen ihr und ihrem himmlischen Könige liegen, sondern sie ist nur darauf bedacht, vor Demselben nicht ganz leer zu erscheinen.

Darum nimmt sie Gold, Myrrhen und Weihrauch mit, d.h. die Liebe, den Gehorsam und das Gebet, um diese ihrem Könige zu Füßen zu legen.

Beglückt ist sie, wenn sie ihren Herrn und Gott findet, und zwar, wie einst die drei Weisen nicht achteten des geringen Ortes, sondern die innere Überzeugung hatten, dass in der Bethlehemshöhle Derjenige war, Den sie suchten. So auch weiß eine jede Seele, die dem Zuge ihres Innern Gehör schenkt, dass nur im unscheinbaren Tale der Demut sie ihren Herrn und König aufzusuchen hat, und dort Ihm am würdigsten dienen und Ihn verehren kann.

Und gleichwie die Gaben der Weisen dazu dienen mussten, um Mich damit zu versorgen auf der Flucht nach Ägypten, so sollen heute noch die Liebe, die Tat (der Lebenswandel) und das Gebet Meiner Kinder ein Mittel sein, Mich vor dem gänzlichen Beseitigen bei den Menschen zu bewahren, und Mir zu Meiner Herrschaft bei denselben zu verhelfen.

Darum, ihr lieben Kinder, merket auch ihr recht fleißig auf den Zug in eurem Innern; denn euch ist der Stern (oder die lautere Wahrheit) aufgegangen, welcher zu Mir führt; machet euch auf, Mich zu verherrlichen.

Und obwohl jetzt gleichfalls viele Herodesse da sind, welche Mir nach dem Leben trachten, oder die Seelen verfolgen, welche Mir anzugehören sich bemühen, sorget darum doch nicht, auch euch ist ein Führer bestimmt, der euch übers Gebirge bringt, ohne dass ihr Schaden nehmet; nur müsst ihr ebenso von Meiner Gottheit im Kinde Jesu überzeugt sein, wie die Weisen und mit Mut und Freuden eure Gaben mir darbringen, welche Mir wohl gefallen.

So soll auch dieses Fest euch zur inneren Betrachtung führen, und habe Ich euch hier abermals eine weitere Entsprechung aufgedeckt, die in diesem Akte liegt, damit euch das Fest zum Segen werde. Amen! Euer Vater in Jesu!

266. Wann kommt das Reich Gottes?

9. Jan. 1882

Da er aber gefragt ward von den Pharisäern: „Wann kommt das Reich Gottes?" antwortete Er ihnen und sprach:

„Das Reich Gottes kommt nicht mit äußerlichen Gebärden, man wird auch nicht sagen: siehe hier oder da ist es; denn - sehet das Reich Gottes ist inwendig in euch!" (Lk. 17,20)

Liebe Kinder! Heutzutage noch kommen viele Pharisäer so zu Mir; es sind solche, die sich vor der Welt den Schein der Gottseligkeit zu geben bemühen, und die durch Haltung bloß der äußerlichen Zeremonien und Nebensachen sich so selbst befriedigt fühlen, dass sie es für unnötig halten, an ihrem Herzen eine

Reinigung vorzunehmen, sondern sogar dasselbe noch in manchen Übeln bestärken; wovon ich beispielsweise einige nennen will: Sie hüten sich mit Menschen in Verkehr zu kommen, welche nicht ihrer Ansicht sind, und die daher vor ihnen für böse gelten, anstatt dass sie (wie einst Ich Selbst tat) gerade solche Menschen aufsuchen, um denselben zu zeigen, dass sie einem Gott angehören, Der Liebe gebietet, und dass sie dieselbe auch ausüben. Stattdessen schrecken sie oft solche Menschen durch die größte Lieblosigkeit zurück, so dass diese (Verirrten) immer schlechtere Begriffe vom Frommsein erhalten.

Daraus könnt ihr ersehen, wie das Wort wenig Wirkung bei den Menschen hat, wenn dasselbe nicht durch Tat und Beispiel auch gleichzeitig bekräftigt wird.

Weil aber solche Pharisäerseelen in ihrem Wahne noch über andere seufzen, die doch oft mit mehr Demut zu Mir kommen als sie, so fragen sie in ihrem Eigendünkel noch bei Mir an: „Wann kommt denn das Reich Gottes?" Oder wie ihr Sinn es meint: „Wann erlangen wir die volle Herrschaft über unsere Nebenmenschen?" Oder: „Ist noch immer die Zeit ferne, wo du dieselben vertilgest?"

Sehet, liebe Kinder, so weit haben es die meisten Meiner sein wollenden Kinder gebracht in der Liebe, dass sie wollen die anderen vernichtet sehen, damit sie selbst nach ihrer natürlichen Herrschsucht können regieren!

Diese große Finsternis herrscht noch unter denen, die Ich als Meine besseren Seelen zählen muss, gegenüber solchen, die Mich ganz verwerfen und an keinen Gott mehr glauben. Und dabei kann Ich nichts tun, als Meine Langmut abermals den Menschen zuwenden, und warten, bis sie sowohl durchs Wort als die hereinbrechenden Verhältnisse, sowie durch starke Einflüsse von oben einsehen, dass Ich das Reich des Friedens zuerst nur in den Herzen anbahnen, und dann nach und nach auch nach außen hin aufrichten kann; wenn nämlich die Liebe zu den Mitmenschen also vertreten ist, dass dieselben herzliches Erbarmen, Liebe und Wohlwollen zu genießen haben von denen, die sich nach Meinem Namen nennen.

Dies ist aber eine Arbeit, die jede einzelne Seele betrifft und wozu sie von Innen sich angetrieben fühlt, dazu Ich Meinen Geist nun überall walten lasse, weil es Mich verlangt, recht bald solche Kinder zu haben, bei denen, wo Ich könnte in Meiner wirkenden Kraft Mich niederlassen, in der Weise wie es heißt: *„Und das Wort ward Fleisch und wohnte unter uns"* (Joh. 1,14), oder Leib und Seele haben sich also dem Wort untergeordnet, dass dieselben Ausdruck göttlicher Eigenschaften sind.

Solche Seelen, die auf diese Weise sich bestreben, Mein Reich in sich aufzunehmen, um auch andere dadurch zu beglücken und sie in die Reichsgeheimnisse einzuleiten, damit sie dort Bürger werden können, - diese sind Meine wahren Diener und Kinder, und werden Liebe und Weisheit erhalten, das Erdreich (die Herzen) zu besitzen. Amen! Euer Vater Jesus!

267. Himmel und Erde werden vergehen

15. Januar 1882

„Himmel und Erde werden vergehen, aber Meine Worte werden nicht vergehen." (Mk. 13,31; Mt. 16,27; 24,30; 25,31)

Liebe Kinder! Diese Worte sollen euch immer wieder trösten, wenn ihr Erfahrungen machet, wie wenig dieselben noch wertgeschätzt sind, sondern wie man sie immer noch mehr zu deuteln sucht, damit sie die Menschen sowenig als möglich zur Befolgung antreiben, während sie doch oft in manchen Fällen eine ganz genaue Antwort und einen klaren Aufschluss geben, was besonders bei solchen der Fall ist, die sich die Meinigen nennen können.

Wenn diese in Kampf geraten, dies oder jenes zu tun oder zu lassen, so nehmen sie oft die Bibel zur Hand, schlagen sie auf, um durch einen Vers vollends zu einem Entschlusse zu kommen. Diese Weise lasse Ich gerne zu, und bin auch bereit, die richtige Antwort (in solchem Falle) zu geben. Nur muss solches mit vollem Glauben und in aller Liebe zu Mir geschehen, und nicht mit dem geheimen Wunsche, dass dabei Mein Wille, nach dem ihrigen sich richten solle. Denn sonst ist die Gefahr mit verbunden, dass solche aufgeschlagenen Worte oder Sprüche missdeutet werden, und also statt für Mich - gegen Mich gehandelt wird.

Gerade durch solchartige Erklärung und Auslegung der Bibelworte sind dieselben so entstellt worden, dass nun die verborgene Kraft in ihnen sich nicht mehr so mitteilen kann, wie bei den ersten Christen. Denn die Vermittler oder Lehrer haben sich selbst nicht nach Meinen Worten gerichtet, und konnten deshalb auch kein richtiges Zeugnis von denselben ablegen, welches nur solchen gegeben ist, die auf Mein Wort eingehen mit Ihrem Wandel.

Solche Seelen sind daher selten, die eine tiefere Erkenntnis in die Geheimnisse der Schrift haben, und werden darum nicht verstanden, und von den Weltgesinnten noch verfolgt und verspottet. Aber dessen ungeachtet vergehen Meine Worte nicht; *„denn zu der Zeit wird des Menschen Sohn kommen in den Wolken und Seine heiligen Engel mit Ihm!"* (Mt. 24,30; 25,31; 16,27)

Dieses gilt hauptsächlich euch, ihr lieben Kinder, die ihr schon längst erkannt habt, dass Ich im Geiste unter euch weile und Meine Gnadenworte spende: nicht durch Medien, die durch die Gelehrten der Welt gewählt und erzogen sind, sondern durch Meinen Geist, und von denen gilt es: *„was arm und gering ist vor der Welt, eben das hat Gott erwählt!"* (1. Kor. 1,27)

Und abermals heißt es: *„Lass dir an Meiner Gnade genügen, denn Meine Kraft ist in den Schwachen mächtig!"* (2. Kor. 12,9)

Darum aber, weil ihr wisset, dass Ich Meine Worte der letzten Zeit nochmals auf diese geistige Weise euch zukommen lasse, (sowie auch durch Meine dienstbaren seligen Geister), so tuet desto mehr Fleiß, denselben nachzukommen, damit ihr nicht von einem Doppelgericht ereilt werdet, denn ihr könnt euch weniger mit Unwissenheit entschuldigen, als noch viele andere.

Prüfet, ob nicht alle die Zeichen, die in den oben angeführten Schriftstellen angegeben sind, jetzt in dieser Zeit in die Erfüllung geben. Und da sage Ich wie einst zu Meinen Jüngern: *„Ihr aber, sehet euch vor, siehe Ich habe euch alles zuvor gesagt!"* (Mk. 13,23)

So tuet immer mehr Fleiß, Meinem Kommen Bahn zu brechen, weil die Zeit sehr nahe ist, auf dass Ich nicht auch noch bei euch zu früh komme, nachdem ihr Mich schon so oft eingeladen habt: *„Komm Herr Jesu! Komme bald!"* (Offb. 22,20)

Dass Ich es liebe, zu euch im Gewande der Demut und der Armut zu kommen, wisset ihr. Darum sorget, dass eure Herzen bereit sind, Mich zu beherbergen, in dürftiger Gestalt; denn Ich komme in den Wolken verhüllt, aber dabei doch mit großer Kraft und Herrlichkeit.

Wachet also, und betet immer mehr, weil ihr nicht wissen könnt, wann solches geschieht. Amen. Euer Heiland Jesus.

268. Euer Herz erschrecke nicht

29. Jan. 1882

„Euer Herz erschrecke nicht: Glaubet ihr an Gott, so glaubet ihr auch an Mich!" (Joh. 14,1)

Liebe Kinder! Wie kann Ich noch deutlicher von Mir reden, als dass Ich euch sage: Gott und Ich sind unzertrennlich Eins. Wenn ihr also wahren Glauben haben wollt, so muss derselbe Mich als Gott in Jesu anerkennen. Alle anderen Vorstellungen durch den Glauben selig zu werden, sind hinderlich, weil nur die Liebe, welche dem Glauben beigegeben ist, euch zum Gehorsam oder zur Liebetätigkeit antreiben soll, und weil sie nicht vom wahren Glauben getrennt werden kann.

Um diese Liebe bei den Menschen hervorzurufen, ward Ich Mensch, *„und an Gebärden als ein Mensch erfunden"* (Phil. 2,7). Ich Selbst als Gott nahm das (Fleisch-) Kleid von der materiellen Erde an, um auch diese durch das göttliche Feuer wieder zu erwärmen, und so den gefallenen Menschen die Möglichkeit und zugleich den Weg zu zeigen, der wieder zu Mir führt.

Ich kam zu ihnen als hilfsbedürftiger Bruder in jeder leiblichen Beziehung. Ich war ja arm, und nach der Menschen Ansicht von gering geachteten Leuten geboren und erzogen. Meine Pflegeeltern mussten sich mit der Hände Arbeit nähren, und Ich half in Meinen Jugendjahren mit zum Unterhalte.

Sehet, gerade diese Laufbahn wählte Ich, um der Armen willen; weil Meine Weisheit wohl weiß, dass Armut und Niedrigkeit besser taugen, wahre Kinder (für Mich) zu erziehen, als Reichtum und Weltschimmer, - so wollte Ich schon in Meinem Erdenwandel (und äußeren Stande) andeuten, dass Mir der Verkehr mit den Armen oft leichter wird, als mit den irdisch Reichen, von denen die meisten erst dann Mich suchen, wenn sie ihre Glücksgüter schwinden sehen, und die Ohnmacht, selbe erhalten zu können, merken.

Darum hat aber auch derjenige, der bei seinem Reichtum dennoch Meiner und Meiner armen Erdenbrüder nicht vergisst, doppelt Anspruch auf Meine Liebe zu machen, und Ich will ihn dafür leiblich und geistig segnen. Wenn er als getreuer Haushalter erfunden wird, da wird er schon auf Erden die Stimme vernehmen: *„Gehe ein, du frommer und getreuer Knecht, zu deines Herrn Freude!"* (Mt. 25,21) Es wird ihm noch ein Gut zuteilwerden, das er nicht mit irdischen Schätzen mehr vertauschen wird.

Sehet, so ist irdischer Besitz gleichfalls ein Probierstein im Glauben (und Lieben), wie Kreuz und Armut! In beiden ist Meine Liebe und Führung gleich groß verborgen, und in beiden kann man den Weg zu Mir finden.

Darum sind von Mir aus alle Menschen gleichgestellt in der Gnade, und ist es eine falsche Auffassung, (worin ein geistiger Hochmut versteckt ist), wenn oft ärmere Menschen meinen, der Reiche habe weniger Gelegenheit Mich zu finden, als sie in ihrer Armut. Ich sage euch: der Reiche hat oft mehr äußerlichen Hochmut, der weniger gefährlich ist, als oft bei Armen der geistige Dünkel auf ihr Kreuz!

Wie gar oft werden die Worte falsch gedeutet: *„Welchen der Herr lieb hat, den züchtiget Er"* (Hebr. 12,6) - gerade dann, wenn die Menschen am wenigsten ihr Kreuz richtig verstehen.

Meine Liebe wende Ich ja allen Menschen zu, also auch denen, die weniger äußeres Kreuz zu tragen haben, und dafür mehr im Innern sich mit Mir beschäftigen.

Es gibt auch Seelen, die ohne jede äußere Veranlassung ein himmlisches Heimweh in sich tragen, und die darum mehr dem Heiligen Geiste zugänglich sind. Solche Seelen kommen (in der Stille), ohne jedes Geräusch von sich zu geben, gleich einem Nikodemus zu Mir, und diese lasse Ich nicht ungesegnet, ob hier oder dort; denn es sind die wahren Brautseelen.

Darum sage Ich noch: *„In Meines Vaters Hause sind viele Wohnungen"* (Joh. 14,2), für ein jedes nach seiner Entsprechung, und doch werden sie alle zu einem Gebäude gezählt, welches ist die wahre Kirche, welche von Mir Selbst als dem Eckstein zusammengefügt wird, zu einem (ewig lebendigen) Bau.

Darum sorget nicht, wie einst der ungläubige Thomas: *„Herr, wir wissen nicht wo du hingehest, und wie können wir den Weg wissen!"* (Joh. 14,5) Ich sagte einst zu ihm, und es gilt dies heute noch euch allen: *„Ich bin der Weg, die Wahrheit und das Leben, niemand kommt zum Vater, denn durch Mich!"* (Joh. 14,6)

Darum soll euer Glauben an Mich durch Gehorsam bestätigt werden, so werdet ihr wieder viel mehr Menschen als Brüder erkennen und finden, und Ich will sie alle zusammenführen nach Meinem Sinn. Amen!

269. Wie vielmehr wird der Vater im Himmel den Heiligen Geist geben

4. Febr. 1882

„Wo bittet unter euch ein Sohn den Vater ums Brot, der ihm einen Stein dafür biete? Und so er um einen Fisch bittet, der ihm eine Schlange für den Fisch biete? Oder so er um ein Ei bittet, der ihm einen Skorpion dafür biete. - So denn ihr, die ihr arg seid, könnt euren Kindern gute Gaben geben, wie vielmehr wird der Vater im Himmel den Heiligen Geist geben denen, die Ihn darum bitten!" (Lk. 11,11)

Liebe Kinder! Dieses Kapitel enthält die Antwort oder die Entgegnung, wenn die Gelehrten in ihrem Hochmut es für ganz unmöglich und unglaublich hinstellen, dass Ich, als der erhabene Schöpfer und Gott, auch zugleich euer Vater sein will, und zwar nicht nur Mich Vater nennen lassen, sondern auch als Vater mit Meinen Kindern verkehren will, freilich als geistiger Vater. Denn hier ist ja die Rede von der Abstammung dessen, das bei Meinen Kindern in dem inneren Ich besteht; denn nur dasselbe heißt eigentlich „Mensch" (1. Mos. 1,26-27) und dessen Form oder Körper ist nur die sichtbare Ausstattung (und materielle Umhüllung). Gleichwie man auch von einem mit Wein gefüllten Gefäße (Glas) sagt: "der Wein" oder die Flasche und also eigentlich den Inhalt meint und nicht das Gefäß, so ist es auch beim Menschen, hauptsächlich in geistiger Sprache, der eigentliche Mensch ist nur der Inhalt des Körpers, und wird eben (mit diesem) zusammengehörend als „Mensch" bezeichnet.

So, wie es Wein von verschiedenen Graden und wirkender Kraft gibt, so ist es gleichfalls beim Menschen oder beim Geiste, und wie der Wein durch Zugabe von noch stärkerem Wein viel verbessert werden kann, so auch kann der Geist des Menschen durch Meinen Zufluss verbessert werden an geistiger und göttlicher Tugend. Er kann in der Liebe wachsen und verstärkt werden, und also für viele lieblich gemacht werden.

So wollen wir nun noch weiter den Wein betrachten! Wer kann den Geist desselben (wie ihr sagt von ihm) sehen?

Der Geist ist eine Substanz, die da ist, also nicht geleugnet, wohl aber durch Missbrauch verdorben werden kann, so dass der Wein statt gut - sogar schlecht wirkt, oder auch durch Zugießen von Wasser (und dergleichen) verschwächt werden kann, und zwar bis zu einem Grade, dass man ihn kaum mehr herausfindet.

Ähnlich verhält es sich auch bei den Menschen. Ich beeinflusse sie mit starkem Geiste, und möchte sie vollständig verbessern. Aber sie nehmen denselben oft zu wenig und oft gar nicht an, missbrauchen denselben, oder wissen denselben zu ihren materiellen Zwecken so zu vermischen, dass man kaum noch weiß, ob göttliche Einwirkung bei solchen Menschen stattfindet? Besonders in dieser Zeit wird derselbe nur gleich einem Tropfen in dem Sündflutwasser noch betrachtet. Viele leugnen daher dessen Wirkung und Bestehen, und daher kommt es auch, dass die Mehrzahl Mich als Vater, Der mit Seinen Kindern direkt verkehren will, gar nicht fassen kann, und kein Einwirkungs- und kein Aufnahmeglaube bei ihnen vorhanden ist; Mein Ich ist da nur so, wie ein Tropfen Wein im Meere.

Darum will Ich Mich jetzt aufmachen und die Wasser der Sündflut zum Gericht brauchen, (d.h. die gottlos gewordenen Menschen) weil Meine Liebe und Gnade sie nicht mehr durchdringen kann. Dafür aber will Ich auch Einzelne, welche ihr Gefäß rein zu machen sich bestreben, mit desto mehr Geist und Kraft versorgen, damit auch durch sie noch andere von dem Wein genießen können, der seine wirkende Kraft von Oben an ihnen beweiset; denn *„Ich bin der Weinstock und ihr seid die Reben"* (Joh. 15,5), so sagte Ich schon in Meinem Bibelwort. Ich selbst habe es euch gelehrt, Mich „Vater" zu nennen; darum will Ich Mich auch als Vater an denen bezeugen, die sich kindlich Mir nahen, und nicht annehmen, dass Ich zu erhaben sei, Mich mit ihnen zu unterreden.

Sollte ein leiblicher Vater mehr Liebe haben, als Ich die ewige Liebe, der Ich von Meinen Kindern keines verlieren will.

Leset daher Meinen eigenen Ausspruch, und bleibet fest dabei, dass Ich Selbst euch beeinflusse. Amen!

270. Auf Dein Wort will ich das Netz auswerfen

12. Febr. 1882

Und Simon antwortete und sprach zu Ihm: „Meister, wir haben die ganze Nacht gearbeitet und nichts gefangen; aber auf Dein Wort will ich das Netz auswerfen." (Lk. 5,5)

Liebe Kinder! Es waren (dies) Fischer, die mit vieler Ausdauer und Treue ihren Beruf betrieben; allein es wollte ihnen nicht gelingen, eine Beute an Fischen zu machen. Sie arbeiteten die ganze Nacht und zwar in einem Halbdunkel.

Und so geht es auch bei den Menschen, welchen ihr oft den Namen „Menschenfischer" (Apostel, Missionare) beilegt, sie mühen sich oft strenge ab, ohne nur eine einzige Seele zu gewinnen, weil auch sie diese Arbeit in einem Halbdunkel tun, in welchem sie selbst sind, da Ich ihnen noch zu ferne stehe. Komme nun Ich zu ihnen, und sage ihnen in ihrer Arbeit fortzumachen, oder dieselbe neu aufzunehmen, so gehört auch bei ihnen der Glaube her, welchen Simon aussprach: „Meister, auf Dein Wort will ich das Netz auswerfen", und dieses Vertrauen lasse Ich nicht zu Schanden werden, sondern es wird das Netz gefüllt werden (d.h.) es werden durch solch starken Glauben an Mein Wort, wenn derselbe Taten ausübt, viele Menschen zur Überzeugung gelangen, dass Ich es war, Der sie ins Netz führte, oder auf die Tugendbahn durch Meine geheime Einwirkung.

Bei Meinem (natürlichen) Erdenwandel hatte Ich noch mehr Glauben gefunden, als es jetzt der Fall ist, während Ich doch damals noch nicht Meine Göttlichkeit durch die Auferstehung (und Führung der christlichen Kirche) besiegelt hatte. (Lk. 18,8)

In Meinem Worte liegt eine verborgene Kraft, wodurch jeder Seele, die sich im Geistigen auszubilden sucht, eine große Hilfe und Beistand geboten wird. Wer also Fortschritte im Guten machen will, der lese fleißig in der Heiligen Schrift (alten, neuen und neuesten Bundes), denn das Wort ist das Verbindungsmittel zwischen Mir und Meinen Kindern. Ich habe es darum als „Testament" denselben hinterlassen und durch dieses Testament sie zu Miterben Meiner Seligkeit eingesetzt.

Leset darum dasselbe (Evangelium) fleißig und genau, damit ihr die verborgenen Schätze der Wahrheit immer mehr herausfindet, denn es ist ein göttliches Testament, das nicht nach Zahlen seine beglückenden Güter austeilt, sondern in alle Zeiten hinaus und für alle Menschen immer mehr Vorrat bietet.

Sehet, wenn ihr nun Menschenfischer werden wollet, so machet es auch wie einst Petrus, welcher, nachdem er vergeblich gearbeitet hatte, zur Einsicht kam, dass das Wort des Meisters dabei sein muss, wenn etwas errungen werden soll.

Also tuet auch ihr eure Netze nur nach Meiner Aufforderung und nach Meinem Wort auswerfen, und auch ihr werdet euch freuen können über euren Gewinn (laut dem Schriftwort): denn *„die Netze waren alle voll, und sie winkten ihren Gesellen, die im andern Schiffe waren, dass sie kämen und hälfen ihnen ziehen, und sie kamen und füllten beide Schiffe voll, also dass sie sanken."* (LK. 5,7)

In diesem Verse liegt für euch eine Hinweisung, dass ihr, wenn euch die Menschen Vertrauen schenken und ihr sie ins Netz bekommet, auch andere teilnehmen lasset an der Mission, nämlich solche, die im andern Schiffe oder in anderer Glaubensansicht waren. Wenn diese sehen, dass ihr so viel zu tun habt, so ladet sie ein zur Mithilfe, und sie werden dann auch kommen, und dadurch in euer Netz, d.h. zum wahren Glauben an Mich (Jesus Jehovah) durch eigene Überzeugung gelangen; denn auch diese haben oft vorher lange gearbeitet ohne Erfolg, werden sich freuen an dem Gewinn, und somit Mich gleichfalls einladen, ihr eigenes Schiff zu besteigen, womit Mir abermals wieder Türen der Herzen geöffnet werden. Amen! Euer Jesus.

271. Selig seid ihr Armen

(Lk. 6,20 ff) 19. Februar 1882

Liebe Kinder! Wenn Ich diejenigen überblicke, die um Meinetwillen oft Armut, Spott und Hintansetzung ertragen, und zwar mit Ruhe und Vertrauen zu Mir, dass Ich sie dabei stärke, und kräftige, so gebe Ich ihnen in ihrem Innern zugleich eine Verheißung, die sie zur Ausdauer ermuntert.

Solche Worte oder Sprüche, die euch bei oft recht betrübten Lagen, in denen ihr euch befindet, ins Gedächtnis kommen, - nehmet nicht von ungefähr, sondern erkennet darin Meine Stimme, welche euch da zuteilwird, und freuet euch darüber, dass ihr einen Vater im Himmel habt, Der nicht allein ins Verborgene sieht, sondern auch im Verborgenen hilft, auf eine

Weise, wo keine menschliche Weisheit und Macht diese Hilfe leisten noch verhindern kann.

Es ist schon in dem inneren Verkehr mit Mir und in dem Ratholen bei Mir eine Seligkeit verbunden, welche nur von denen, die es tun, geahnt werden kann, und darum werden oft solche Menschen von ihren Mitmenschen gar nicht verstanden und oft sogar missverstanden, welches abermals für dieselben ein Anlass ist, sich ganz an Mich zu wenden.

Darum habe Ich für alle diese Verhältnisse ein Seligsein verheißen, und dies nicht bloß erst im Himmel, sondern Meine Kinder dürfen teilweise schon hier auf Erden erfahren, was es heißt, ein Kind Gottes zu sein. Denn sie erhalten Weisheit von Mir, dass alles ihnen zum Besten dienen und einen Gewinn bringen muss, der hinausreicht über die Vergänglichkeit und ewig besteht.

Freilich muss dabei sehr gekämpft werden, und die Natur muss unterliegen; oft sogar nicht allein äußeren Besitz müssen sie daran geben, sondern sogar die weltliche Anerkennung und Ehre, welche oft ein so großes Hindernis zwischen einer Seele und Mir bilden, so dass sie taub gegen Meine Stimme ist und dieselbe überhört.

Komme Ich da aber mit äußeren Zeichen, als da sind: Heimsuchungen aller Art, auf dass Meine Kinder Meinem Rufe Gehör geben, so ist dieses nicht ein Aufhören Meiner Gnade, sondern - ein verstärktes Nachgehen Meiner Liebe.

Um dieses besser zu fassen, heißt es: „Suchet in der Schrift; denn sie ist es, die von Mir (und Meinen Führungen) zeuget..." (Joh. 5,39). Leset die Stellen Meiner Verheißungen, als z.B.: *„Selig seid ihr Armen, denn das Himmelreich ist euer"* (Lk. 6,20), *„selig sind die da hungert, denn ihr sollet satt werden"* (Mt. 5,6). Und prüfet euren Glauben danach, ob ihr wirklich zur Zeit der Anfechtung euch auch auf Meine Worte stützet und dadurch zufrieden mit Mir seid - und mit dem, was Ich zulassen muss und was über euch kommt.

Nicht immer werdet ihr Mut genug haben, so ein Kreuz zu tragen; aber ihr könnt die Kraft dazu erhalten, wenn das Kreuz euch drückt und ihr zu Mir kommet, dann wollen wir beraten, auf welche Weise dasselbe zum Segen wird.

Dieses Kapitel (Lk. 6) gilt hauptsächlich solchen, die Meine wahren Kinder sein wollen. Darum ist eine Aufgabe darin enthalten zum immer mehr Vorwärtsschreiten im geistigen Leben, welches die Weltmenschen für unmöglich halten, wodurch sie sich sehr an diesem Ausspruche versündigen, indem sie denselben oft benützen zum Spott gegen Meine (heimgesuchten) Kinder, von welchen sie die pünktliche Erfüllung Meines Ausspruches verlangen, damit sie desto mehr materiellen Nutzen daraus ziehen können.

Ich sage euch: in solchen Fällen verhaltet euch ruhig; denn Ich Selbst will da antworten, und solchen Weltmenschen zeigen, Wer Der ist, Der diese Worte gesprochen hat, damit sie dieselben - und zwar oft recht bald - in ihrer ernsten Bedeutung kennenlernen. Euer Vater Jesus!

272. Kosten überschlagen

26. Februar 1882

„Wer ist unter euch, der einen Turm bauen will, und sitzt nicht zuvor und überschlägt die Kosten, ob er's habe hinauszuführen." (Lk. 14,28)

Liebe Kinder! Dieses Gleichnis bezeichnet die Art und Weise, mit welcher die Weltmenschen ihre Unternehmungen anfangen. Denn dieselben fragen überall zuvor ihren Verstand, ob es ihnen auch gelingen könnte, und kommt es ihnen misslich vor, so unterlassen sie ihre Unternehmungen.

Ebenso geht es bei denselben auch mit der Annahme Meines alten und neuen Wortes, und der neuesten Offenbarungen Meiner Wahrheiten.

Viele finden sich dadurch angezogen; aber sie fürchten von andern benachteiligt zu werden (durch Spott, Verachtung), welche noch nicht damit einverstanden sind; sie überschlagen daher vorsichtig die äußeren Kosten, ehe sie es wagen, öffentlich zu bekennen, was sie glauben.

Diese Art Menschen kann Ich noch nicht zu Meinen wahren Jüngern zählen, denn ihre Furcht kommt daher, dass sie Mich noch zu wenig erkennen, und als Den achten, Der helfen will und kann. Sie vergleichen Mich zu sehr mit der weltlichen Übermacht, und setzen nicht ihr ganzes Vertrauen in Mich, während

Ich doch öfters aussprach: „*Dein Glaube hat dir geholfen!*" (Lk. 7,50)

Wer deshalb nicht alles so aufnehmen kann, wie es wirklich geschrieben steht, dessen Glaube ist nutzlos, weil alle Deutung Meiner Worte durch Menschenzunge mehr oder weniger ein Davon- oder Hinzutun ist, welches ohne Segen bleibt.

Daher kommt es auch, dass oft bei einer Predigt in einer Kirche, trotz einerlei Worten, doch die Auffassung derselben ganz verschieden ist; weil Ich der Vermittler des Eindringens dieser Worte bin, und daher dieselben je nach dem Zustande der Herzen wirken; z.B. eine redliche Seele findet oft an einem einzigen Ausspruch eine große Labsal, während andere nach der Predigt kaum sich einiger Worte erinnern, oder nur solche aufgeklaubt haben, auf welche sie sich zu ihrem Vorteile berufen zu können glauben.

Diese Anwendung Meiner Worte hat wenig Wirkung zur Besserung, und gerade in der Jetztzeit wird der größte Missbrauch mit denselben getrieben; darum Ich aufs Neue an Meiner Kirche zu bauen beginnen will, und Bauleute dazu nötig habe. Nur sollen dieselben sich recht klar sein, dass nicht sie selbst der Baumeister sind; denn sonst könnten sie - eingedenk ihrer eigenen Armut und Schwäche - wohl schwerlich den Bau unternehmen, sondern sie sollen bedenken, dass Ich Selbst es tun will, und sie nur als Mitarbeiter berufe, von welchen Ich zwar große Arbeit, Opfer und Ausdauer verlange, dass Ich aber auch reich genug bin, einen guten Lohn auszuteilen.

Sehet, bei diesem Bau hört menschliche Berechnung auf, weil noch niemand in Meine große Schatzkammer geblickt hat, noch beurteilen kann, ob es Mir wohl gelingt.

Aber wer im Geiste mit Mir verkehrt, der wird ahnen, dass es Mir möglich ist, alle Hindernisse zu überwinden, und die Kräfte dazu aufzubringen; auch die Vorzeit kann Zeugnis davon ablegen.

Darum ihr Lieben, wollt ihr Meine wahren Jünger sein, so glaubet an die Macht Meines Wortes, alsdann erhaltet ihr Mut bei aller Niederlage, den Kampf doch stets aufs Neue zu übernehmen, wodurch der Sieg euch zugesagt ist! Amen! Euer Vater!

273. Ich verkehre direkt mit den Menschen

(Lk. 2,25)   5. März 1882

Liebe Kinder! Es kommt die Zeit immer näher, wo sich Meine und eure Gegner auf die Bibel berufen wollen, hauptsächlich in dem Punkte, dass Ich direkt mit den Menschen verkehre, weil sie sagen, und zwar aus eigener Selbsttäuschung, es sei von Mir als dem Herrn Himmels und der Erde zu entehrend gesprochen, wenn man Mich als mit den Menschen, und dies sogar nach menschlicher Ansicht mit ganz unscheinbaren, armen, unwissenden Menschen, ganz direkt verkehrend annehme und solches glaube.

Dieser Glaube, durch welchen Mir Gelegenheit geboten ist, Mich Meinen Kindern zu nähern und Mich Ihnen zu offenbaren, wird vom Fürsten der Finsternis mit aller Macht angegriffen; denn auf diesem beruht seine baldige Niederlage, im Ganzen wie bei der einzelnen Seele. Denn wenn die Seele für diesen Glauben gewonnen ist, so horcht sie auf ihre innere Stimme, das Gewissen, oder den Geist, der göttlicher Natur ist, und also die Seele bestimmt, Gutes zu wollen, und sie kommt somit durch dieses Aufmerken immer mehr mit Mir in Verbindung.

Darum ist es auch im großen Ganzen so wichtig, dass der Glaube an (direkte) göttliche Offenbarungen immer mehr Eingang findet; denn dadurch werden die Seelen wieder mehr hingeleitet auf die (eigentliche) Aufgabe, welche ihr Existenz erfordert.

Da nun viele gern Worte der Bibel dafür als Beweis wünschen, so führte ich das Kapitel an, wo auch ein Simeon durch Meinen Heiligen Geist so sicher Aufschluss erhielt über Mein Wesen, und sogar angetrieben wurde, den Ort aufzusuchen, wo Mich seine leiblichen Augen erschauen konnten, ja er nahm Mich auf seine Arme, und sprach: *„Herr, nun lässt Du Deinen Diener in Frieden fahren, wie Du gesagt hast, denn meine Augen haben deinen Heiland gesehen!"* (Lk. 2,29)

Wenn nun doch der Glaube bei euch heutzutage noch angenommen ist, dass Ich ein ewig unveränderlicher Gott bin, der doch im Äußern in der Natur stets unveränderlich wirkt, und schon von Anbeginn der Welt der Sonne ihren gleichen Lauf, der Erde, die gleichen Wohltaten und das gleiche Wachstum gibt, so ist dies vielmehr der Fall in Meinem geistigen Reiche, weil dort das Höchste Meine Liebe ist, euch geistig wohl zu tun, und euch geistig zu fördern.

Sollte sich wohl Meine Liebe zu den Menschen verringert haben, nachdem sie Mich aufs Neue durch Meine Menschwerdung, als Vater erfasst haben? Oder sollte Ich sie wohl Waisen lassen, nachdem Ich Selbst eine Sehnsucht nach Mir in ihnen erweckt habe? Oder sollte hauptsächlich in dieser Verfallszeit es überflüssig sein, Meine väterlichen Mahnungen an sie ergehen zu lassen, auch auf Wegen, wo äußere Macht es nicht verhindern kann? Oder wer kann Meiner abermaligen Rettungsplan ergründen, oder Meiner herablassenden Liebe Schranken setzen!? Wer kann die Macht der weltlich Weisen und Gelehrten beschützen, wenn sie Mich als ihren persönlichen Beschützer verwerfen?

Hier in der Bibel steht es, wie Ich einst einem Simeon und einer Witwe Hanna die geistige Sehe geöffnet habe, dass sie Mich als Den erkannten, Der Ich bin; und auch heute noch lasse Ich Mich finden von allen redlich suchenden Seelen, dass sie Mich erkennen und lobpreisen; aber auch heutzutage gebe Ich solchen Seelen Mut und Kraft, dass sie ein öffentliches Zeugnis ablegen können, von dem, was in ihrem Herzen und in ihrem stillen Kämmerlein vorgeht.

Aber es heißt von den beiden im Tempel: „*sie dienten Gott!*" (Lk. 2,37) Sie hatten ihre Zeit und ihre Wünsche ihrem Gott zum Opfer gebracht, und somit den Tausch zwischen Welt und Mir eingegangen. Sie haben Mich vorgezogen, und dies ist die einzige Bedingung, welche Ich diejenigen mache, die sehend im Glauben werden wollen, um Mich zu erschauen als Den, Der da mitten unter ihnen weilet, als Vater in Jesu Christo. Amen!

274. Selig sind, die da Leid tragen

12. März 1882

Meine lieben Kinder! Ihr seid gewöhnt, eine Sonntagsspeise von Mir zu erhalten; darum will Ich euch dieselbe nicht vorenthalten, sondern euch zurufen: „*Selig sind, die das Leid (in dieser Zeit) ertragen; denn sie sollen getröstet werden.*" (Mt. 5,4)

Es ist für Mich eine Freude, dass ihr festhaltet an Mir und Meinen Worten, welche Ich hier stets so einfach gebe, dass die

Weisen und Schriftgelehrten später sich darüber erstaunen werden, wie doch diese Worte mehr Früchte tragen, als ihre hoch studierten Predigten, welche ihnen oft tagelang vorher bange machen, ob sie auch eine Anerkennung von ihren wohl ausgedachten Reden ernten werden, wobei sie oft aus der ganzen Bibel Verse zusammenkünsteln, um denselben einen Sinn oder eine Erklärung zu geben.

Sehet, wir machen es anders mit den einfachen Worten, und wünschen einen jeden das Heil, das aus der Befolgung solcher Worte kommt; und daher sorget stets, dass die Liebe dafür bittet, dass dieselben Eingang finden. Es ist dies die geheime Kunst, die nur Meinen wahren Kindern bekannt ist, weil dieselben sie auch ausüben.

Das Verlangen nach einfachen Worten wird immer mehr ein Bedürfnis werden, je größer und geheimnisvoller die Gelehrten schreiben; denn sie beschreiben alles Tun und alle Auslegung, nur dem Grundgesetze suchen sie auszuweichen: *„Liebe Gott über alles, und deinen Nächsten, wie dich selbst!"* (Lk. 10,27)

Bleibet ihr fest bei diesem Grundgesetze; denn alles, was Ich durch Meinen direkten Worte gebe, löset dieses nicht auf, sondern bekräftiget, ermuntert und erleuchtet dazu, und wenn sie euch mit noch so vielen Widersprüchen begegnen, so bringet ihnen nur Liebe entgegen, so müssen sie dem Geiste stille halten, der da in solchen Augenblicken nicht versäumt, Sein Gnadenamt auch an ihnen zu üben. Denn solche Momente des Widerspruchs von euren Gegnern sind oft die allergünstigsten, ihnen die Früchte eures Glaubens zu zeigen, und Ich segne sie ganz besonders, wenn euer Herz an der Liebe fest hält.

So merket euch denn auch diese Verhaltensregel, d.h. setzet die Liebe über den Eifer, damit ihr jeden Tag mehr brauchbare Arbeiter in Meinem Weinberge werdet! Amen! Euer Vater!

275. Lasset euch an Meiner Gnade genügen

19. März 1882

Liebe Kinder! *„Lasset euch an Meiner Gnade genügen; denn Meine Kraft ist in den Schwachen mächtig"* (2. Kor. 12,9), und erweist sich an allen, welche Mich mit demütigem Herzen suchen.

Auch liegt es nicht an jemandes Laufen, noch am Ringen, sondern an der stillen Hingabe des Herzens!

Wer Mich zum Freunde hat, darf nicht mit Vorurteil (dass andere es nötiger haben als man selbst?) auf Arbeit ausgehen, und in andere Wohnungen eindringen, um sie zu Meinem Empfange zu bereiten; denn er wird noch zu viel Unrat in seiner eigenen Herzenskammer finden, und je höher er Mich achtet, desto sorgfältiger wird er dieselbe untersuchen, und sich bemühen, sie ganz rein zu machen, zu einem würdigen Empfange für Mich, und zu einem solchen will Ich kommen, und Wohnung bei ihm nehmen.

Die Ängstlichen sind es, die noch in der Einfalt des Herzens sind, und daher schwach im Glauben, dass Ich Mich mit ihnen verbinden werde, weil sie sich solcher Gnade noch zu unwürdig halten, welchen die Worte gelten: *„Meine Kraft ist in den Schwachen mächtig."* (2. Kor. 12,9)

Darum hütet euch vor dem Rühmen der Gnade - der Welt gegenüber, auf dass ihr dadurch nicht Meine wahren, demütigen Kinder betrübet oder ärgert, welche sonst zu der Annahme kämen, als ob sie von Mir verkürzt wären. Der Begnadigte soll von ganzem Herzen danken, und diesen Dank durch die Tat ausdrücken, hauptsächlich in der Liebe zu seinen Brüdern, für welche er fürbittend zu Mir kommen, und durch liebreiche Belehrung Sorgen tragen solle. Aber die Überhebung seiner selbst ist Mir ein Gräuel, weil sie die Gnade nicht achtet, und alles als eigenes Verdienst zur Geltung bringen will, und doch gibt es ja kein Verdienst, dabei Ich nicht zuvor den Segen geben muss.

Wer also die Gabe in sich hat, seine Mitmenschen mehr zum Guten anzutreiben, der erkenne, dass er dieses bloß durch Meine Beihilfe tun kann. Darum, wer Mir dienen will, kann dazu nur tüchtig werden, wenn er zuvor Mich einladet, und Ich Besitzer seines Herzens und seines Willens bin. - *„Niemand kommt zum Vater, denn durch Mich"* (Joh. 14,6), sagte Ich schon auf Erden. Und somit kann, weil bloß den Kindern die Haushaltung als erste Verwaltung gegeben wird, darin niemand Dienste leisten, außer solche, die alles nach Meinem Willen tun, und also nicht eigenmächtig handeln, sondern als schwache Kinder, welche stets auf Meine Winke und auf Meine Unterstützung warten.

Wer im Sinne hat, Großes für Mich zu leisten, der reinige sein Herz; denn ein reines Herz, in welches die göttliche Liebe einziehen kann, ist das Größte im Himmelreich.

Darum: „*Selig sind, die reinen Herzens sind; denn sie werden Mich ihren lieben Vater schauen!*" (Mt. 5,8) Amen!

276. Wer ist der Größte?

(Lk. 22,24 ff.)   27. März 1882

Liebe Kinder! Einst waren auch Meine Jünger miteinander in Missverständnis: „Wer wohl der Größte unter ihnen sei?"

Diese Rangsucht ist eine feine Wurzel der Eigenliebe und Überhebung, welche stets störend der wahren Demut entgegentritt, und darum bei allen Meinen Nachfolgern beseitigt werden muss, ehe sie das Kindesrecht ganz erhalten können; denn die Überhebung ist die Ursache, warum der (erste) Engel des Lichts ein Fürst der Nacht wurde.

Gerade in diesem Punkte sucht derselbe nun die Menschen zu fesseln, und wirkt bei allen Gelegenheiten ganz besonders dahin, die Eigenliebe zu bestärken. Er ist in diesem Falle sehr listig und gebraucht gar feine Einreden in Worten als da sind: Treue, Eifer, Standhaftigkeit, Entschiedenheit; weil er wohl weiß, dass es dann nicht ohne Gewinn für ihn abgeht, und weil nun diese Anläufe sehr (folgenschwer) sind, oft für eine ganze Gemeinschaft, und oft für die einzelne Seele, welche zwar sucht gute Vorsätze auszuführen, aber ganz nach ihrem einmal gemachten Plane, obgleich sie dabei noch hinzusetzt: „nach Gottes Willen"; fest glaubend, dass ihr Wille - Mein Wille sei. Und wenn sie auch zu Mir kommt um Rat, und Ich ihr ein Hindernis dann in den Weg lege, so erkennt sie solche Zulassung nicht als Antwort von Mir, sondern zeigt sich ärgerlich über die dazu oft erwählten Menschen, und somit gesellt sich zu der Eigenliebe sogleich etwas Liebloses und Richtendes, und anstatt für Mich etwas zu tun, wird gegen Mich gehandelt.

Dies ist die feine Schlange, die sich nicht austreiben lassen will aus dem Herzen, und aus einer Gemeinschaft; aber dagegen gibt es nur eine Grundbedingung, dass dieselbe eben ausgerottet werden muss.

Erst wenn dieses geschehen ist, dann tritt die volle Vereinigung zwischen Mir und einer Seele ein; denn ein solcher Kampf und Sieg kann bloß aus Liebe zu Mir unternommen werden, und um keinen andern Preis wäre es möglich, solches zu tun; weil dabei göttliche Kraft der höllischen Einwirkung entgegengesetzt werden muss.

Darum ihr alle, die ihr den Drang in euch fühlet, auf Meine Seite zu treten und für Mein Reich zu wirken, machet euch auf gegen diesen Feind für Mich und eure Brüder, und gebrauchet die Waffen: „Liebe und Demut!"

Sorget füreinander, dass keines von euch unterliege, und das kann bloß geschehen, wenn eines dem andern willenloses Vertrauen schenkt, im Bewusstsein, dass Ich Selbst den Willen desjenigen lenke, welche ihr Mir übergebet.

Wenn eine Gemeinschaft so als Ratgeber Mich in ihre Mitte beruft, da verziehe Ich nicht lange, sondern gebe einem jeden dabei die volle Anerkennung. Wird dann auch öfters ein Strich durch eure Rechnung gemacht, so weiß Meine Liebe und Weisheit wieder über euer Bitten und Verstehen solches auszugleichen.

Darum bezähmet euren Eifer, wenn er euch zu sehr überfällt, und bedenket, dass ihrs nicht besser wisset als Ich, wer von eurer Gemeinschaft das Richtige hat. Aber auch ihr sollet es erfahren, wenn ihr, aus dem Grunde - die Eigenliebe in euch zu vertilgen, eure eigene Ansichten der Bruderliebe aufopfert. Darum soll der Größte unter euch sein, wie der Kleinste (Jüngste), und der Vornehmste wie ein Diener, gleich wie Ich gekommen bin auf Erden, nicht, dass Ich Mir dienen lasse, sondern dass Ich diente für viele zur Erlösung, auf dass ihr einst alle als würdige Kinder in Meinem Reiche erfunden werdet! Amen! Euer Heiland und Erlöser! Amen!

277. Die Verstocktheit der damaligen Juden

(Joh. 5)   2. April 1882

Liebe Kinder! Dieses Kapitel zeigt euch die Verstocktheit der damaligen Juden, welche, nachdem sie doch augenscheinliche Beweise von der Mir innewohnenden Kraft hatten, in den vielen Wunderheilungen bei den Kranken, Mich (doch) aus dem Wege zu räumen suchten, anstatt sich näher mit Mir zu beraten und Mich kennen zu lernen.

Solch blindes sich Mir Entgegensetzen kam aus ihren völlig entsitteten Herzen; denn sie hielten gar nichts auf die innere Reinheit, sondern bedeckten alle ihre gesetzwidrigen Handlungen und argen Gedanken durch das Festhalten an den Zeremonien, und somit war kein Zugang des Heiligen Geistes bei ihnen mehr möglich, da sogar Meine Macht und Meine Lehre von denselben verspottet und gehasst wurden.

In diese arge Zeit fiel Meine Menschwerdung; denn die Menschen waren damals bis auf gar wenige „Gott-los", oder sie kannten bloß noch dem Namen nach einen Gott, Den sie gleich den goldenen Götzen mit Opfer und Rauchwerk verehrten; aber ohne jede innere Anregung.

Die Juden standen also noch unter den Heiden (nicht nur äußerlich, sondern auch innerlich) im Glauben; denn diese hatten doch noch Furcht und Scheu vor ausbrechenden Strafen, wenn sie ihre Götter beleidigten. Allein die Juden achteten der Gerichte nicht mehr und waren allem Göttlichen entfremdet; darum Ich mit vieler Liebe und Geduld sie über das Wesen des Vaters und Mich zu belehren suchte. Es war die Decke Mosis (wo das Volk ihn nicht ansehen konnte wegen seines klaren Angesichtes) einst das Vorbild von dem Leib, den Ich trug; denn wenn Ich mehr von Meiner Gottheit den Menschen zeigen würde, so lange sie nicht durch völligen Gehorsam (dem Liebegesetze) zu ihrem Glauben an Mich gelangen (Joh. 7,17) und dadurch von Meiner wahren Liebe zu ihnen überzeugt sind, so können sie nicht, weder Meine fühlbare und noch weniger Meine sichtbare Nähe ertragen, sondern würden ihre Fassungskraft verlieren, und nur noch aus Schrecken an Mich denken.

Wenn ihr dieses Kapitel mit Meinem Segen leset, so könnt ihr zu dem Glauben kommen, dass Ich und der Vater eins sind. Denn ehe dieser Glaube in der Christenheit ganz angenommen ist, kann Ich keine Wohnstätte auf Erden nehmen. Aber da es einmal so in Meinem Heilsplane beschlossen ist, die Erdmenschen als Meine Kinder zu retten, so werde Ich stets fortfahren, dieselben zu stärken, und ihnen Lebensbrot zuzusenden, durch die wenigen, die Meine Stimme erkennen, da dieselben Mein Wort in sich haben, wie es bei allen Menschen sein sollte, aber leider nicht ist; darum Ich zu den Pharisäern sagen musste: *„Ihr*

habt nie, weder Seine Stimme gehört, noch Seine Gestalt gesehen,
und Sein Wort habt ihr nicht in euch wohnend; denn ihr glaubet
Dem nicht, Den Er gesandt hat." (Joh. 5,37-38) Diese Worte enthalten auch für euch die Gewissheit, dass es nicht auf Meiner
Seite fehlt, wenn die Menschen so wenig Gefühl von Mir (weil
sie keines für Mich) haben, und also ihre innere Sehe so verschlossen ist, dass sie keine wahren Begriffe von Mir haben, was
mit den Worten bezeichnet ist „noch Meine Gestalt sehen."

Wollet ihr auf diesen Standpunkt kommen, so *„suchet in der*
Schrift" (Joh. 5,39), dort werdet ihr klare Aussprüche finden,
dass der Vater in Mir, und dass *„Christus bloß die Umhüllung der*
Gottheit ist" (Kol. 2,9), oder der Leib, als das Mittel, Meine große
Liebe und Heiligkeit, welche ein verzehrendes Feuer dem Menschen gegenüber wäre, für euch erst nach und nach fassbar zu
machen. Darum wird einer jeden Seele nach dem Grade ihres
Willens und ihrer Liebe zu Mir ein Vorgeschmack Meiner Herrlichkeit gegeben, welcher immer mehr zulegt, je mehr die Seele
sich bestrebt, Meiner Gnade teilhaftig zu werden.

Darum leset die Heilige Schrift als Testament von Mir, mit
dem Verlangen, recht viel von Mir zu erfahren, gleichwie oft
eine Waise das Verlangen in sich trägt, recht viel noch von ihrem
verstorbenen Vater zu hören, und wenn sie Gutes von demselben hört, sich dann vornimmt, in seinen Fußstapfen zu wandeln,
und solche Nachrichten durch Wort oder in Briefen ihr Herz erquicken, dass es sich sehnt, doch einmal wieder den Vater zu
finden, und auch ihren Wandel darnach einrichtet, um einst von
demselben in der ewigen Seligkeit mit Freuden empfangen zu
werden.

Sehet, das ist nur ein leibliches Kind und nur ein leiblicher
Vater; aber die Liebe macht es dem Kinde möglich, seine guten
Vorsätze auszuführen, (gibt es doch viele Beispiele in der Welt,
dass es solchen getreuen Kindern wohl erging, weil sie ihren Eltern gehorsam waren).

Nun, wollen Meine geistigen Kinder, die in der Welt gleichsam auch Waisen sind, nicht die Art und Weise solch eines Kindes nachahmen, um einst von Mir, als ihrem himmlischen Vater,
mit Freuden im Himmel empfangen zu werden? Prüfet euch alle,
die ihr diese Worte erhaltet, wie weit ihr eure Sehnsucht nach
Mir ausdehnet, und handelt danach! Amen! Euer Vater in Jesu!

278. Und Jesus schwieg stille!

Gründonnerstag 6. April 1882

Liebe Kinder! Zu der Todesfeier, welche ihr in diesem Jahr zu Meinem Gedächtnis halten wollet, gebe Ich euch die Worte: *„Und Jesus schwieg stille!"* (Mt. 26,63)

Diese Worte gelten euch jetzt besonders, da die Zeit da ist, wo Ich in Meinen Kindern abermals vor den (hohen Menschen-) Rat geführt werde; denn durch Verfolgung Meiner wahren Kinder werde Ich Selbst verfolgt, weil dieser Rat die Weise, auf welche Mich dieselben lieben und ehren, nicht gelten lassen will. Sie wollen Meinen Verehrern den Zutritt an Mein Vaterherz versperren, und predigen daher denselben Meine Unzugänglichkeit.

Dieser Schmerz wird Mir immer wieder erneuert, solange Ich Mein Reich noch nicht in den Herzen der Menschen ganz gründen kann; denn solange die Menschen noch dem Petrus, der zur Zeit der Not Mich verleugnete, hierin gleichen, kann Ich nicht auf sie bauen; aber wenn sie gleich Petrus nach einer Schwachheitssünde desto reumütiger zu Mir kommen, dann will Ich Meinen Gnadenblick auch über solche ergehen lassen. Vorerst aber habe Ich ein Beispiel gegeben, wie ihr euch gegen eure Verkläger und Richter verhalten sollet, indem euch erzählt ist: „Und Jesus schwieg stille." Dies merket euch, wenn ihr um Mich eifert, verteidigt euch nicht, und auch Mich nicht; sondern haltet stille nach Meinem Beispiele, damit sie durch Wortdreherei keine Ursache gegen euch finden. Ich habe einst Selbst dem Hohepriester seine Frage in den Mund gelegt, wodurch viele aufmerksam auf Mich gemacht wurden; und Ich will, wenn sie Mich nun abermals als Vater zu vertilgen suchen, auch wieder Selbst die Mittel wählen, Mir Bahn zu brechen.

Einstweilen feiert ihr Meinen Tod, und seid ruhig, wenn Ich scheinbar begraben werde; denn es muss durch größere Zeichen (wie dort durch die Auferstehung) den Menschen gezeigt werden, wer Christus ist, als nur durch (euren) Petrus-Eifer, der in der Stunde der Gefahr unterliegt.

Ihr könnt eure Kraft nicht selbst erwägen, die ihr euren Gegnern entgegenzusetzen habt; darum seid stille, wie euer Jesus, Der ohne der Jünger Zutun doch auferstanden ist.

Eure Trauer gefällt Mir, und Ich will sie in Freude verwandeln; aber ehe dieses geschehen kann, haltet stille; und seid unter euch einmütiglich, damit Ich bei euch aus- und eingehen kann. Denn nur von euch hoffe Ich noch wahre Teilnahme, da ihr erkennet, wie weit die Menschen durch ihre falschen Begriffe von Mir entfernt sind.

So feiert nun diese Meine Leidenszeit, mit dem Vorsatze, still wie Ich Selbst alle Schmähungen zu ertragen, welche die Menschen euch antun wollen, und bedenket, dass mein Gnadenblick nach euch schaut, zugleich mit der Bitte, Mich nicht durch blinden Eifer, wie einst Petrus, in eine Gefahr zu stürzen, welche sogar oft eine ganz unvorhergesehene und kleine Veranlassung bewirken kann. Amen. Euer Jesus.

279. „Bist Du der Juden König?"

(Mt. 27,11)   Karfreitag 7. April 1882

Liebe Kinder! Als Ich vor einem Richter stand, dessen Macht im Äußern bestand, und der nur von den Pharisäern und Schriftgelehrten etwas von den Verheißungen in Beziehung auf den Messias gehört hatte, welche (den Juden oder) dem dortigen Volke gegeben wurden, da es gewürdiget ward direkte Gesetze und Lehren von Mir zu erhalten, wurde derselbe von Meiner Person so beeinflusst, dass er Mich fragte: *„Bist Du der Juden König?"* Ich erwiderte demselben: *„Du sagst es"*; denn die Hohenpriester und Schriftgelehrten waren zu sehr erfüllt von Hass gegen Mich und alle Neuerungen, welche ihrem eigennützigen Treiben hätten Schaden bringen können, darum musste diese Ahnung einem Heiden gegeben werden, welcher Willens war, ein gerechtes Urteil zu fällen.

Viele Menschen glauben, Pilatus habe eine Spottfrage an Mich gerichtet; aber es ist dem nicht so, sondern es war bei ihm der Anfang gemacht, Mich als Den zu erkennen, Welcher Ich bin; denn sein Gerechtigkeitsgefühl verhalf ihm dazu, und darum wollte er Mich lieber losgeben.

So gibt es auch jetzt noch viele Pilatusse unter den Christen, die wohl fühlen, dass in Meiner Person Christus der König aller Könige ist; aber sie fürchten sich zu sehr vor der Übermacht des Volkes, um es offen zu bekennen, und anstatt Mich durch ihr

Ansehen beim Volk in Schutz zu nehmen, geben sie lieber demselben nach, und sehen zu, wie Mein Untergang kommt.

Sie glauben, wenn sie schweigen gegen die Anklagen über Mich, damit genug getan zu haben; aber sie sind zu schwach, Mich freizusprechen vor den Vorurteilen, welche Meine Göttlichkeit antasten; daher ersticken sie lieber ihre innere Stimme, welche laut für Mich spricht.

Dieser Standpunkt vieler Christen, hauptsächlich solcher, welche großen Einfluss auf das Volk haben, kann nur durch Gebet und Liebe beseitigt werden. Darum gab Ich auch als euer Vorgänger und Meister keine Antwort; denn jede Antwort wäre für alle Zeiten Meinen Gegnern eine Genugtuung und Gelegenheit sich weiter gegen Mich zu empören, und so würde das schwache Lichtlein, das dieselben noch in sich tragen, ausgelöscht.

Meine große Liebe schwieg damals, um dadurch weiteren Versündigungen Einhalt zu tun; denn keine andere Liebe ist in diesem Falle mehr anwendbar, bis dass Ich es für gut finde, solch ahnende Seelen Selbst zu überzeugen, durch Mittel, welche die Menschen weder sehen, noch verhindern können.

Folget auch ihr genau Meinem Vorbilde, wo es sich darum handelt, Mich zu verteidigen! Tut es durch stumme Liebe gegen diejenigen, welche gegen euch sind. Folget Meiner Leidensgeschichte von Tritt zu Tritte, von Wort zu Worte, damit ihr dadurch immer mehr lernet Meine würdigen Nachfolger zu werden, und Mich als Regenten und König bei euch einzusetzen, damit die Pilatusse auf ihre Frage, ob Ich der Juden König sei, sehen, dass Ich wahr gesprochen habe: *„Du sagst es, Ich bin König des auserwählten Gottesvolkes, das Mich durch Gehorsam und Liebe ehrt."* (Mt. 26,25)

Dieses Zeugnis, welches ihr Mir dadurch der Welt gegenüber ausstellet, ist das einzig wahre und richtige, und wird euch auch belohnt werden, von eurem großen König aller Herrlichkeit und Macht, so dass auch ihr nach dem Kreuzestode der Natur auferstehen werdet zum ewig geistigen Leben! Amen! Euer Jesus!

280. Ihr werdet weinen und heulen

Ostern, 9. April 1882

„Wahrlich, wahrlich, Ich sage euch: ihr werdet weinen und heulen; aber die Welt wird sich freuen; ihr aber werdet traurig sein; doch eure Traurigkeit soll in Freude verkehret werden!" (Joh. 16,20)

Liebe Kinder! Ich musste Meine damaligen Jünger immer wieder durch Andeutungen vorbereiten auf das, was sie mit Mir noch zu erleben hatten. Da sie aber immer noch andere (materielle) Begriffe hatten von Meiner Macht und Meinem Reiche, so verstanden sie oft schwer den Inhalt solcher Worte, und wurden dieselben ihnen erst nach ihrer Erfüllung klar; so auch diese heute angeführten Worte.

Dass Ich scheinbar der Weltmacht unterlegen bin, machte sie traurig, denn ihr ganzes Glaubensgebäude wurde dadurch locker gemacht, hauptsächlich bei dem Gang nach Meinem Grabe, wobei aber dennoch bei Ihnen die Liebe zu Mir über dem Glauben stand, weshalb sie auch zu Meinem Grabe eilten.

Diesen Seelen, welche nach ihren getäuschten Erwartungen dennoch fest an der Liebe zu Mir halten, und sich angetrieben fühlen, Mich aufzusuchen, ohne jede andere Absicht, als aus Liebe, diesen werde Ich Mich zeigen, als den Auferstandenen und Glorreichen, wie Ich es einst bei Meiner Auferstehung getan habe; dort freilich sichtbar, weil dieselben an Meine Person gewöhnt waren, und nicht zweifelten an der Wahrheit, dass Ich es sei, nachdem Ich ihnen Beweise davon gab.

Jetzt in dieser Zeit wiederholt sich dieses alles in Entsprechungen; denn viele sehen im Geiste Meine Verfolgung, Meine Gefangennahme und Meine Grablegung.

Es ist von den Hochgelehrten, die nur dem Verstande huldigen, allem aufgeboten, Meine Göttlichkeit (in Jesu) anzutasten und dafür dem Volke eine Genugtuung dadurch zu geben, dass sie Mich als einen frommen Menschen gelten lassen; was natürlich denselben auch bequemer vorkommt, weil dadurch so mancher Ausspruch von Mir, von dem sie sonst im Innern beunruhigt würden, nicht mehr als ein göttliches Wort vor ihnen gilt, und sie es darum mit der Nichtbefolgung desselben leichter nehmen können.

Seht, liebe Kinder, dies ist der jetzige Entwicklungsgang im Geistigen. Ich werde mit Meinem (Heilands-) Einflusse auf die

Seelen zunichte gemacht, und somit gleichsam ins Grab als untätig oder leblos und als nicht fortwirkend gelegt. Auch bildet so manches Herz ein Grab für Mich, dessen Stein wegzuheben nun wiederum das Geschäft der Engel und Schutzgeister ist.

Dieselben sind bereit, sogleich Auskunft zu geben, wo immer die Liebe in einem Herzen ihren Herrn sucht. Denn durch Meine Anordnung halten sie dort am Grabe Wache, damit Ich die innere Auferstehung ins Werk setzen, und die innere Sehe der Seelen geöffnet werden kann, dass sie Mich als den Wahrhaftigen und Göttlichen erkennen, und Mut erhalten, Mich laut als den auferstandenen Jesus zu verkünden.

Darum ist auch die Liebe das Unentbehrlichste für eine Seele, weil sie das einzige Mittel zu ihrer Rettung ist. Denn nur durch sie kann der Wille bestimmt werden, wie ihr es im gewöhnlichen Leben schon erfahren könnt. Was man aus Liebe tut, da ist die Einsprache des Verstandes, der den Willen bestimmen möchte, sogleich überwunden, weil eben wahre Liebe nicht berechnend ist. So werde Ich denn auch ein zweites Auferstehen mit den feiern, die die Liebe zu Mir über alles andere erhebt, und die Welt wird erfahren, dass Ich in ihnen wahrhaftig auferstanden bin und lebe. Denn wer Mich liebt, der hält Meine Gebote, und Meine Gebote gehen aus von Meinem Wesen. Also gehen die, welche mit Mir in den Tod gehen, diese gehen auch mit Mir ein zur Auferstehung in das ewige Leben, welches allein in die Himmel eingehen kann.

Gleich wie Ich und der Vater eins sind, also sollen auch die eins sein mit Mir, die in der Liebe wandeln nach Meinem Vorbilde (Joh. 17). Amen! Euer Jesus!

281. Wer Sünde tut, der ist der Sünde Knecht

15. April 1882

„Jesus antwortete ihnen und sprach: Wahrlich Ich sage euch: Wer Sünde tut, der ist der Sünde Knecht; der Knecht aber bleibet nicht ewig im Hause, der Sohn bleibet ewiglich!“ (Joh. 8,34)

Liebe Kinder! Die Pharisäer hielten ihre Gesetze oder vielmehr Meine Gesetze, welche Ich ihnen durch Moses gegeben habe, für eine Unterjochung und Bürde, welcher sie sich aus Furcht vor Strafe unterziehen mussten; und daher kam es auch, dass sie so viel auf Opfer hielten, welche anfangs ihrer Entstehung einen guten Grund hatten, die Menschen sahen nämlich ihre Verfehlungen ein, und wollten dieselben wieder gut machen; aber von der Beglückung, welche das Befolgen der Gesetze mit sich bringt, hatten sie keine Ahnung, weil sie damit gar nicht anfingen, und sich nicht bemühten, mit Mir als dem Gesetzgeber einig zu sein, und somit waren sie untereinander nicht in Liebe verbunden, sondern sich selbst zur Übung (in der Geduld) und zur Plage.

Weil aber dieser Zustand sich erst nach und nach entwickelte und von Geschlecht zu Geschlecht sich verschlimmerte, so tragen die damaligen Juden nicht ganz die Schuld, weshalb Ich sie bei Meinem Erscheinen auf Erden Meine Liebe in hohem Grade fühlen ließ, und ihnen darum so viele Wohltaten erzeigte, sie besuchte, und ihnen vieles vergab, was Meine Mich umgebenden Jünger nicht begreifen konnten.

Ich sagte daher zu den Pharisäern: *„Ich bin nicht gekommen, das Gesetz aufzulösen, sondern zu erfüllen"* (Mt. 5,17), d.h. nach seiner wahren Bestimmung, um euch frei zu machen, euch zu erfreuen, zu beglücken und nicht gleichsam einen Tribut von euch zu fordern.

Solange die Menschen glauben, dass sie das Gesetz als einen Befehl von Mir erfüllen müssen, um Mich dadurch zu ehren, so stehen sie noch in der Knechtschaft und sind dem Wechsel und Schwanken in ihrem geistigen Leben unterworfen; so aber eine Seele aus Lust und Liebe Meine Gesetze befolgt. So wird sie die Beglückung derselben fühlen, und also frei werden von der Angst und dem Drucke, welcher in dem „Muss" beruht; sie wird es als eine Gnade erkennen, dass ihr der wahre Weg zum Leben vorgezeichnet ist, und ihr Dank dafür wird sich in Liebe zu Mir äußern, und so gelangt sie zur wahren Freiheit der Kinder Gottes.

Diese Freiheit ist durch Meine Menschwerdung von Menschen klar gezeigt worden, in Meiner Lehre und Meinem Beispiel, und wird an einer (folgsamen) Seele immer mehr unterstützt durch den Heiligen Geist. Dieser erleuchtet sie, tröstet sie, und leitet sie in alle Wahrheit, dass ihre Freiheit oder Freudigkeit am Ausüben Meiner Gebote immer mehr zunimmt. Solchen Kindern wird es an Aufgaben nie fehlen, welche es möglich machen, noch immer genauer diese Gesetze auszuüben.

Die Liebe ist des Gesetzes Erfüllung; aber sie teilt sich in verschiedene Formen, daher in den zehn Geboten diese genauer bezeichnet sind, um diese Liebe nicht allein äußerlich, sondern zugleich geistig so auszuüben, dass der Empfänger der Liebe geistigen Segen davon erhält. Dieses zu erreichen ist oft eine schwere Aufgabe; denn wo geistige Liebe ausgeübet wird, treten oft Missverständnisse ein, und anstatt des Dankes und der Gegenliebe oft auch Undank und Widersetzung.

Doch die wahre göttliche Liebe lässt sich nicht irre machen, sondern hält aus, und lässt das Ziel nicht aus den Augen, wie Ich ein Beispiel gegeben habe und noch immer gebe, durch Langmut und Liebe jeden Tag wieder Seelen zu Mir ziehe. Ja, dieses Gewinnen der Seelen hört nie auf, denn es kommen immer wieder welche dazu.

Darum ihr Lieben, die ihr einige Begriffe von Meiner Liebe habt, glaubet nicht, dass eine baldige Vernichtung Meiner Erde stattfindet; denn dies wäre ein Aufhören Meiner Liebe, die doch alles noch beglücken will und auch nicht ruht, bis alle Menschen in der Erleuchtung dahin gelangt sind, dass allein die Liebe das Gesetz erfüllt.

Bis aber dieses geschieht, muss Ich noch starke Bußpredigten über den Erdboden ergehen lassen. Aber wenn ihr selbe höret, so fürchtet euch nicht, denn es ist der Sturm, der den geistigen Frühling hervorruft und die Erde reinigt von den (üblen) Dünsten der falschen Lehren oder Menschensatzungen, damit dann das sanfte Wehen Meines Heiligen Geistes vernommen werden kann. Amen!

282. Winke zur Wiederkunft des Herrn

(Joh. 6)   23. April 1882

Liebe Kinder! Ich weise euch die Kapitel an, welche die Geschichten enthalten, worin eine Entsprechung liegt für die geistige Entwicklung der Jetztzeit und für die Vorbereitung Meines zweiten Kommens.

Damals wollten die Menschen gleichfalls äußerliche Beweise von Meiner Göttlichkeit, weil sie selbst eben auch ganz äußerlich und materiell waren, und eine bloß innere Kraft und Wirkung ihnen kein Bedürfnis und deshalb auch nicht fühlbar war.

Wenn sie einen äußeren Genuss oder Vorteil dabei zu erhaschen glaubten, suchten sie Mich und gingen Mir nach; aber viele von denselben, welche Mir Palmen streuten, verfolgten Mich dann bis zum Kreuze.

So ist es nun wieder! Selbst die Christen wollen jetzt keinen Christus mehr, dessen Verbindung sie im Innern fühlen, und der dort beseligt, sondern Er soll ihnen für ihren Scheinglauben äußerliche Vorteile und Ansehen geben, damit sie vor der Welt damit prangen können. Sie wollen Mich in der Überhebung statt in der Demut solchen gegenüber repräsentieren, die noch von den Mehrwissenden sich leiten lassen, in der Annahme, dass sie selbst zu untüchtig seien, die Wahrheit herauszufinden.

Diese Unterwerfung so vieler Seelen wird zu wenig nach ihren großen Folgen berechnet; denn dieselben werden durch solche Glaubensstreitigkeiten selbst gleichgültig, lau und gottlos, so dass dadurch die allgemeine Versunkenheit der Menschen immer größer wird, und Ich bis jetzt nur bei ganz wenigen, gegenüber den vielen Ungläubigen, Mich als Den zeigen kann, Der Ich bin, und diese wenigen sind noch sehr schwach in ihrem Glauben. Ich muss Meinen Einfluss bei ihnen aus lauter Gnade sehr verstärken, damit sie Mir treu bleiben.

Wohl denen, welche solches einsehen, und Mich um Meinen Beistand bitten; denn das Meer, auf welches sie sich begeben, ist stürmisch und dazu noch finster; darum könnt ihr ohne Mich nichts unternehmen.

Haltet euch daher im Vertrauen recht an Meine Liebe und Meine Macht; denn wie Ich einst Meinen Jüngern auf dem Meere nachging, so werde Ich Mich auch euch zu der Zeit zeigen, wenn ihr kleingläubig werden wollt, des Sturmes wegen, und ehe ihr euch dessen versehet, werde Ich euch ans Land bringen.

Während andere noch auf langen Umwegen Mich suchen, bin Ich unter euch; und diese Gnade sei euch genug für alles, was ihr um Meinetwillen tragen und dulden müsst. Amen. Euer Vater.

283. Der Jünger ist nicht über seinen Meister

30. April 1882

„Der Jünger ist nicht über seinen Meister, noch der Knecht über den Herrn; es ist dem Jünger genug, dass er sei, wie sein Meister, und der Knecht wie sein Herr; haben sie den Hausvater Beelzebub geheißen, wie vielmehr werden seine Hausgenossen also heißen." (Mt. 10,24 ff)

Liebe Kinder! Meine Worte, welche Ich an euch richte, sollen euch immer mehr noch eure Verhaltensmaßregeln erläutern, welche ihr als Arbeiter in Meinem Weinberge beachten sollt; denn das ist eine alte Ordnung, dass man sich selbst zuerst zu einem Geschäfte tüchtig machen muss, ehe dasselbe gedeihen und jemand anderem anvertraut werden kann.

Auch Meine damaligen Jünger und Apostel wurden stufenweise erzogen und geleitet.

Zuerst war es Meine Person, von der sie angezogen waren und weshalb sie Mir nachfolgten, ohne sichere Aussicht, was die Zukunft ihnen dafür bringen werde.

Sodann war es eine innere Berufung, über die sie selbst sich noch unklar waren, so dass sie meinten, dass ihr eigener Wille diese Bahn gewählt habe; darum sie Mich auch einmal fragten: *„Wir haben alles verlassen und sind Dir nachgefolgt, was wird uns dafür?"* (Mt. 19,27)

Diese Frage richten heutzutage noch viele Seelen, die in Meine Nachfolge getreten sind, an Mich, und zwar mit denselben Ansprüchen wie Meine Apostel, die auch noch auf äußeres Wirken und Lohn ihren Hauptwert legten, weil die Menschen überhaupt gar wenig Wert darauf legen, dass sie geistige Güter gewinnen und selbst vergeistigt werden.

Dieses Verlangen war zur Zeit Meines Erdenwandels gänzlich erloschen, darum ging es so schwer Glauben zu finden. Und jetzt ist es abermals so. Es ist wenig Bedürfnis nach geistiger Veredlung mehr zu finden, darum werden auch die Anleitungen dazu nicht allein wenig beachtet, sondern sogar verspottet, und Ich muss bei der großen Übermacht der Spötter vorsichtig zu Werke gehen, bei solchen, die Mich im Stillen redlich suchen, und muss, um sie zu beschützen, solche Mittel wählen, als da sind: Kreuz, Leiden, Verachtung, Armut, welche den Neid der Weltgesinnten dämpfen.

Ich Selbst habe diesen Weg gewählt, um unbeachtet säen zu können, wohl wissend, dass, wenn der Same im Boden liegt und bedeckt ist, die Stürme und der Regen ihm dann nützlich sind, anstatt zu schaden. Ebenso sollen Meine Kinder es machen, und auf Mich sehen, unter welchen Verhältnissen Ich gearbeitet habe, und gleichfalls mit Stille und Ruhe fortwirken, ohne besondere Hilfe für ihre eigene Person zu verlangen (und sei es auch im Innern): *„Es ist dem Jünger genug, dass er sei wie sein Meister.“* (Mt. 10,25)

Wie aber war und bin Ich als euer Herr und Meister gestellt gegenüber den Menschen, die Ich doch täglich nähre, kleide und sie mit Wohltaten überhäufe? Welche Aufnahme und welchen Dank finde Ich bei der Mehrzahl derselben? Darum habe Ich auch Meinen Jüngern von allem was sie zu erdulden haben würden, Winke gegeben, und diese Winke gelten heute noch Meinen Nachfolgern und Kindern, damit sie sich immer mehr überzeugen von der Wahrheit: *„Mein Reich ist nicht von dieser Welt,“* (Joh. 18,36) und damit sie ruhig fortfahren, die Wahrheit auch anderen beizubringen, mit der (stillen herzlichen) Bitte zu Mir: „Komm o Jesu!“ Nicht, dass Ich kommen solle mit der Macht nach außen, um die Werke der Finsternis zu zerstören, sondern mit dem Lichte Meines Geistes, dass die Seelen einmal erleuchtet werden, und erkennen was ihre hohe Aufgabe und ihr Ziel ist, dem sie zueilen sollen! Amen! Euer Jesus!

284. Ansichten über Meine Persönlichkeit

(Mt. 16,13)   9. Mai 1882

Liebe Kinder! Heutzutage ist es wiederum von Wichtigkeit, dass eine Seele weiß, wer Ich sei; denn die Ansichten über Meine Persönlichkeit sind sehr verschieden, und zwar auf vielfache Art.

Gleichwie die Jünger sprachen: *„Etliche sagen, Du seiest Johannes der Täufer, und andere: Du seiest Christus, etliche: Du seiest Jeremias oder der Propheten einer,“* (Mt. 16,14) so ist es auch in der Jetztzeit, wo es von umso größere Wichtigkeit ist, dass man Mich wahrhaftig erkennt und anerkennt als Gott und Vater in Jesu; weil ohne diesen Glauben die Menschen sich nicht verpflichtet fühlen, Mir ganzen Gehorsam zu leisten. Sie fühlen sich zu unabhängig von Mir und Meiner Lehre, und es ist am bequemsten für sie, Mich als Stellvertreter bei Gott dem Vater zu betrachten, damit sie ungestört ihren natürlichen Gelüsten fröhnen können, und am Ende doch noch erlangen was sie beglückt, und zwar ohne ihre Bemühungen und ohne Kampf.

Es ist den Menschen nicht mehr wichtig, in der Schrift zu forschen, worin das Seligwerden besteht, dass dasselbe im ganzen Wesen und Willen gegründet werden muss, wie Ich einst sagte: *„Das Reich Gottes ist innerlich in euch, und kommt nicht mit äußeren Gebärden"* (Lk. 17,21); darum ist auch der Glaube, den Petrus aussprach, der beseligende, weil er Mich als Gott erkannte; denn dadurch wird der Mensch einer hohen Würde teilhaftig, und kann sich freuen, dass er mit Mir als seinem Gott so innig in Verbindung steht. Und gleichwie auf Erden bei euch ein jedes, das in der Nähe eines Königs weilt, sich alle Mühe gibt, dieser Stellung sich würdig zu machen, indem es genau die Wünsche und Befehle des Königs beobachtet, und sich so auszubilden sucht, dass es die Tugenden desselben nachzuahmen sich bemüht, so soll auch der Glaube, dass ihr durch Jesum oder durch Mich Selbst in eine ganz nahe Stellung zu Mir gekommen seid, die Triebfeder sein, euch immer mehr zu vervollkommnen, und alle Meine Gesetze genau zu befolgen.

Denn gleichwie die Untertanen nur einen König achten und ihm gerne folgen, wenn sie von seinen Tugenden überzeugt sind, und durch diese Tugenden ihnen ein beglückender Genuss zukommt, so müssen auch alle Meine Untertanen und Menschen zuerst die richtigen Begriffe von Meinem Wesen haben, ehe sie Mir mit Eifer folgen.

Solcher Petrusglaube ist höchst nötig, denn auf demselben beruht die Kraft, dass Ich in den Menschen wirken kann. Wer in der Heiligen Schrift liest, gläubig, als in dem von Gott Selbst gegebenen Buche, der wird die wahre Wirkung der Worte verspüren; denn der Strom des Geistes ist alsdann nicht gehemmt, sondern erfrischt das Herz mit dem Wasser der Wahrheit, während Ich alle anderen Glaubensbegriffe von Mir nicht unterstützen kann, sondern zuvor noch vieles vorausgehen lassen muss, ehe die wahre Erleuchtung eintritt.

Dieser verblendete Zustand über Mein Wesen ist in der Jetztzeit im ganzen fast ein allgemeiner, und gar wenige (unter dieser Mehrzahl) können sich rühmen, von Mir als von Gott

Selbst erleuchtet zu sein, weil es eben gar wenig sind, die in der Schrift suchen, Mich näher kennenzulernen und mit Mir in Verbindung zu kommen. Aber solche, welche Mich nicht kennen, kennen auch sich selbst nicht, und wissen den Drang in ihnen nach etwas Beglückendem nicht zu befriedigen. Sie geraten auf allerlei Abwege, und haschen nach äußerlichen Besitztümern, als da sind: Ehre, Reichtum, Ansehen, von welchen Ich aber nicht zulasse, dass sie (dauernd) befriedigen, sondern Meine Gnade wendet immer wieder Mittel an, die Nichtigkeit der äußeren Schätze klarzumachen.

Daher die vielen Wechselfälle, welche alle Meinem liebenden Vaterherzen entstammen, wofür Ich aber den größten Undank ernte, auch oft noch von denen, die sich rühmen, Mich zu kennen.

In Meiner Liebe hat Mich noch kein Geschöpf ganz erfasst, daher ist der Name „Vater" von besonderem Werte für die Meinen, weil in ihm die Liebe am deutlichsten bezeichnet wird, denn ein Vater gibt ohne Rückvergütung, und nur Dank und Liebe will er als Pfand von seinen Kindern, alles andere geht ja von ihm selbst aus, als anvertrautes Pfund, den Kindern übergeben, damit zu wuchern. Amen!

285. Der Stein, den die Bauleute verworfen haben

12. Mai 1882

„Der Stein, den die Bauleute verworfen haben, der ist zum Eckstein geworden, - von dem Herrn ist das geschehen, und es ist wunderbarlich (erfüllt) vor unseren Augen." (Mt. 21,42)

Liebe Kinder! Es ist dieser Stein ein Stein des Anstoßes! Wie ein Stein von undurchdringlich fester Masse ist, die nie ganz in ihrem Bestandteilen untersucht oder erforscht werden kann, indem dieselbe auch ins Unendliche teilbar ist, so ist es mit dem Glauben, den Ich auf Erden gründete und welcher vom Vater zeugen soll.

Dieser Glaube an Mein Wesen kann nie ganz durchforscht werden, indem dieses gleichfalls undurchdringlich ist, und in tausend und abertausend Ansichten zerteilt wird.

Die Menschen beurteilen Mein Wesen zumeist bloß äußerlich, und daher kommt es, dass sie die Annahme der innigen

Vereinigung mit Mir für eine Anmaßung solcher halten, die sich derselben rühmen können, (weil nämlich nur ihr kindlicher Glaube an Mich als ihren Vater ihnen dazu verholfen hat.)

Es gehört wahre Liebe zu Mir und zum Nächsten dazu, solches zu begreifen. Weil aber die Selbstüberhebung sehr hinderlich ist an der wahren Liebe, und diese Wurzel (der Selbstüberhebung) zu tief im Menschen steckt; (denn sie ist die Erbsünde, durch welche der Mensch das Paradies verlor). Darum ist ein so großer Kampf damit verbunden, die wahre Liebe zu erreichen, von der es heißt: „*Sie leidet alles, sie duldet alles, sie blähet sich nicht auf...*," (1. Kor. 13,4). Und diese Liebe, welche Mein Wesen ausmacht, muss den Eckstein bilden in Meiner Kirche.

Weil aber die Lehrer selbst diesen Kampf scheuen, so können sie auch anderen bei solchem Kampfe wenig Rat und Hilfe leisten, und haben Mich anstatt in der Liebe nur im Glauben erfasst, und als Meine Haupteigenschaften in Meinem Wesen die Gerechtigkeit und die Strafe gelehrt, um mit Drohungen die Menschen zum Gehorsam zu zwingen.

Somit haben sie den Eckstein verworfen. Allein die Propheten weissagten schon von der Zeit, wo die Liebe, die ewige göttliche Liebe, die mit dem Namen „Vater" bezeichnet wird, die Grundlage werden wird, welche den wahren Glauben und die Seligkeit bedingt.

Ohne solche Vereinigung kann der Mensch nie ganz selig werden; denn nur das Kindesrecht und der Genuss der ewigen Vaterliebe sind das wahre Wesen der Seligkeit.

Je mehr ihr die Wertlosigkeit der äußeren Glücksgüter kennenlernt, desto mehr werdet ihr angetrieben, nach solchen zu trachten, die ewig beglücken, und weil alles Tastbare unsicher ist, und euch entrissen werden kann, so sind es nur geistige Güter, die aber auch gesucht und erkannt werden müssen.

Diese sind aber einzig nur im Besitz des inneren Menschen, weil der innere Mensch ein Abkömmling von Mir und daher verwandt mit Mir ist, als ein Erbgut von Mir.

Je mehr der Mensch seinem Familienzuge treu bleibt, desto mehr wird er seiner Familie einverleibt bleiben, und so auch bei Mir!

Je mehr er aufmerkt auf seine innere Ausstattung und diesen Adel aufrecht zu erhalten und ihn zu vergrößern sucht, desto näher tritt er Mir, und Ich als Vater freue Mich über diese Annäherung, und achte in Meiner großen Liebe der Schranken nicht, welche der finstere Leib scheinbar nachzieht, sondern es findet eine volle Vereinigung zwischen Mir und der Seele statt.

Diese Glaubensannahme wird jetzt noch immer verworfen, aber es muss alles in Erfüllung gehen, was in der Heiligen Schrift geschrieben ist, und ging auch schon an vielen in Erfüllung, die ihren Leib abgestreift haben, welcher zwar im allgemeinen sonst ein Hindernis daran ist; aber durch den guten Willen und durch Meinen Beistand weit überwunden werden kann.

Glaubet Mir: Es wird die Zeit auch kommen, wo noch viele zu dem Tempelbau eingefügt werden, wovon Ich als Vater die Grundlage oder den Eckstein bilde, und es wird alsdann gleichfalls heißen: „*Von dem Herrn ist das geschehen, und es ist wunderbarlich vor unseren Augen.*" (Mt. 12,11) Die ewige Liebe, Gott als Vater unter Seinen Kindern, (der Stein des Anstoßes in der Jetztzeit) der wird alles, worauf er fällt, zermalmen; denn wer vermag Meiner Liebe zu widerstehen, wen sie sucht und auf welchen sie fällt! Euer Vater in Jesu!

286. Zum Himmelfahrtsfest

(Lk. 24,44)   17. Mai 1882

Liebe Kinder! Heute, als am Gedenkfest Meiner Himmelfahrt, nahm Ich noch persönlich Abschied von Meinen damaligen Jüngern und gab ihnen noch manche Lehre. Ich öffnete ihnen das innere Verständnis der Heiligen Schrift, damit sie begreifen lernten, dass Meine Worte und Verheißungen einen geistigen Sinn enthalten; denn sonst wäre mit Meinem Verschwinden vor ihnen ihr ganzer Glaube erloschen.

Und so ist es jetzt noch bei der Erziehung der Seelen! Viele müssen lange Zeit mit äußerlichen Genüssen gelockt werden, und hauptsächlich in Abnahme des Kreuzes, das in vielerlei Art bestehen kann.

Solche Seelen rühmen sich gerne der Gebetserhörung und Meines Segens, was richtig ist; aber es sind eben oft noch schwache Seelen, die sich damit alsdann befriedigen, und ihr Besserwerden kommt ins Stocken, sie erkennen zu wenig, wie sie die Wechselfälle des Lebens zu ihrem geistigen Fortschritte ausnützen sollten, und da kommt Meine Gnade, öffnet ihnen das Verständnis, und macht sie aufmerksam, dass nur geistige Interessen es sein sollen, welche die Seele mit Mir vereinigen können.

Auf diesen Standpunkt wurden Meine Jünger dort gestellt, als Ich gen Himmel fuhr, und Ich gab ihnen die Verheißung des Heiligen Geistes, welche auch bald in Erfüllung ging.

Ebenso geht diese Verheißung noch immer an allen in Erfüllung, die sich bestreben, mit Mir in geistigen Verband zu kommen, sie werden in allen Fällen und Zeiten des Lebens gestärkt und ermutigt werden, wenn ihre Liebe zu Mir gen Himmel aufschaut, wohl wissend, dass Mir die Herrschaft gehört.

Was könnte da noch einer Seele zu tragen und zu unternehmen zu schwer werden, die weiß, dass sie unter dem Schutze eines himmlischen Königs lebt, und doch ist diese Freudigkeit über das hohe Vorrecht so klein und so selten bei den Menschen, denn Ich bin ihnen völlig entrückt.

Das macht, dass sie zu sehr durch allerlei irrtümliche Lehren ihrem eigentlichen Ziel und (einzigen) Bestimmung entrückt worden sind; darum scheuen sie sich, dieses Verhältnis zwischen Mir und ihnen genauer zu untersuchen, und bleiben in der Finsternis und Unwissenheit.

Aber gleich wie Ich Meine Jünger damals mit Mut, Kraft und Weisheit ausrüstete, so will Ich wiederum Meiner Verheißungen gedenken, und allen, die Mich redlich suchen, eine Zulage Meines Heiligen Geistes geben, damit Ich sie als treue Arbeiter gebrauchen kann, um die verirrten Schafe in Meinen Schafstall zu sammeln.

Daher ihr lieben Kinder, die ihr geistig angeregt seid, und geistig für Mich arbeiten wollet, auch ihr sollet angetan werden mit Kraft aus der Höhe, Mein Segen soll euch aus den Himmeln zufließen, zu welchem ihr euer geistiges Auge als zum Throne der Gnade emporrichtet! Amen! Euer Jesus!

287. Von Seiner Fülle haben wir alle genommen

„Und von Seiner Fülle haben wir alle genommen Gnade um Gnade." (Joh. 1,16)

Liebe Kinder! Wenn ihr alles in euer Gedächtnis zurückrufet, was euch auf dem Gebiete eures Geisteslebens begegnet ist, oder vielmehr die vielen Aufforderungen erwäget, die ihr erhalten habt, um euch mehr auf das geistige Gebiet zu begeben, sowohl durch äußere Verhältnisse als durch Mahnungen im Geiste, so werdet ihr gleich Johannes zeugen können: „Von Seiner Fülle haben wir alle genommen, Gnade um Gnade!" Denn nur die Füller Meiner Liebe ist es, welche euch nachgeht, um euch gleichsam aufzudringen, was ihr blindlings zurückweiset.

Diese Liebe ist euch seither als noch unwissenden Kindern reichlich zugeflossen, weil nach Meiner heiligen Ordnung es erlaubt ist, die Menschen durch allerlei Mittel so lange zu mahnen und zu strafen, bis sie auf den Standpunkt kommen, dass dieselben sich Mir zuwenden.

Geschieht dieses, wozu sie oft schweres Kreuz und Leiden antreiben, so benütze Ich diese Wendung, um die Erleuchtung und die innere Selbstbeschauung durch die Gnade zu fördern, welche ihnen immer mehr Wahrheiten aufdeckt.

Dies ist dann der Weg zu Mir, wo Ich ihnen treue Führer zusende. Aber dieser Weg muss aus freiem Willen aufgesucht werden, und darum lege Ich allerlei Hindernisse auf die Abwege, damit der Mensch sich entschließe Mich zu suchen. Tut er dieses, so bleibt er unter Meiner Leitung, obgleich es oft den Anschein hat, als ob eine Seele sich wieder ganz von Mir losmache.

Doch wenn das Erkennen Meiner Gnade stattgefunden hat, so kann die Seele nimmer ganz ruhig bleiben, wenn sie dieses hohe Gut nicht mehr besitzt, und wenn sie auch darauf verzichten will, so wird ihr dasselbe immer mehr von Neuem angeboten, bis sie wieder mit Begierde und Dank dieselbe erfasst; denn es heißt: *„Wer des Herrn Willen weiß und tut nicht danach, der wird doppelt Streiche leiden müssen."* (Lk. 12,47)

So ist es bei den Seelen: Wer einmal Meiner Gnade sich rühmen kann, der wird sich nicht mehr entschuldigen können, wenn er abermals sich verstockt; denn Ich gebe in Fülle Gnade um Gnade denen, die Mich suchen. Aber wehe solchen, die gegen ihr besseres Wissen sich abermals abwenden; denn diese

Sünde ist Sünde gegen den Heiligen Geist, welche nicht vergeben werden kann. Schwachheiten und Kämpfe werden auch bei berufenen Seelen noch stattfinden; aber eine gänzliche Niederlage ist ihre eigene Schuld, weil sie zu wenig auf Meinen Beistand rechneten und Mich nicht darum anriefen.

Wer Mir dagegen vertraut und in Meinem Namen kämpft, der siegt. Besonders gebe Ich Meinen Kindern diese Aufgabe im Hinblick auf schwere Kämpfe, dass sie gleichfalls zurückblicken. Denn jedes von ihnen wird dann erkennen können, dass es stets Gnade um Gnade erhalten hat und dadurch verpflichtet ist, mutig weiter zu kämpfen und Mich dadurch als den Geber alles Guten in Jesu zu verkünden. Amen!

288. Zu Pfingsten

28. Mai 1882

Liebe Kinder! In der Apostelgeschichte bis zum 5. Kapitel sind die Gaben und Wirkungen, welche der Heilige Geist an Meinen Jüngern hervorbrachte, aufgezeichnet. Wenn ihr dieselben leset, so wird euch klar werden, warum sie mit so vieler Freude und Standhaftigkeit Mir anhingen, und Leiden und Verfolgungen erdulden konnten.

Es war die Einkehr des Heiligen Geistes in ihnen, und durch denselben wurden sie belebt, erleuchtet und gestärkt: die innere Sehe zeigte ihnen den großen Unterschied zwischen Materiellem und Geistigem, sie wurden sich ihrer eigenen Bestimmung auf Erden klar, wozu Ich sie oft durch Beispiele und Gleichnisse vorbereitete. Freilich verstanden sie manche Meiner Worte noch zu wenig oder gar nicht, weil sie zu oberflächlich dieselben hinnahmen. Denn wenn Meine Worte Eingang finden sollen, so dass dieselben von einer Seele einmal gelesen und studiert werden, so muss Ich Selbst oft vorher noch Furchen im Herzen ziehen.

Gleichwie der Landmann zuvor die Erdscholle bearbeitet und lockert, damit der Same geeigneten Boden findet, so war es auch bei Meinen damaligen Jüngern. Die letzten Erlebnisse vor Meinem Scheiden von ihnen waren für sie sehr ernst, traurig und dunkel, so dass ihre Herzen fähig wurden, den Heiligen Geist aufzunehmen und demselben zu folgen.

Durch diese völlige Hingabe an den inneren Zug war es möglich, ihnen auch nach außen außerordentliche Kräfte zu verleihen; denn sie sahen in allem nur Mich als den Geber aller guten Gaben. Ihr Standpunkt Mir gegenüber war geordnet, indem sie wohl wussten, dass sie ohne Mich nichts tun konnten, und dieser Standpunkt wie auch dieser Glaube macht allein geeignet, den Heiligen Geist zu empfangen.

Wer sich ganz abhängig von Mir fühlt, wird sich bestreben, Mich als Freund zu besitzen und zu behalten, wird also Meinen Willen tun. Ich werde ihn jeden Tag Selbst belehren und erleuchten, und er wird so die Gaben des Heiligen Geistes in Fülle erhalten.

Wenn eine Seele die wahre Herzensdemut sucht, so werde Ich sogleich Wohnung bei ihr nehmen und die Furchen tiefer ziehen, was freilich oft auf eine Art geschehen muss, wo die Seele Meine Liebe zuerst nicht fühlen kann. Aber wenn das Vertrauen auf Mich fest bleibt, so wird sie erstarken in der Liebe, und durch diese göttliche Liebe Wunder wirken, wenn auch oft mehr von geistiger Art, denn die äußerlichen Wunder haben für Meine geistigen Kinder keinen so hohen Wert als die geistigen.

Hierzu gehört z.B. wenn eine Seele in eurer Umgebung, welche ihr sorglich liebet, auf eure Fürbitte ganz anderen Sinnes wird, d.h. statt geistig blind, wie sie zuvor war, nun geistig sehend wird.

Ist das nicht für geistige Kinder ein ebenso großes Wunder, wenn das Geisteslicht jemanden also gegeben wird, als wenn das leibliche Auge wieder heller wird, oder wenn geistig verkommene, seelenkranke Menschen wieder zu strebsamen Nachfolgern Meiner Lehre umgewandelt werden?

Seht, diese Wunder werden bewirkt durch den Geist in euch, der euch zuteilwird, so ihr darum bittet, und diese Wunder erhalten euch in der wahren Demut, so dass auch ihr, gleich Meinen ersten Aposteln erkennt, dass ihr ohne Mich nichts tun könnt, und auch nichts tun sollt, und dann werden euch die Gaben des Heiligen Geistes in Fülle zuteilwerden! Amen. Euer Jesus-Vater!

289. Zum Dreieinigkeitsfest

4. Juni 1882

Liebe Kinder! Es ist dieses Fest (in der Kirche) das Fest des Anstoßes; denn da verdunkelt sich den Gelehrten Mein Wesen, weil es nicht mit dem Verstande begriffen werden kann, indem es für sie eine getrennte Dreiheit, also ein Widerspruch ist, welcher nur durch das Eingehen in Meine Liebe gelöst werden kann.

Wer da sucht, Mich richtig und wahr zu lieben, dem wird es auch ein großes Anliegen sein, Mich besser kennen zu lernen, und der wird deshalb auch mit Mir immer in Verkehr zu kommen suchen, was eben nur mehr geschehen kann durch Gehorsam gegen Mich, der in Befolgung Meiner Gesetze und Worte sich äußert.

Durch ein solches Streben kommt der Mensch Mir immer näher, bald fühlt er Mich mehr als einen mächtigen Durchhelfer, wenn er ratlos Mich um Hilfe anfleht, und erkennt so in Mir den allmächtigen Gott. Aber weil er sich bei diesem Gebet zu unwürdig der Erhörung fühlt, so verlässt er sich dabei auf Meine Gnade, durch den Mittler Jesum erworben, und um dieser Versicherung teilhaftig zu werden, ist ihm der heilige Tröster nötig, der ihm auf unerklärbare Weise solche Gedanken eingibt, die ihn wieder stärken, trösten und zur Liebe und Dankbarkeit antreiben.

Dies ist die dreifache Wirkung am Herzen, wozu der schwache Verstand drei Personen braucht, und wobei er nicht begreifen kann, dass alle diese Zustände aus Mir, als Gott - Vater - Sohn und - Geist hervorgehen, denn um Mich den Menschen immer mehr zu nahen, muss Ich stufenweise dieselben Meine Liebe fühlen lassen, weil sie dieselbe in ihrer Größe auf einmal nicht ganz fassen können.

Ich habe ja die Menschen gleichfalls dreifältig nach Meinem Bilde geschaffen, so dass auch sie auf dreifache Weise sich äußern können: durch den Geist, die Seele und den Leib, oder durch das Mitgefühl, durch das Wort und durch die Tat können sie ihre Liebe den andern Mitgeschöpfen zufließen lassen.

Ebenso haben sie ein dreifaches Aufnahmegefäß für die Liebe: das Innewerden geistig, das Begreifen seelisch, und das Genießen natürlich oder leiblich, wozu ihnen von außen her Meine Liebe zuströmt.

Aber wenn ihr diese dreifache Einrichtung des Menschen beobachtet, so werdet ihr (dieses Dreierlei) wohl nicht trennen können; denn es sind gar feine Grenzlinien gezogen zwischen dieser dreifachen Weise des Empfangens und auch des Ausfließens.

Ebenso ist es auch Mir! Wie ihr nicht bestimmen könnt: „Diese Liebe, die Mir von einem anderen zufließt, habe ich dem Geiste (oder der Seele oder dem Natürlichen) desselben zu verdanken", weil ihr den Beweggrund nicht genau entziffern könnt (denn ihr sehet nur das Empfangene), ebenso könnt ihr beim Innewerden höherer Gnadengaben deren Ursprung nicht abteilen, zwischen Vater, Sohn oder Geist, sondern einfach nur dem Vater als dem Geber guter Gaben dafür danken, und dann habt ihr nicht gefehlt, weil es die Wahrheit ist, weil auch „Sohn und Geist" nur Ausflüsse Meines Selbstes sind.

So kommt die Zeit, wo die Menschen Mich näher und besser fassen werden, wenn sie wieder mehr über ihre eigene Bestimmung nachdenken, und ihren ursprünglichen Adel wieder zu erlangen suchen werden, dadurch dass sie sich über tierische Genüsse erheben, wozu Ich nun abermals durch Meine direkten Worte und durch Zulassung des engeren Verkehrs der Geister mit den Menschen Aufschlüsse gebe.

Auch sogar die bösen Geister müssen Mir Werkzeuge dabei werden, denn Ich muss ihnen nach Meiner heiligen Ordnung die gleichen Rechte geben, wie den guten Geistern; darum sie dieselben auch zu ihrem Vorteil viel auffallender benützen, als die guten; aber es ist ihnen doch eine Schranke gesetzt, und Meine Liebe und Weisheit weiß auch hier Rat, dass es ihnen und anderen noch zum Segen wird.

Darum fürchtet euch nicht, wenn dieselben es oft gar plump treiben, schließlich geht doch alles nach Meiner Ordnung, deren Endziel Liebe und Seligkeit ist.

Suchet auch ihr eure Dreiheit gut auszunützen, sowohl in Gefühlen, deren Ausfluss die Liebsorge des Gebetes ist, welches erzeugt die Worte und die Tat.

Das Wort aber ist für den Menschen das Mittel, sein Inneres zu offenbaren; die Tat ist die Bestätigung desselben, also ist abermals das Urwesen: die Liebe, die Kundgebung durch den Sohn oder das Wort, und die Fortwirkung Heiliger Geist, oder

Ich, der Vater, in euch, und ihr in Mir - durch eure Liebe! Euer Gott - Vater - Sohn und - Geist! Amen!

290. Fürchtet euch nicht vor denen, die den Leib töten

11. Juni 1882

„Ich sage aber Meinen Freunden: fürchtet euch nicht vor denen, die den Leib töten, und darnach euch nichts mehr tun können." (Lk. 12,4ff)

Liebe Kinder! Es gibt nun in der Christenheit sehr viele Seelen, welche Ich „Freunde" nennen kann; denn sie sind Mir im Innern nicht abgeneigt, und möchten gern auf Meine Seite treten, so wie der Heilige Geist sie dazu antreibt, aber sie sind zu mutlos der Welt gegenüber, weil sie fürchten, dass sie dadurch ihren äußeren Verhältnissen schaden könnten, als da ist Ehre, Rang, die sie verlieren und in manchen Fällen auch an ihrem Einkommen einbüßen könnten, wenn sie unter dem Druck ganz weltlich Gesinnter stehen, und somit ihr Broterwerb von denselben abhängig ist.

Diese (gläubigen) Seelen sind selbst noch materiell, und das wahre Vertrauen zu Mir kann deshalb noch nicht recht Wurzel bei ihnen fassen, weil sie von Meiner Liebe noch zu sehr leibliche Wohltaten erwarten, anstatt dass sie Meine geistige Erziehung in ihrer Führung sehen.

Solchen gilt das Wort: *„Fürchtet euch nicht vor denen, die den Leib töten, und darnach nichts mehr tun können, fürchtet euch aber vor Dem, Der Sich Selbst dem Leibe nach töten ließ, nicht allein den Fleischkörper, sondern zuvor alle natürlichen Begierden Selbst überwunden und in den Tod gegeben hat, damit der Geist Seine göttliche Macht beweisen konnte an allen, auch an denen, die sich Seinem guten Einflusse widersetzen wollen, weil Er Kraft hat sie zu verderben."* (Lk. 12,4 ff)

In diesem Glauben fasset Mut und wisset, dass keine Gefahr, die euch droht, je so groß ist, dass nicht Ich, als Herr über Leben und Tod, euch durchhelfen kann.

Darum entfernet eure äußere Furcht vor Menschen, die euch hindert, dem Drange eures Inneren zu folgen und denselben mehr tatsächlich auszudrücken.

Verlasset euch daher auf Mich, Dem alle Macht zusteht, und Dessen umfassende Liebe dennoch dabei auch den Sperling versorgt.

Ich will auch euch nicht verwaisen lassen, wenn ihr euch zu schwach fühlet, gegenüber der herrschsüchtigen Welt, bedenket dabei, dass ihr nur Vergängliches gegen ewiges Glück austauschet. Amen. Euer Jesus.

291. Es wird Freude sein über einen Sünder, der Buße tut

18. Juni 1882

„Ich sage euch, es wird Freude sein (vor den Engeln Gottes) über einen Sünder, der Buße tut und ferner: Dein Bruder ist heimgekommen, und dein Vater hat ein gemästet Kalb geschlachtet, weil er ihn gesund wieder hat!" (Lk. 15,7,27)

Liebe Kinder! Diese Verse bezeichnen den Grad göttlicher Liebe, zuerst bei den Engeln Gottes, welche sich freuen, wenn eine Seele den rechten Weg zu Mir findet, und diese Freude ist das Einverständnis mit Mir, weil Meine Freude hauptsächlich groß ist, wenn eine Seele wieder zu Mir umkehrt; denn es ist ein Gewinn für Mein Vaterherz.

Darum lasse Ich solch verlorene (und wiederkehrende) Söhne und Töchter Meine Liebe doppelt fühlen, wie es im Gleichnis heißt: „Der Vater schlachtete ein gemästetes Kalb und hielt ein Fest, weil sein Sohn wieder heimkehrte und gesund war."

Wie weit aber diese Liebe bei manchem von denen sich findet, die sich „Meine Kinder" nennen, könnt ihr an dem andern Sohne sehen, der neidisch darüber war, dass die Freudenbezeugung über die Umkehr seines Bruders bei Mir so groß war, und darüber murrte, weil er dem Bruder bevorzugt glaubte.

Er wollte in seiner Blindheit, statt die reine Freude über den Wiedergewinn seines Bruders mit Mir zu teilen, erst wieder mit demselben die Anziehungsmittel genießen, die Ich da anwende, wenn eine Seele umwenden will: denn da muss Ich sie ja mit allerlei Verheißungen locken, die den Übergang von der Welt zu Mir bilden, weil sie zu schwach und oft zu weit heruntergekommen ist, um Mich noch geistig auffassen zu können.

Oft muss Ich solchen Seelen ihr Gebet um äußere Dinge sogleich erhören, oft können sich dieselben besonderer Ahnungen rühmen, die dann zu ihrer Freude sich verwirklichen, so dass sie dankbar zu Mir aufschauen als Bevorzugte. Diese Seelen sind sozusagen nicht „Kinder" in solchem Zustande, sondern „Kindlein", die mit Nachsicht und Liebe großgezogen werden müssen, während oft andere, die schon lange Zeit vorher sich in Meinen Dienst begeben und durch schweren Kampf das Kindesrecht sich erworben haben, nicht viel von solchen Liebkosungen wissen, sondern mehr die schwere Arbeit fühlen, wenn sie Mir treu bleiben wollen, was daher kommt, weil Ich diese als reifere Seelen und größere Kinder würdige, einen Teil von Meinem großen Haushalte zu übernehmen, und daher ihr Genuss mehr geistig sein soll und frei von Neid und Überhebung gegen die Brüder.

Je näher eine Seele mit Mir im Verkehr kommt, desto mehr Selbstverleugnung muss sie anstreben, und zwar auf geistige Art. Sie muss sich freuen können über die Gnadengaben ihrer Mitmenschen, und anstatt darüber, sei es auch nur im Stillen, zu murren, soll sie dankend zu Mir kommen und alles aufbieten, dieselben zu unterstützen, anstatt berechnend zu erwägen, ob dieser oder jener Bruder es wohl besser verdiene als er selbst.

Diese neidische Überhebung sitzt gar fein auch Meinen Kindern noch im Herzen und Ich sage euch deshalb - prüfet euch genau, damit ihr Meine Liebe nicht betrübet, die entschlossen ist, denen nachzugehen, die euch am Unwürdigsten oft vorkommen, damit wir alle zusammen ein wahres Freudenmahl einst feiern können. Amen! Euer Vater!

292. Das Forschen in der Schrift

25. Juni 1882

„Saul aber schnaubte noch mit Dräuen und Morden wider die Jünger des Herrn und ging zum Hohenpriester." (Apg. 9,1)

Liebe Kinder! Fürchtet euch nicht, wenn es heutzutage noch viele Saule gibt, es sind viel solche, die aus übergroßem Eifer, Meine Ehre aufrecht zu erhalten, gegen alles, was ihnen neu vorkommt, protestieren; weil sie zu wenig noch begreifen können, dass Meine Wahrheit, welche freilich immer dieselbe ist, den Menschen nur nach und nach (immer tiefer und reicher) enthüllt werden kann.

Solches richtet sich nach dem Standpunkt derselben, sowohl im Ganzen, wie in der einzelnen Seele, und sie (die Wahrheit) ist eine unversiegbare Quelle, die immer wieder aufs Neue die Durstigen erquickt; in unzähligen Formen ist sie verhüllt, so dass dieselbe für den Schwächsten eben sowohl wie für den Stärksten - wie es eben gerade nötig ist ein Labsal wird.

Darum soll das Forschen in der Schrift bei einer Seele nie aufhören, weil auch in der Ewigkeit eine stets tiefere Enthüllung stattfindet; immer wieder ist diese oder jene Stelle (Meines Wortes) besonders segenbringend für solche, die sie mit begierigem Herzen aufsuchen.

Deshalb ist der Lauheit des Bibellesens der größte Abfall in der Christenheit zuzuschreiben. Doch die Saulusse sind da etwas besser daran, sie achten ihre Erkenntnis und die Wahrheit für etwas Hohes, und darum verfolgen sie in blindem Wahn ihre Glaubensgenossen, die im Innern sogar nahe verwandt mit ihnen sind, aber eine andere Form gewählt haben, zufolge ihres Forschens.

Daher ist es so wichtig, alles zu prüfen und das Gute zu behalten, wenn aber dieses oft nicht beobachtet wird von solchen Seelen, die in ihrem Eifer redlich sein wollen, aber dabei oft sehr verkehrt handeln, so komme Ich mit Meiner außerordentlichen Hilfe, und Mein Geist erfasst dieselben auf wunderbare Weise.

Darum, ihr Lieben, seid getrost, wenn ihr von solchen sogenannten Saulussen etwas zu dulden bekommt; auch diese sind euch von Mir zugewiesen, und anstatt dass ihr mit versöhnlicher Liebe für sie beten wollet, erkennet in ihnen oft einen wahren Bruder, der ebenso wie ihr gegen die Macht der Finsternis zu kämpfen sich bemüht, wie ihr selbst.

Nur durch diese (tolerante) Auffassung kann es ermöglicht werden, dass bald eine Herde und ein Hirte wird. Machet es auch in diesem Stück eurem Jesusvater nach, Welcher zu Pharisäern und Sadduzäern und zu allen Menschenklassen mit gleicher Liebe redete und kam, und für alle den Tod erlitt, um euch alle zu verbrüdern.

Es wird euch einst noch zur Freude in der Ewigkeit werden, wenn ihr von den verschiedensten Parteien euch als Brüder begrüßt sehet und auch ihr dann sagen könnt: „Herr, um Deines

Namens willen sind wir schon auf Erden Brüder geworden", wollt ihr dieses immer mehr beachten, so sage Ich auch heute euch Meinen Vatersegen zu. Amen! Euer Jesus!

293. Meinst Du, dass wenige selig werden

2. Juli 1882

Liebe Kinder! Diese Frage: „*Herr, meinst Du, dass wenige selig werden?*" (Lk. 13,23) beschäftigt auch in der Jetztzeit noch viele Seelen, welche mehr zu Mir halten; denn sie sehen im großen Ganzen sehr viel Abfall und Gottlosigkeit, welche sie zu dieser Frage berechtigen. Doch haben sie eben auch noch zu wenig Begriff von Meiner großen Barmherzigkeit und Meiner Gnadeneinrichtung, die ihr Amt ganz im Stillen an den Herzen ausübt und oft unter einem Haufen scheinbar ganz ruchloser Menschen schon mehrere gewonnen hat, welche nur noch einer kleinen Wendung bedürfen, um sich offen für Mich zu erklären.

Es ist öfters sogar der Fall, dass Ich Selbst die Herzen durch Zweifel noch gebunden halten muss, sich öffentlich als Meine Verehrer zu bekennen, weil dieselben zuvor durch Kampf noch mehr gestärkt werden müssen, ehe sie den Widerspruch der Welt ertragen können; und daher kommt es, dass Ich sagte: „*Es sind Erste, die werden Letzte und Letzte werden oft Erste*" (nach Meiner Rechnung) (Lk. 13,30). Denn die innere Berufung hat oft schon bei einer Seele stattgefunden, ehe ihr es ahnt. Ihr blickt oft mit Mitleid solche an und Ich sage euch: betet für sie! Vielleicht haben dieselben Gleiches auch schon für euch getan, und wenn ihr äußerlich sogar gegeneinander stehet, so seid ihr beide doch bei Mir um eurer gerechten Liebe willen angenehm, und werdet ihr beide zum Mahle kommen.

Vom Morgen und Abend, von Mittag und Mitternacht will Ich Gäste und Kinder an Meinen Tisch setzen, und die Einladung dazu geschieht ganz nach Meiner Liebe und Weisheit, für euch freilich unfassbar, bald durch Freuden, bald durch Leiden, oft in der Jugend oft im Alter. Dem einen wird mehr Kreuz dadurch aufgelegt, dem andern abgenommen, gleichwie Ich unerforschlich handle beim Leben und Sterben, weil Ich als Herzenskundiger oft den Lebensfaden eines Menschen abschneide oder verlängere, wo des Menschen Verstand nur Härte oder Strafe erblickt, eben weil er's mit dem Grübeln nicht entziffern kann.

Habt Vertrauen zu Mir als eurem himmlischen Vater! So wird das Herz euch einen Aufschluss darüber geben, der euch zum Segen wird. Glaubet fest, dass alle Gebete, welche aus Liebe für das Heil eurer Mitmenschen Mir vorgetragen werden, Erhörung finden, und freuet euch mehr über das Wehen des Heiligen Geistes, wenn es auch für euch selbst noch unmerklich geschieht. Aber Ich sage es euch jetzt: Meine Kraft ist verstärkt auf dem Erdboden und die Finsternis muss weichen.

Bleibet mutig und standhaft, damit der Feind beim Rückzug euch nicht noch eine tückische Niederlage bereitet; harret aus! Der Sieg ist auf Seite des Lichtes, die Wahrheit ist unbesiegbar. Freuet euch, dass ihr dieselbe immer wieder aufs Neue bestätigt erhaltet und euch überzeuget, dass in allen Himmelsgegenden das gleiche Himmelsbrot ausgeteilt wird, weil alle nur einen Vater haben, nämlich Mich, als Gott, Vater, Sohn und Geist. Amen!

294. Die Stimme eines Predigers in der Wüste

9. Juli 1882

„Es kam aber vor Herodes, den Vierfürsten, alles was durch Ihn geschah; und er besorgte sich, dieweil von etlichen gesagt war: ,Johannes ist von den Toten auferstanden.'

Von etlichen aber: ,Elias ist erschienen'; und von etlichen: ,Es ist der alten Propheten einer auferstanden.'

Und Herodes sprach: ,Den Johannes habe ich enthauptet; wer ist aber dieser, von dem ich solches höre?' und begehrte ihn zu sehen." (Lk. 9,7-9)

Liebe Kinder! In dieser Erzählung liegt abermals eine Entsprechung für die Zeit, wo Ich zum zweiten Male kommen werde, und wo gleichfalls ein Johannes Mir den Weg bereiten soll. Dieser Johannes ist auch bezeichnet durch „die Stimme eines Predigers in der Wüste", welcher die Wahrheit verkündet, und zur Buße ermahnt.

Wer nun in jetziger Zeit vom Materiellen sich immer mehr loszumachen und ein geistiges Wachstum anstrebt, dem öffne Ich das geistige Auge und Ohr, dass er unterscheiden mag, die jetzigen Zustände der großen Verirrungen und Abweichungen von dem, was Ich anordnete in Meinem Erdenleben, um die Menschen wieder zu vergeistigen und sie aus dem Schlamme der Sünde zu ziehen, welche alles verunstaltet hat.

Ein solcher wird aber auch zur Wahrnehmung gelangen, dass Ich dem Sündengräuel nicht müßig zusehe, sondern überall wirke und es so leite, dass die Herzen, ohne Mich vorher besser zu erkennen, durch die Verhältnisse angetrieben werden, etwas Besseres zu suchen, anstatt mit dem Vergänglichen sich zu befriedigen.

Darum auch ließ Ich einst das Manna, das dem Leibe zur Nahrung dienen musste, dem Volke Israel in der Wüste immer wieder dem Verderben geben; während das geistige oder Himmelsbrot, welches sie im Gesetz erhielten, in ihrem Herzen ewig und bleibend sein sollte.

Jetzt ist die Christenheit gleichfalls (im entsprechenden Sinne) auf der Reise nach Kanaan (in bessere Zustände im Friedensreich, nach der Wiederkunft des Herrn) und seufzt zu Mir, unter dem Drucke Ägyptens oder der Welt. Denn alle ihre Sorgen drehen sich bei der Mehrzahl um weltliche Sachen. Sie wünschen wohl eine Erlösung von dem Joche, aber, wollte Ich nach ihrem Sinne denselben nachgeben, so müsste Ich ihre Begierden nach Äußerlichem immer mehr stillen, und sie, als weiser liebender Vater, Selbst in den Abgrund des geistigen Verderbens zu befördern behilflich sein.

Dass dieses Meiner Liebe nicht möglich ist, dass sehen Meine Nachfolger, die auf Meine Seite getreten sind, wohl ein; und weil sie dadurch bei der Weltversunkenheit sich dennoch als Befriedigte zeigen, so sind sie den Weltmenschen ein Rätsel geworden, so dass auch die Obenanstehenden in der Gelehrsamkeit doch nicht mehr recht wissen, wer ihr Gesetzgeber ist, und sich untereinander fragen: „*Wer ist aber dieser, von dem ich solches höre?*" (Lk. 9,9)

Sie staunen über die Ausübung Meiner geheimen Macht an den Meinigen, welche mit Treue aushalten, und das Materielle in den Hintergrund stellen, sie forschen und fragen nach dem Urheber solcher Richtung; denn gleichwie Herodes den Johannes enthaupten ließ, damit er ihn nicht mehr beunruhige, so haben die Gelehrten dem (wahren) Glauben und der (rechten) Liebe das Haupt abgeschlagen, um sie blindlings leiten zu können.

Die göttliche Liebe zieht die Erleuchtung nach sich. Wo also die Liebe Wurzel fasst, da wächst das innere Leben und gedeiht zum Senfbaume. Darum leget ihr die Antwort auf die obige Frage („Wer ist aber dieser, von dem ich solches höre?") in euren Lebenswandel, der bezeugt, dass ihr Abkömmlinge von einem Gott seid, Der die ewige Liebe ist; suchet diesen Namen überall zu verbreiten. Denn die Liebe ist das Haupt der (wahren) Kirche, und wo dieselbe gepflegt wird, da will Ich Mich bei Meinem zweiten Kommen niederlassen, und alle, die da fragen: „Wer ist Regent in dieser Gemeinschaft?" die sollen erfahren, dass Ich als Gott und Vater durch Liebe diese Gemeinschaft regiere! Amen!

295. Der Pharisäer Ärger

16. Juli 1882

„Alle Pflanzen, die Mein himmlischer Vater nicht gepflanzt, die werden ausgerissen!" (Mt. 15,13)

Liebe Kinder! Diese Worte sagte Ich einst zu Meinen Jüngern, welche besorgt um Mich waren, weil die Pharisäer sich an Mir ärgerten; denn sie richteten sich auch noch nach deren Gunst, weil es also bei dem Volke ganz eingefleischt war, das Wohlgefallen der Oberen zu erlangen. Und dadurch verloren Meine Gesetze und Worte, die Ich durch Moses und die Propheten ihnen gab, so sehr an Wert, dass sie nichts mehr an den Menschen bewirken konnten, sondern es ging bei denselben immer mehr in die Verkehrtheit, so dass ein großer Teil des Volkes aus Unwissenheit böse wurde, und so ist es auch heutzutage wieder.

Viele Menschen sind nur noch gewöhnt, sich nach dem Lehrer zu richten, ohne selbst zu prüfen oder zu unterscheiden, ob diese Lehre sie näher zu Mir bringt, was ihnen auch kein Bedürfnis ist, sondern sie sehen nur mit Angst dem Tode entgegen, durch welchen sie glauben zum Schauen zu gelangen und dann mit Mir (als Richter) verkehren zu müssen. Ich sage hier „müssen", denn wenn Ich warten wollte, bis sie es ebenfalls wünschen, so würden viele in Ewigkeit Mich nicht finden, ebenso bin Ich selbst tätig bei den Seelen, dass diese Sehnsucht nach Mir immer wieder angefacht wird, und der Heilige Geist bei ihnen etwas schaffen kann.

Eben diese Sehnsucht und dieses Schaffen ist es, was die Seelen nach und nach fähig macht, mit Mir wieder in Verbindung zu kommen, alle anderen (äußeren) Menschenlehren und Satzungen können diesen Standpunkt nicht hervorbringen, wenn sie nicht auf Meinen Gesetzen beruhen, welche so einfach und klar gegeben sind, dass ein jeder sie leicht selbst fassen und begreifen kann, der einen redlichen Willen hat und den der innere Zug dazu antreibt.

Alle Nebenerklärungen und Beisätze, teils um sie zu mildern, teils sie zu schärfen, sind Eingriffe in Mein Vaterrecht, wozu Ich Meinen Segen nicht geben kann. Daher kommt es, dass es für manchen eine so schwere und saure Arbeit wird, sich nach dem Gesetze zu richten, weil es nicht mehr Meine Worte sind, die von einem liebenden Vaterherzen stammen, sondern weil solche durch den Verstand entstellt wurden.

Wer kindlich zu Mir hält und aufmerksam Meine Worte, welche Gebote und Lebensregeln enthalten, betrachtet, der wird bald erkennen, dass dieselben so eingerichtet sind, dass sie beglücken, und dass also nur göttliche Liebe sie angeordnet haben kann; darum auch alle andern Gebote bei solch einer Seele den Wert verlieren, indem sie ihr Wachstum nur in Meinen Geboten findet.

Weil Ich aber ein Vater aller Menschen bin, und will, dass allen geholfen werden solle, so wird auch die Zeit kommen, wo Mein Hauptgesetz, die Liebe, zur Herrschaft gelangt.

Freilich geht dies sehr langsam, weil der freie Wille dabei seine Geltung behalten muss, aber ebenso gut wie es Menschen gibt, die ganz mit Mir verwachsen sind, weil der Drang dazu in ihnen vorhanden ist, ebenso ist es möglich, dass die Sehnsucht nach Mir eine allgemeinere und größere wird, so dass Ich endlich doch als Vater und Regent anerkannt werde, wozu Ich stets durch Meine Liebe und Weisheit hinwirke.

Wer meine Regierung durch einen Rückblick in die Geschichte zu erforschen sich bemüht, der wird erkennen, dass es stets vorwärts geht mit der Erkenntnis Meines Wesens, und wenngleich die Mehrzahl der Menschen durch verkehrte Leiter blöde bleibt, so ist es aber doch auch bei einzelnen Menschen der Fall, dass sie es zu einer Höhe im geistigen Wissen bringen, wodurch bewiesen wird, dass solche nur von Gott Selbst gelehrt sind, und dieser Belehrung kann keine weltliche Macht noch List entgegentreten, denn wo der Geist von Mir unterstützt wird, da bleibt er Sieger! Amen! Euer Jesus-Vater!

296. Meine Zeit ist noch nicht da

23. Juli 1882

„Meine Zeit ist noch nicht da, eure Zeit aber ist allewege!"
(Joh. 7,6)

Liebe Kinder! Dies sind wichtige Worte für euch, da ihr doch auch im Stillen die Sehnsucht in euch traget, Mich mit leiblichen Augen zu schauen, weil ihr glaubet, eure Liebe zu Mir berechtige euch zu solchem Anspruch; doch Ich sage euch: Meine Zeit ist noch nicht da, wo Ich solches tun kann, weil es euch noch mehr schaden würde. Denn ihr wäret in solchen Momenten nicht mehr Mensch, und eure Freude, Mich als Vater zu haben, würde einer Furcht weichen, und die hoffenden Gedanken, welche euch manchmal recht erheben und zu eifrigem Streben veranlassen, würden verschwinden. So aber weil Ich euch Meine Nähe bloß fühlen lasse, sind dieselben dadurch noch verstärkt, und machen euch immer mehr angenehm vor Mir, und bringen euch in eurer Liebe zu Mir vorwärts.

Es haben viele Altväter Mich von Angesicht geschaut und doch nicht erkannt, bis Ich es ihnen noch ins Herz gab. Ihr Begriff von Mir war ein ganz anderer; aber gerade so ist es am besten für Meine Kinder, dass ihre Sehnsucht bleibt, bis Ich es für gut finde Mich ihnen sichtbar zu machen, welche Verzögerung aber in dem geistigen Einverständnisse zwischen Mir und ihnen nicht viel ausmacht.

Gleichwie die harmonische Liebe zwischen zwei Seelen stattfinden kann, auch wenn sie, nachdem sie sich kennen gelernt, räumlich weit voneinander entfernt sind, so ist es auch bei Mir noch mehr der Fall, da Ich nicht an Zeit und Raum gebunden bin, sondern Ich bin der Allgegenwärtige und weile überall, wo Ich mit Liebe verlangt werde.

Wenn aber unter euch etliche sind, die sich Meines ganz besonderen Einflusses erfreuen, so ist dies bloß ein Zeichen, wie jeder Mensch Meine Nähe fühlen soll, und dieses Innewerden bei solchen nur zur Anregung der anderen mehr ausgeprägt ist.

Denn alle Menschen haben die Fähigkeit in sich, Meine Stimme zu hören und von den eigenen Gedanken zu unterscheiden.

Es gibt aber recht demütige Seelen, die sich nicht getrauen, von sich und von solcher Ehre etwas zu rühmen. Diese haben es in ihrer kindlichen Freiheit noch nicht soweit gebracht, diesen innigen Verkehr mit Mir, wie er jetzt stattfindet, auch auf sich anzuwenden und denselben bei sich zu suchen. Aber diese Seelen genießen Meine Liebe oft in noch höherem Grade als die andern, denn nur die Gegenliebe Meiner Kinder gibt ihren inneren Wert an. Vor Meinen Augen steht alles in einem anderen Lichte, weil aber Ich Meine wahren Kinder, in allem nach Mir erziehen will, darum benütze Ich einzelne Meiner Kinder zum Ausdruck Meiner Worte, damit durch sie alle zu gleich wahren Anschauungen von Mir gelangen.

Und gleich wie Ich als Haupt von euch anerkannt werde, so sollt ihr euch als Glieder betrachten, wo jedes Glied die Leistungen der übrigen Glieder mit zu unterstützen, aber auch mit zu genießen hat.

Ein jedes unter euch erhält seine Anregung vom Haupte Selbst, und weil das Haupt alles regiert, so ist eure Verbindung, in des Hauptes Willen, oder wie ihr euch ausdrücket, so seid ihr „im Herrn verbunden", und weil ihr in Mir euch also verbunden betrachtet, so segne Ich euch alle, ohne Unterschied, mit voller Liebe. Amen! Euer Vater in Jesu!

297. Bist Du Gottes Sohn

(Lk. 4)   30. Juli 1882

Liebe Kinder! Nachdem Ich getauft war von Johannes, ging Ich in die Wüste, um Mich zu stärken für Mein Lehramt; denn Mein Entschluss - ganz nach des Vaters Wohlgefallen Meine Aufgabe zu erfüllen - war gefasst. Siehe, da kam der Versucher mit seinen feinen Künsten, und wollte die Mittel, welche doch nötig waren Mich vor allen Versuchungen zu bewahren, auf listige Weise entfernen.

Es war zuerst das Fasten, das ihn hinderte, weil er wusste, dass bei Nüchternheit die Stimme des Innern viel besser vernommen werden kann. Dann wollte er Mir dadurch zugänglich werden, dass er Meine Macht anerkannte: *„Bist Du Gottes Sohn,* so *sprich zu den Steinen, dass sie Brot werden!*" (Lk. 4,3) Hernach legte er seine Schlingen in die Anschauung der weltlichen Herrlichkeiten und dann wollte er Mich zum Übermut im Gottvertrauen veranlassen.

Es sind diese Stufen der Versuchung gleichfalls wichtig für Meine Nachfolger, denn sie zeigen die Abweichungen an, zu welchen sie verführt werden können, wenn sie nicht ganz besonders wachen und beten.

Haben solche aber sich Mir übergeben, so sind viele stolz darauf, dass Ich mit ihnen in Verbindung stehe, und glauben, Ich solle ihnen als Malzeichen besondere Kräfte zum Wunderwirken verleihen, um, wie sie blindlings meinen, dadurch andere für Mich zu gewinnen.

Und sehet, dies ist eine feine Abweichung von Meinen Geboten, welche nur Liebe lehren zu diesem Zwecke; denn in der Liebe solle die Wunderkraft sein, welche für Mich gewinnt.

Die zweite Versuchung bei einer Seele, welche sich Mir übergeben hat, ist öfters, dass sie zu viel zurückschaut auf die weltlichen Besitztümer, denen sie um Meinetwillen entsagt hat, auch wenn sie dieselben noch inne hat, doch so, dass ihre Sorge darum eine untergeordnete bleiben und ihre Hauptsorge sich um Mich drehen solle. Aber da kommt der Feind sehr oft und will es anders ordnen, und hat es nun auch im allgemeinen darin schon sehr weit gebracht, den Menschen die Erdengüter als Hauptsache zu präsentieren, denn das Sprichwort geht von ihm aus: „Geld regiert die Welt!" Und wenn Ich darum im Innern an die Meinigen die Frage stelle: Was willst du lieber, ohne Geld oder ohne Gott leben?, so muss Ich mit Meiner Langmut ihre Antwort anhören. Denn wollte Ich ihre Antwort, dass sie lieber Mich wollen, dadurch bekräftigen, dass Ich ihnen ihre irdischen Güter entzöge, so könnten gar wenige es ertragen, und würden viele von Mir abfallen.

Darum sind es bloß ganz wenige Fälle, wo dieses vorkommt, dagegen prüfet euch als Meine wahren Kinder, wie weit eure Antwort und eure Mir schon dargebrachten Opfer, welche Ich anerkennen und segnen will, euch rechtfertigen? Es kommt eben auch dabei noch darauf an, ob die Art und Weise, wie ihr solche verwendet, als die richtige anerkannt wird? Hier muss Ich euch etwas erklären, damit ihr diesen Fall noch besser prüfen lernet.

Schon oft habe Ich euch von dem Einflusse der Geister (auf euch Menschen) gesagt. Da aber auch die Geister infolge ihres freien Willens berechtigt sind, solches nach ihrer eigenen Anschauung zu tun, so kommt es vor, dass gleichzeitig sowohl gute als finstere Geister sich geltend zu machen suchen, und daraus entsteht oft ein recht schwerer Kampf, hauptsächlich wenn es sich um das Reich Gottes und dessen Aufbau handelt; denn da kommen allerlei Bedenklichkeiten, und wird dabei meist nach Äußerem gerechnet.

Ich Selbst bleibe in solchen Fällen neutral, damit die Entscheidung, wenn sie (dennoch) Mir zuliebe ausfällt, einen desto größeren Sieg und Lohn hat.

Dies wissen die guten Geister, und ihre Liebe treibt sie da an, kräftig zu beeinflussen; daher oft manche Menschen bis ins Unglaubliche zu Schwärmereien getrieben werden; denn solche Menschen, die Mein Reich befördern wollen, stehen der Geisterwelt viel näher als ganz materielle, und gilt daher für sie auch umso mehr der Ausspruch: Wachet und betet!

Darum, liebe Kinder, auch ihr habt das Wachen und Beten besonders nötig, damit ihr zwischen zwei Parteien mitten hindurch zu Mir Selbst eilet; denn wenn Ich dazu eingeladen werde, in solchem Kampfe beizustehen, so verleihe Ich auch den Sieg; doch erwartet nicht, wie es in der dritten Versuchung heißt: „*Er wird befehlen Seinen Engeln vor dir, dass sie dich bewahren!*" (Lk. 4,10) Dass solche Worte sich erfüllen, wenn ihr euch auf die Zinne des Tempels stellet, oder aus Eigendünkel glaubet, dass ihr allein die Auserwählten seid, und ohne euch Meine Sache unterginge, und Ich darum alles wohl wegräumen müsse, was doch ihr selbst zu überwinden habt, da sage Ich euch: „Du sollst Gott Deinen Herrn nicht versuchen, sondern kindlich dich an Sein Vaterherz flüchte und Ihm vertraue, dass Er es wohl macht, wenn du treu und gehorsam folgest." Amen!

298. Der Ort, da du stehest, ist heilig

5. August 1882

Einst sprach Ich aus dem Busche zu Moses: *„Ziehe deine Schuhe aus; der Ort, da du stehest ist heilig.“* (2. Mos. 3,5)

Liebe Kinder! Dies ist die Stimme der Gesetzgebung, wo Ich gedrungen war, Meinem Volke, den Juden, auch nach außen ihre Richtung zu bezeichnen. Sie waren im Drucke und standen im Frondienst Ägyptens, wo sie nur (noch) ihre Erlösung im materiellen Sinne im Auge hatten, und deshalb nur noch mit äußeren Dingen vor Mich kamen.

Dieser Zustand des israelitischen Volkes ist eine Entsprechung des Zustands der jetzigen Weltchristen, welche auch in Beziehung auf ihre äußeren Verhältnisse Mir in die Ohren reden, und glauben, Mir vorheucheln zu können, um zu ihrem (irdischen) Vorteil etwas zu erbeuten.

Diesen gilt auch heute noch das Wort: „Ziehe deine Schuhe aus, der Ort, worauf du stehest, ist heilig“. Aber Meinen Nachfolgern in Tat und Wahrheit sage Ich: *„Lasset die Kindlein zu Mir kommen; denn ihrer ist das Himmelreich!“* (Mt. 19,14) und diese Worte sollen auch heute gelten und euch erquicken.

Ihr sollt wissen, dass Ich alles von euch anhören und ordnen will; auch in äußeren Dingen will Ich euch Rat verschaffen, denn euch ist das Reich beschieden, welches der „Vater“ Mir übergeben hat.

Hier ist unter „Reich“ der göttliche Einfluss auf die Seelen gemeint, oder die wirkende Kraft in Wort und Tat, welche euch tüchtig macht, die von Mir geschaffenen Menschen wieder als Meine gehorsamen Kinder an Mein Herz zu leiten. Darum gebiete Ich im ganzen Universum: „Lasset die Kinder zu Mir kommen und wehret ihnen nicht; denn solchen ist es beschieden mit Mir den Erdkreis zu regieren in Friede, Liebe und Gerechtigkeit.“

Mehr vermag Ich euch nicht zu geben, weil Ich Selbst nicht mehr besitze, als die Liebe, auf der Meine Allmacht, Kraft und Herrlichkeit beruhen. Dieselbe hat euch als Kinder erschaffen und will euch auch zu eurem Anrecht als Meine geistigen Kinder durch Erziehung nach Meiner Weisheit helfen; darum erkennet das große Geschenk, das Ich euch anvertraue, wenn Ich euch Mein Wesen enthülle, damit ihr dadurch auch eure Mitmenschen Mir zuführen könnt.

Trauet der Stimme, die euch im Innern dazu antreibt und belehrt, so können wir Großes erreichen, und wie die Nachwelt Meine Jünger aus Meiner Erdlebenszeit so selig preist, dass sie in Meiner Nähe sein durften, so könnt ihr dasselbe Glück heute schon erfassen, weil Ich ebenso gut, wenn gleich unsichtbar, euch beeinflusse; denn auch jenen gab nur der Geist den richtigen Begriff von Mir, und nicht der Verstand und die Sinne.

Also, was wollt ihr, das Ich euch geben solle, das ihr nicht schon empfangen habt? Darum freuet euch mit Mir, und feiert das Liebesmahl unter euch, nicht um zu empfangen, sondern um euch kindlich zu freuen, dass Ich unter euch bin mit Meinem Geiste und mit Meiner Liebe!

Seid sorgenlos! Nicht immer sollet ihr schaffen, sondern auch einmal einen Fest- oder Fühltag haben und feiern, damit ihr innewerdet, was ein „Kind Gottes" ist! Für heute ganz euer Vater.

299. Um eures Unglaubens willen

13. August 1882

Jesus aber antwortete und sprach: „Um eures Unglaubens willen." (Mt. 17,20)

Liebe Kinder! Der (wahre) Glaube geht viel tiefer, als ihr es nur fassen könnt; denn er ist nicht bloß eine freiwillige Annahme, sondern eine sichere Überzeugung.

So war es einst auch bei Meinen Jüngern: Weil ihnen die feste Überzeugung fehlte, dass alle andere Macht außer Mir Meinem Willen untertan sein muss, darum wich der böse Geist nicht, welchen sie austreiben wollten.

Dieser schwache Glaube ist hauptsächlich jetzt überall anzutreffen, sogar auch bei Meinen Kindern. Sie haben noch nicht alle die Gewissheit in sich, dass sich alles Meinem Willen unterordnen muss; darum sind sie noch sehr zaghaft, auch wenn sie eine Übergabe an Mich gemacht haben.

Durch solches Zagen trauen sie dem Feinde mehr Macht zu als Mir, und diese Furcht benützt er, um sie vom Erfüllen Meines Willens abzuhalten.

Sie klagen dann ihre Schwäche oft bei Mir an, während Ich doch fortwährend Meinen Beistand und Meine Kraft ihnen anbiete.

Hat daher die Seele sich Mir einmal übergeben, so soll sie nie mehr zweifeln, dass sie stark genug sei, das auszuführen, was der Geist und durch den Geist Mein Wort ihr zu erfüllen aufträgt.

Eine gewisse Zuversicht muss mit der Aufgabe verbunden sein, dass jetzt ein Schritt vorwärts gemacht ist, wo zwar der Feind noch mit euch streiten, aber euch nicht mehr besiegen kann,

Die Liebe übergibt und der Glaube vertrauet! Darum sollen Liebe und Glaube stets miteinander verbunden sein, denn nur so wird der böse Feind besiegt.

Dass es möglich ist, denselben ganz aus dem Fleische hinauszutreiben, dazu habe Ich das Beispiel gegeben und den Beweis geliefert, weil Mein Fleisch vom göttlichen Geiste durchdrungen war, und so denjenigen Grad der Liebe erreichte, welcher fähig macht das Fleisch kreuzigen zu lassen.

Zuerst muss dasselbe durch tägliche Übung von Mir Selbst gekreuzigt werden und die eigentliche Kreuzigung am Schandpfahl war nur das Zeichen dem Feinde gegenüber, dass alles, was von Ihm ausgegangen war, zurück in den Tod gehen muss, somit auch diese Fleischmasse. Aber die göttlichen Einflüsse, welche die Seelensubstanzen veredelten, wurden dabei sozusagen gerettet, und durch Mein göttliches Mitwirken zu einem Seelenleibe zusammengeformt, oder zu einem Auferstehungsleibe, an welchen der Satan keine Macht hatte, weil seine Bemühungen, das Ausströmen des Geistes in die Seele durch sein Dazwischenkommen zu stören, ihm nun misslingen mussten.

Er (Satan) ist der erste Lichtträger in Meinem Universum gewesen, und darum hatte er auch wiederum zuerst die Einsicht in die tiefe Bedeutung des geheiligten und verklärten Fleischleibes, weil er von nun an mit seinen Ansprüchen an die Seele des Menschen zurücktreten musste. Denn gleich wie er - gebunden durch Meine Macht - sich Meiner Liebe nicht ganz entledigen kann, so können es auch die Menschen nicht. Immer wieder glimmt das Fünkchen der Liebe oder der Gottheit in jedes Menschen Herz auf, und nur gar wenige sind es, die der ewigen Verdammnis anheimfallen.

Somit kommt es jetzt gar viel auf den Glauben an, dass es möglich ist Meine Gebote der Liebe zu halten, um dadurch zu

Meinem Ebenbilde zu gelangen, und dieses zieht den Auferstehungsleib nach sich und so ist Mein Ebenbild für alle Ewigkeit gültig.

Es gibt also kein anderes Gesetz für Meine Kinder als die Liebe, und diese besteht ewig.

Da aber der Satan sich nicht so leicht verdrängen lassen will und fast alle Herzen beherrscht, so kommt es, dass Meine Macht im Gegenpole sich verdunkelt; doch gab Ich auch damals schon Meinen Jüngern den Beweis, dass wenn Ich es für gut finde, Ich dieser finstern Herrschaft sofort ein Ende machen kann.

Darum, Meine liebe Kinder, glaubet fest, dass es möglich ist, dass Ich die Teufel bei euch austreibe, so ihr die wahre Liebe und den rechten Glauben Mir entgegenbringet, wo dann auch euer Leib der Verklärung teilhaftig wird, so wie Ich denselben durch die Liebe und den Kreuzestod gereinigt habe.

Liebet und glaubet, so werdet ihr stark werden durch die Macht eures Vaters, Der da ist die Macht, die Kraft und die Herrlichkeit (von Ewigkeit zu Ewigkeit). Amen! Amen! Amen!

300. Eure Aufgabe als Ebenbilder Gottes

20. August 1882

„Wer mich hasst, der hasst auch meinen Vater. Hätte ich nicht die Werke getan unter ihnen, die kein anderer getan hat, so hätten sie keine Sünde; nun aber haben sie es gesehen und hassen doch beide, mich und den Vater." (Joh. 15,23-24)

Liebe Kinder! Diese Worte sind sehr wichtig für alle, welche durch Meine Gnade zu der inneren Überzeugung gelangt sind, dass Ich es bin, der sie erwählt hat, um zu zeugen von Mir und Meiner Liebe, durch Wort und Tat; denn in sie ist gelegt der Heilige Geist, welcher sie in alle Wahrheit leitet, auf dass sie einsehen den ganzen Zusammenhang ihres Wesens und Seins, das da sich äußert in Geist, Seele und Leib (nach Meinem Ebenbilde geschaffen), in Vater, Sohn und Geist, oder in dem Urwesen Liebe, in dem Sohne Wort und in dem Geiste als Wirkung; und diese Zusammensetzung soll euch allen stets vor Augen sein, damit ihr euer Denken, Wollen und Handeln danach ordnet.

So nur könnt ihr eure Aufgabe als Ebenbilder Gottes besser lösen, wenn ihr bei allem stets bedenket, ob ihr dabei mehr für den Geist, oder mehr für Seele und den Leib sorgen wollet. Oder wenn euch etwas begegnet, prüfet, auf welche Weise ihr das euch Begegnete verwenden wollet, ob zu äußeren Interessen, oder zum geistigen Gewinn.

Zum Beispiel ihr erhaltet unverhofft Besitztum oder Güter, so fraget und prüfet euch, ob ihr es nach Meinem Sinn gebrauchen wollet oder nach dem natürlichen, der das Wohlleben vorzieht?! Und wenn ihr eure Bestimmung durch den Heiligen Geist genau wisset, so werdet ihr sicher alles nur so anwenden, dass euer geistiger Fortschritt dabei gewinnt, und alsdann hättet ihr Meine Gebote höher gestellt als die natürlichen.

Ein anderes Beispiel ist, wenn ihr beleidigt werdet, da spricht die Natur Genugtuung an, wenn ihr glaubt es sei euch Unrecht geschehen, der Geist aber will verzeihen und somit dem göttlichen Vater ähnlich handeln, Der stets verzeiht. Demnach könnt ihr durch euer Wählen euch mehr demselben nähern oder umgekehrt auch mehr von Ihm entfernen.

Habt ihr aber diesen Zusammenhang zwischen Geist und Natur durch die Gnade erkannt, so wird es euch zur Sünde, so ihr gegen den Heiligen Geist lebet und handelt. Denn solche, denen es gegeben ist das Wesen des Geistes zu erkennen, haben eine größere Verantwortung für ihr Streben und Leben abzulegen, weil ihnen mehr anvertraut ist.

Darum, wer die Hand an den Pflug legt und zieht sie wieder zurück, der wird doppelt gezüchtigt werden, d.h. er wird sich nicht mehr so leicht mit der Gnade trösten können, weil er dieselbe nicht so angenommen, wie es ihm der Heilige Geist aufgedeckt hat.

Denket daher ihr, die ihr euch vergeistigen wollet, doch recht darüber nach, wie viel darauf ankommt, sich auch bei den kleinsten und unscheinbarsten Dingen im Handeln recht zu prüfen, ob ein Gewinn für den Geist dabei herauskommt, oder inwiefern ein Gedanke, ein Wort, eine Tat das Ebenbild Gottes in euch beflecken und verunstalten würden!

Ihr habt Worte, von Mir ausgehend, genug, welche euch darüber belehren, und wenn euer Wille redlich nach dem Richtigen sucht, so ist der göttliche Geist in euch stets bereit, euch zu belehren. Deshalb wachet und betet allezeit, damit ihr nicht in Anfechtung fallet, sondern stets merket, von welcher Seite der

Feind sich nähern will, damit ihr ihm die richtigen Waffen entgegenstrecket und also Sieger bleibet. Euer Vater!

301. Wenige wissen, wer Ich bin

27. August 1882

„Da sprachen die Pharisäer zu ihm: Du zeugst von dir selbst; dein Zeugnis ist nicht wahr." (Joh. 8,13)

Liebe Kinder! Die Pharisäer erkannten Mich nicht und verwarfen Mein Zeugnis, weil sie durch äußere Weltgüter, als da waren Reichtum und Ehre, so befriedigt waren, dass sie nach keiner Verbesserung ihrer Lage sich sehnten, denn sie waren ganz materiell, und suchten alles zu entfernen, was sie an weitere Aufgaben und Sorgen mahnen konnte.

Daher wollten sie auch von der Frage, was die Seele nach dem Tode erwarte, nichts wissen? Sie betrogen sich mit dem blinden Glauben, der nicht grübeln soll, und sich nachher mit Unwissenheit entschuldigen will.

Diese Richtung gaben sie auch ihren Laien, weshalb diese auch keine Schuld traf, ob ihres angewohnten Glaubens, welcher oft mehr Aufopferung und Gehorsam verlangte, als Meine Gebote.

Ich musste diese Richtung so lange mit Geduld tragen, bis Ich selbst zu Meinem Volke kam, um dasselbe anders zu belehren, und Ich musste auch da noch Mich nach dem freien Willen der Menschen richten, daher Ich bloß Wunder tat, um mehr wohltätig gegen sie zu sein, und sie von Meiner rettenden Liebe zu überzeugen.

Darum ist auch das Wachstum der christlichen Religion im Vergleiche zu Meiner Macht ein sehr schwaches und langsames, sogar auch bei der einzelnen Seele, welche durch die Kirchenlehre nicht weiter gebracht wird, als Mich als den Richter anzuflehen, von Dem ihre Seligkeit abhängt, und zu hoffen, dass Ich ihr gnädig sei. Alle weitere Ausbildung aber wird auf das Jenseits verschoben. Nur wenige Seelen gibt es, an denen Mein Heiliger Geist noch mitwirken und durch seine Erleuchtung Mir wahre Kinder erziehen kann.

Dies ist nun abermals der Standpunkt Meines Volkes, wo aber Ich auch wiederum Mich herablasse, um Meine Menschenkinder aus dieser dicken Finsternis des Unglaubens und der Unwissenheit zu retten; denn gar wenige wissen was der Mensch ist, und daher auch noch wenige, wer Ich bin!

Auf dass diese Wahrheit nicht ans Licht gebracht werden solle, stellt der Satan alles ihm nur Mögliche entgegen, weil er weiß, dass sonst seine Niederlage erfolgt.

Wundert euch daher nicht, wenn euch noch viele schmähen und verfolgen werden, weil Ich nicht mit Gewalt Mein Reich einnehmen oder vielmehr die Seelen ziehen will, sondern die eigene Wahl sie beglücken soll, ansonsten dieses Glück wenig Wert hat. Dagegen Mein Gegner (Satan) stürmisch für sich anzuwerben sucht, und deshalb oft große aber keine sichere Beute macht. Denn immer wieder geht Meine Liebe auch solchen nach, die von ihm sich haben überrumpeln lassen, und deckt denselben ihre Blindheit auf.

Gerade solche Seelen wollen oft in ihrer Unwissenheit etwas für Mich tun, und dienen durch ihren ungeprüften Eifer Meinem Gegner, weil sie sich zu wenig an Meine Gebote halten, und den Glauben nur in der Erkenntnis suchen und nicht in der Liebe. Dadurch handeln sie nicht nach Meinem Willen, entfernen sich von Mir und verlieren den Einfluss des Heiligen Geistes!

Dieser Einfluss ist ihnen eine Torheit geworden, weil sie für denselben nicht zeugen können, um aber ihnen hierzu zu verhelfen, sollen Meine Kinder sich solcher durch herzliche Fürbitte und Gebet annehmen und daher hat das Rufen zu Mir aus einem Herzen, das Mir ähnlich werden will in der Liebe zu den Mitmenschen, so großen Wert.

Komm o Jesu, komme bald! Diese Bitte sollte immer mehr verstärkt werden, damit Ich einziehen kann in Gestalt des Heiligen Geistes, um die Leuchte von Innen anzuzünden, weil alles Äußere in dieser Nacht des finstern Unglaubens zu wenig Wirkung mehr hat.

Darum seid stets treue Hüter, und übergebet Mir eure noch unwissenden Mitmenschen in wahrer Bruderliebe. Euer Vater Jesus!

302. Hast du Mich lieber

3. September 1882

„Simon, Jonas Sohn, hast du Mich lieber, denn Mich diese haben?" (Joh. 21,15)

Liebe Kinder! Diese Frage will Ich heute auch euch vorlegen, weil ihr euch doch in der Liebe zu Mir als solche betrachtet, die dieselbe in größerem Maße besitzen als andere, welche den Glauben hervorheben, welcher mehr der Erkenntnis nachstrebt, als der tätigen Liebe.

Das ist von euch aus zwar das Richtige, wenn ihr die Liebe oben anstellet; aber weil Mein Reich ein großes ist und viele Arbeiter braucht, so muss Ich auch andere anstellen, die nicht ganz eures Glaubens sind, denn auch sie pflegen dennoch im Gebete mit Mir zu verkehren, und bieten Mir ihre Dienste an, welche sie auch oft auf eine äußerst pünktliche Weise und in aller Ordnung ausführen und dadurch wirklich vieles leisten. Denn die schmachtenden Seelen, welche Ich auch diesen Arbeitern zuführe, sehen sehr auf das Äußere, und beobachten deshalb sehr genau die gesetzliche Ordnung, um zu prüfen, ob sie sich solchen Leitern anvertrauen dürfen?

Dies ist auch bei dieser argen Zeit nicht nur verzeihlich, sondern sogar nötig, denn um sogleich von der Liebe beeinflusst zu werden, dazu ist die Menschheit im Ganzen in der Jetztzeit zu materiell und zu heuchlerisch. Es muss derselben daher etwas Überzeugendes geboten werden, wenn nachdenkende Seelen für die Wahrheit sollen gewonnen werden und ebenso muss bei Meinen berufenen Kindern zu diesem Werke die größte Aufrichtigkeit walten, um ein Einreihen solcher Mitmenschen als Geschwister zustande zu bringen.

Jede Frage muss ihnen mit Liebe beantwortet werden, auch wenn dieselbe sogar auf Misstrauen beruht; denn sie sollen dadurch gerade auf die Liebe hingewiesen werden, welche dem Glauben nicht fehlen darf.

Alle diese Bedingungen sollen Meine wahren Kinder gerne eingehen, denn Ich richtete deshalb an Petrus (als Entsprechung des Glaubens) die Frage: *„Simon Jona, hast du Mich lieber, denn Mich diese haben? Dann weide Meine Lämmer!"*

Aber zu diesem Amte gehört die Liebe zu Mir, die um Meinetwillen alle ihre eigenen Ansichten fahren und dadurch andere Seelen die größte Liebe fühlen lässt, und die größte Selbstbeherrschung auf sich nimmt, alles Mir zuschreibend, dass sie nur von Mir als dem allein wahren Hirten lernen können, ihre anvertrauten Schafe recht zu weiden.

Hier aber muss Ich euch abermals auf die Missstände hinweisen, die sich immer wieder bei der Mission (Sendung) einschleichen.

Ein Lehrer oder Leiter kann oft sehr viel Liebe geben; aber er erhebt sich dabei im Herzen doch noch sehr über seine ihm zugeführten Gleichgesinnten, und dieses ist noch ein Haupthindernis, dass Ich nicht so segnen kann, wie Ich es gerne tun würde, weil Überhebung noch als ein kranker Fleck vom Satan beigebracht ist.

Erst wenn der Lehrer und Leiter sich nicht mehr dünkt als seine Brüder und Schwestern, und ihnen nichts vorenthält von allem, was Ich ihm anvertraute, dann ist der Feind weggeräumt und es kann sicher fortgearbeitet werden.

Darum tut Fleiß euch selbst zu opfern um Meinetwillen, und es erkenne ein jedes unter euch in dem andern seinen Lehrer. Alsdann werdet ihr euch erst wahrhaft untereinander lieben lernen, und kann Ich euch alle einreihen zu tüchtigen Hirten, und Meine Herde wird schnell wachsen. Euer Vater!

303. Einer ist euer Meister

10. September 1882

„Und ihr sollet euch nicht lassen Meister nennen; denn Einer ist euer Meister, Christus. Der Größte unter euch soll euer Diener sein." (Mt. 23,10-11)

Liebe Kinder! In diesen Worten liegt der Höhepunkt, welchen Meine wahren Nachfolger anstreben und erreichen sollen. Aber leider wird solcher von sehr wenigen erreicht; denn die wahre Demut ohne jede Selbstüberhebung im Herzen ist diejenige Tugend, welche der Satan am meisten zu vertilgen sucht, und daher erfordert es viel Kampf und Wachsamkeit, dieselbe zu erlangen.

Die Überhebung war die Ursache zum Falle Luzifers und nachher des ersten Menschenpaares, welchem die Schlange vorspiegelte, dass sie (die Menschen) gleich Mir werden können, wenn sie sich nicht nach Meinem Willen richten würden.

Die Sucht allein zu herrschen, bereitete ihnen den Verlust des Paradieses.

Und so ist es heute noch unter Meinen Nachfolgern. Die Überhebung über andere, und wenn es auch nur im Herzen geschieht, macht, dass die Menschen nicht in die Liebe eingehen können, welche Mir ähnlich macht. Sei es die Mitteilung von allem, was ihr besitzet, in der Erkenntnis und der Erleuchtung oder ein Teilnehmenlassen an euren Missionsarbeiten oder auch nur an äußeren Gütern; immer ist der Mensch wieder geneigt, bloß nach seiner Willkür auszuteilen, anstatt dass er diejenigen, die mit ihm gleichfalls etwas anstreben, aufrichtig ebenso viel teilnehmen lässt an allem, was er selbst besitzt.

Diese Liebe gegen andere aber ist in geistigen Gütern viel mehr nötig, als in den natürlichen, denn die natürlichen Güter sind so eingeteilt, dass ein Mehrbesitz des einen den andern nicht stören kann in seinem Glücke und seiner Befriedigung; namentlich wenn der andere dafür geistig reicher ist.

Nur in geistigen Gütern macht sich das Viel oder Wenig mehr fühlbar, weil geistig arm sein nicht durch äußere Güter ersetzt werden kann; wohl aber leibliches Armsein. Denn manch Armer, welcher mit Mir verbunden ist, würde keinen Tausch mit einem gottlosen Reichen eingehen.

Der geistige Reichtum aber ist Gnade, und darum überhebe sich keines über das andere wegen Gütern, die Ich als anvertrautes Pfund zuteile, um auch andere damit zu beglücken; denn sonst fehlt das beste Gewürz bei dem Mahle, d.h. die wahre Demut, welche alles Bittere und Saure in Liebliches zu verwandeln weiß.

Der wahre Genuss eines Mahles oder einer Gabe kann nur dadurch erhöht werden, dass auch andere mitgenießen und sich mit freuen, gleichwie die Liebe erst groß durch Entäußerungen ihrer selbst wird.

Wollt ihr darum immer glücklicher werden, so werdet vorher immer demütiger, denn der Größte unter euch soll euer Diener sein.

Je größer eure Demut ist, desto größer ist auch die Macht eures Einflusses bei euren Mitmenschen, und daher auch eure Leistungsfähigkeit für Mich. Euer Jesus!

304. Lade nicht deine Freunde

(Pred. Nr. 28)   17. September 1882

„Wenn du ein Mahl machst, so lade nicht deine Freunde, noch deine Brüder, noch deine Nachbarn (oder sonstige Verwandte), die da reich sind, auf dass sie dich nicht etwa wieder laden und dir vergolten werde!" (Lk. 14,12)

Liebe Kinder! Auch Ich will heute Mich an dasjenige halten, was euch derzeit bewegt, gegenüber der Partei, die euch und auch den Verkehr zwischen Mir und euch zu verdächtigen sucht.

Bleibet ruhig und lasset sie nur machen, und wenn ihr ein Mahl euren Mitbrüdern dadurch geben wollet, dass ihr ihnen wahrhaft nährendes Himmelsbrot auftischet, so suchet geistig Arme dazu, welches solche sind, die nicht so halbwegs dem einen oder andern Lehrer folgen, oder sich auf einen berühmten Mann in ihren Glaubensansichten berufen, sondern die da trauern, dass sie wenig Verstand haben, die Wahrheit zu begreifen.

Solche werden mit viel mehr Dank diese Meine Worte annehmen, als jene, die schon so ein paar Funken Erkenntnis in sich fühlen und daher euch zwar in geistiger Verwandtschaft näher stehen; aber auch deshalb euch wieder laden, d.h. euch gleichfalls sättigen wollen mit ihren Anschauungen, was aber dann wenig Nutzen bringt für beide Teile, weil die Eigenliebe zu viel dabei im Spiel ist. Lasset euch daher genügen, wenn ihr von denselben mit eurer Einladung zurückgewiesen werdet und euch nur geistig Arme besuchen.

Wisst ihr ja doch aus Meinem Bibelworte, wie es sich mit der Ausbreitung Meines Wortes und der Erleuchtung durch dasselbe verhält, indem Ich dort schon sagte, dass es den Toren (Einfältigen vor der Welt) geoffenbart und den Klugen verborgen sei! Darum, ihr Lieben, ist es überall die Demut, die beobachtet werden muss, wenn ihr etwas für Mich unternehmen wollet.

Setzet euch nicht oben an, sondern lasset den Gelehrten ruhig den Weltruhm, bis dass Ich es für gut finde, euch euren Platz anzuweisen, wie es Mir gefällt. Das Selbsthandeln hat ja für Mich keinen Wert, und Ich kann nur solche in Meinem Dienste verwenden, die sich ganz von Mir leiten lassen, und auch gegen ihr freudiges Wollen Mir Gehorsam leisten. In gewissen Fällen ist dies oft recht nötig, und Ich kann sie und andere dadurch mehr segnen, wenn sie Mir ein Opfer der Selbstverleugnung bringen.

So, Meine lieben Kinder, haltet es in euren Verhältnissen, wo ihr oft um Meinetwillen selbst euer wirkliches Recht fahren lassen müsst, um für Mich etwas tun zu können, damit andere dadurch gesegnet werden.

Setzet auch ihr euch unten an, dann wird die Zeit kommen, wo es heißt: „Freund, rücke hinauf, und zwar für bleibend!"

Hiermit habe Ich euch eure Verhaltensmaßregeln diktiert, und sehe nun deren Befolgung entgegen. Meinen Segen gebe Ich schon heute dazu! Amen! Euer Jesus!

305. Er lehrte die Wahrheit

24. September 1882

„Sie aber hielten an und sprachen: Er hat das Volk erreget, damit dass Er gelehrt hat hin und her im ganzen Lande, und hat in Galiläa angefangen bis hierher." (Lk. 23,5)

Liebe Kinder! Hier in diesem Verse ist euch gezeigt, wie es eurem Meister einst Selbst erging, als Er die Wahrheit lehrte.

Nicht das Volk war es, das Mich verfolgte, sondern die Pharisäer, welche wohl einsahen, dass neben dieser Wahrheit ihre selbst gemachten Satzungen nicht fortbestehen und somit auch ihr Ansehen und ihr Interesse geschmälert oder am Ende ganz aufgehoben würden.

Immer und überall ist bei solchen Verfolgungen die Eigenliebe die Haupttriebfeder dazu; darum Ich euch stets wieder so dringend ermahne, hinsichtlich dieser Sünde ein sehr wachsames Auge zu haben, weil sie ganz unscheinbar anfängt zu verderben; aber nach und nach fähig ist, ungeheuer großen Schaden, sowohl an der Seele selbst, als auch in ihrem Wirkungskreise anzurichten.

Alle anderen Tugenden stehen neben ihr wie nützliche Pflanzen neben einem Dornstrauche, der stets das Wachstum der besseren Pflanzen verhindert, und wenn jemand in seine Nähe kommt, schmerzlich verwundet; darum ist es nötig, denselben sogleich mit der Wurzel auszurotten.

Ebenso ist auch die Eigenliebe viel leichter zu vertilgen bei steter Wachsamkeit auch in kleineren Vorkommnissen, ehe sie zu groß wird, und um sich wuchert, was ihr gar leicht gelingt, weil ihre Umgebung sie meidet, wie die Dornen, da man auf Verwundung gefasst sein muss, wenn dieselbe bei einem eigenwilligen Menschen angegriffen wird.

Ihr könnt dies in eurer eigenen Führung erfahren, und oft mit Mitleid betrachten, wie die Eigenliebe so vieles auch gegen Mich unternimmt, und somit sich an Mir versündigt, dadurch, dass sie Meine Ehre schmälert, sei es bei Meinen Kindern, welche oft eben auch ihr Recht behaupten wollen, anstatt um Meinetwillen lieber zu dulden nach Meinem Beispiele, oder auch, wenn sie wie Meine Gegner, gar nicht prüfen, ob ihre Nebenmenschen für Mich sind und Meine Ehre zu fördern suchen, sondern dieselben gerade gleich verfolgen, wenn es sich darum handelt, dass ihr eigenes Ich etwas dabei verlieren könnte.

Darum Ihr Lieben alle, die Ihr Mir treu sein und Mir nachfolgen wollet, bedenket, Ich habe alles auch Selbst erduldet, was euch schon auferlegt wurde.

Der Weg zum Kreuzestod eures natürlichen Menschen kann auch euch nicht erspart bleiben. Darum übet euch jeden Tag mehr in der Abtötung eurer Eigenliebe, so könnt ihr von außen her noch vieles ertragen, auch wenn es um Meiner Ehre und Wahrheit willen geschieht; denn ihr wisst ja, dass nach dem Kreuzestod die Auferstehung erfolgt; und also ist es immer wieder in Meinem geistigen Reiche. Immer wieder tritt eine Verfolgung, aber auch eine Auferstehung und ein Sieg ein, den Ich Selbst herbeiführe, wenn es Zeit ist.

Haltet darum still nach außen, und benützet eure ganze Kraft, um euch selbst zu erziehen, so sind wir stets in Liebe verbunden, und Meine Kraft, Meine Liebe, Meine Herrlichkeit und Macht werden euch beglücken, und die äußeren Verhältnisse können euch da wenig stören. Amen! Euer Vater!

306. Wer ist der Größte im Himmelreich?

1. Oktober 1882

„Wer ist doch der Größte im Himmelreich?" (Mt. 18,1)

Liebe Kinder! Diese Frage ist heute noch in den Herzen Meiner Nachfolger, obgleich Ich sie schon damals durch Hinweis auf ein Kind beantwortete; weil ein Kind immer noch mehr Meinem

Ebenbilde gleicht, als der heranwachsende Mensch, welcher sich durch Sünde immer mehr verunstaltet.

Solange ein Kind noch nicht den Unterschied begreift zwischen arm und reich oder sonstigen Vorzügen und Nachteilen, bleibt es frei von der großen Sünde des Hochmutes. Dieser hat in seinem nachziehenden Heere allerlei Gefolge, als da sind: Geiz, Neid, Lieblosigkeit, Heuchelei; überall will er sich obenan stellen, und um dieses zu erreichen, muss er oft ganz von Meinen Geboten abweichen und Mittel wählen, welche ganz gegen Mich leiten.

Leider findet man den Hochmut sogar häufig auch bei solchen Seelen vertreten, die sich Meine Kinder nennen, und derselbe beeinflusst sogar ihr geistiges Leben, so dass sich eines über das andere erheben will, in dem Wahne, dass es mehr geistigen Reichtum besitze.

Diese vergessen dabei, dass alles Gnade ist, und Meine Gnade oft gerade denjenigen am stärksten zugeteilt wird, die aus sich selbst sehr schwach sind.

Würden erleuchtete Seelen dieses mehr bedenken, so blieben sie mehr in der wahren Demut gegen Mich und auch ihren Mitmenschen gegenüber, dadurch könnten sie auch viel mehr mit Mir in Verbindung kommen und vieles leisten.

Deshalb muss Ich bei einer berufenen Seele, um ihres eigenen geistigen Gewinnes willen oft Rücksicht nehmen, und kann ihr nicht so viel Arbeit anvertrauen, als wenn sie mehr die wahre Demut anstreben würde.

Die geistig wahre Demut äußert sich auch im äußeren Leben in dem Benehmen gegen die Mitmenschen und in einer Gemeinschaft den Gemeinschaftsgliedern gegenüber, wo so gerne im Herzen die Frage sitzt: „Wer ist der Größte unter uns?" und jeder gerne Leiter sein, aber nicht folgen möchte.

Oft äußern sich die Auswüchse des Hochmutes in Eigendünkel und Rechthaberei, sogar bei ganz kleinen Vorkommnissen, und Meine Jünger und Nachfolger vergessen so leicht die Lehre, die Ich in diesem Kapitel gegeben habe.

Meine Lehre ist ein ganz zusammenhängendes Buch, und es kann deshalb kein Vers aus der Bibel als wertlos betrachtet werden, sondern es muss sich ein jedes, das Mein Kind werden will, nach jedem Worte darin prüfen, wie weit es in der Befolgung schon gekommen ist.

Gleichwie ein Bild nicht fertig ist, so lange noch ein Zug an demselben fehlt, ebenso geht es mit eurem geistigen Bilde, das Mein Ebenbild darstellen soll. Denn so lange ihr noch nicht alle Tugenden in euch zu vereinigen suchet, wobei hauptsächlich die wahre Demut nicht fehlen darf, so lange ist auch euer Inneres nur ein Zerrbild, abschreckend für solche, die es betrachten wollen.

Dies merket euch wohl und prüfet bei all eurem Tun, wie weit wahre Demut mitwirkt. Amen! Euer Vater!

307. Bittet so werdet ihr empfangen

8. Oktober 1882

„Bisher habt ihr um nichts gebeten in Meinem Namen; bittet so werdet ihr empfangen, dass eure Freude vollkommen sei!" (Joh. 16,24)

Liebe Kinder! Auch heute gilt dieses Wort „bisher"; denn ehe ihr zur vollen Erkenntnis gekommen seid, dass Ich euch eine wichtige Sache damit übertragen habe, dass ihr Meine direkten Worte euren Nebenmenschen zukommen lassen sollet, hattet ihr wenig Freudigkeit, für dieselben ernstlich zu beten, und war mehr so ein Nebenwort bei euch, wenn ihr je daran gedacht habt. Nun aber seid ihr in der Erkenntnis und Wahrheit, und kommt mit freudigem Herzen vor Mich und Ich rufe euch zu: *„Bittet, so werdet ihr empfangen, dass eure Freude vollkommen sei!"* (Joh. 16,24)

Bittet für euch, dass ihr bei eurer Liebetätigkeit stets freudiger und glücklicher werdet; denn *„Er Selbst, der Vater, hat euch lieb, darum, dass ihr Mich liebet und glaubet, dass Ich vom Vater ausgegangen bin."* (Joh. 16,27)

Hier muss Ich zu euch (von Mir) als von einer zweiten Person reden, weil Mein Wort gleich ist dem Sohne oder den Sohn bezeichnet, und wer dasselbe aufnimmt, der nimmt Mich Selbst auf, weil Ausdruck und Wesen nicht getrennt werden können.

Das Wort oder Ich, und der Vater oder das Wesen, aus welchem das Wort kommt, sind eins. Darum ist die Wirkung des Wortes bei euch eine Verbindung mit Mir, und je mehr ihr dieselbe liebet und Mein Wort befolget, desto näher stehet ihr Mir; ebenso wisset ihr auch, dass, je mehr ihr Mein Wort aufnehmet, desto mehr nehmet ihr auch Mich Selbst auf, und dass alles, was ihr dafür tut, ihr Mir Selbst erweiset.

Wie nötig es ist, dass Ich Vertreter Meines Wortes habe, besonders in den letzten Tagen vor Meinem zweiten Wiederkommen, das könnt ihr aus dem Überblick des geistigen Zustandes der Menschheit in der Jetztzeit finden, von welchem Paulus an Thimotheum schreibt (2. Tim. 3). Nehmet diese Worte zu Herzen, besonders noch Vers 10, den Ich euch als Jesus zurufe: „*Ihr aber habt erfahren Meine Lehre, Meine Weise, Meine Meinung, Meine Geduld, Meine Langmut, Meine Liebe*", wozu Ich noch hinzusetze: „Kämpfet den guten Kampf, der zur ewigen Seligkeit und Wonne führt!" Amen! Euer Jesus-Vater!

308. Wer euch aufnimmt, der nimmt Mich auf

15. Oktober 1882

„*Wer euch aufnimmt, der nimmt Mich auf, und wer Mich aufnimmt, der nimmt Den auf, der Mich gesandt hat.*" (Mt. 10,40)

Liebe Kinder! In diesen Worten ist die enge Verbindung angedeutet, welche zwischen Mir, Meinem Worte und euch stattfindet.

Alle Liebe, welche ihr ausübet um Meinetwillen, ist von Mir so aufgenommen, als hättet ihr sie Mir Selbst erwiesen; auch solche Handlungen, die ihr an oft ganz gottlosen Menschen ausübet, weil ihr glaubet, durch die Liebe dieselben zu Mir zurückführen zu können, bringen euch Meinen Vatersegen; besonders aber diejenige Liebe, welche ihr an solchen ausübet, die euch sogar um Meinetwillen hassen, sei es aus Neid, weil sie Mir am nächsten stehen wollen, oder auch weil sie von Mir gar Nichts oder doch nicht viel wissen wollen, damit sie es bequemer haben.

Also diese können nur durch die Liebe zugänglich gemacht werden; denn alle andern Mittel bleiben erfolglos.

Daher muss Ich gar nötig solche Arbeiter haben, welche nach Meinem Sinne in Meinem Weinberge arbeiten, und ihnen setze Ich einen hohen Lohn an, nämlich das Höchste was Ich Selbst besitze: Ich lasse sie Meiner Liebe innewerden und gebe ihnen Kraft, dass sie gleichfalls in der Liebe stark werden. Denn wer in der Liebe zunimmt, der wird jeden Tag stärker gegen alle Anläufe von außen und innen!

Alles, was euch begegnet, sollt ihr mit der Liebe prüfen, ebenso soll euer aller Verkehr durch die Liebe geleitet werden, und zwar soll die Liebe zu Mir euch zuerst dazu antreiben, es soweit in derselben zu bringen, dass sie euch zum Eigentum geworden ist, und ihr deshalb mit Freudigkeit lieben könnt.

Wie sehr Ich jede auch noch so kleine Äußerung der Liebe hochschätze, ist aus den Worten zu ersehen, da Ich sagte: „*Wer dieser Geringsten einen mit einem Becher kalten Wassers tränket in eines Jüngers Namen, wahrlich Ich sage euch: es wird ihm nicht unbelohnt bleiben!*" (Mt. 10,42)

Und nun ihr, Meine lieben Kinder, die ihr ja wisset, worin der große Lohn besteht, fahret fort, euch um Meinetwillen immer mehr der wahren göttlichen Liebe zu bestreben, damit ihr alle aufnehmen könnt, die Ich euch zuführe, sei es direkt oder indirekt durch solche Seelen, die ebenfalls berufen sind, Mein Reich zu erweitern, bis alle, alle einander die Hand reichen in der Bruderliebe, wodurch Ich als Vater (dann erst völlig im Geist und in der Wahrheit) geehrt und geliebt werde! Amen! Euer Jesus!

309. Die anvertrauten Pfunde

(Mt. 25,14 ff; Pred. Nr. 47) 29. Oktober 1882

Liebe Kinder! Dieses Gleichnis wird stets in der Kirche so ausgelegt, dass dadurch manche Seele bewegt wird, von ihrem materiellen Gute Opfer zu geben, und sich alsdann dabei beruhigt, ihr Kapital nun also richtig angelegt zu haben, weil dieselbe nicht weiß, dass das äußere Pfund jedem Menschen genauso zugewogen ist, dass er sein inneres ihm anvertrautes Pfund damit am ehesten vergrößern kann.

Ich der Allbarmherzige bemesse und beteilige ein jedes gleich und mache bei Meinen geschaffenen Kindern keinen Unterschied. Denn ein jedes wird so geführt, dass es Gelegenheit genug findet, sein Seelenheil zu begründen; nur sind die Gelegenheiten ganz verschiedener Art, denn nur Meine große Weisheit ist es, welche dieselben leitet.

Den einen muss Ich durch Reichtum reizen Gutes zu tun, einen andern muss Ich durch Armut vor Verirrungen bewahren, einem ganz gesunden Menschen lege Ich oft mehr Selbstverleugnung auf, dagegen ist einem kränklichen Körper oft mehr Zeit geboten, Mich im Stillen zu finden und so fort.

Diese Meine Führungen sind lauter Mittel, damit Meine Kinder Mich suchen sollen und Mich auch finden können.

Darum soll ein jedes unter ihnen sich selbst ganz genau prüfen, in welcher Form oder Eigenschaft ihm das meiste Gewicht oder überhaupt sein besonderes Pfund zugewogen ist, mit welchem es wuchern soll, um einst mit Freuden Mir Rechenschaft von seinem Gewinne ablegen zu können, den es dadurch gemacht hat.

Frage dich also du Reicher, wie viel du von deinem Reichtum aus Liebe zu Mir verwendet hast?

Und du Armer, wie viele Stunden du in deiner Armut dazu verwendet hast, dein Vertrauen auf Meine Hilfe durchs Gebet zu erlangen, oder ist dir dieses Pfund (der Armut), wodurch du inniger mit Mir vereint hättest werden können, etwa zum Steine des Anstoßes geworden, den du mit Murren aus dem Wege schaffen willst? Einst will Ich auch dir den Vorteil zeigen, den du durch deinen Missmut verscherzt hast!

Der Gesunde soll erfahren, wozu Ich ihm seine Kraft verliehen habe und der Kranke soll sich freuen, wenn er sein Pfund so angewendet hat, wie es nach Meinem Sinne ihm anvertraut worden ist.

Alle Verhältnisse und Vorkommnisse, die dem Menschen Sorgen, Kummer und Kampf bereiten, haben in sich einen geistigen Gewinn verborgen, welcher ihm durch den Heiligen Geist aufgedeckt wird, so er denselben an sich wirken lässt, was immer mehr geschehen kann, je mehr sich der Mensch bestrebt, von Mir als Mein Kind geliebt zu werden.

Dazu sind auch die vielen Einrichtungen der Schulen (Sekten) und Kirchen getroffen, um so den ersten Anfang zu machen Mich kennenzulernen, und dann von Stufe zu Stufe selbständiger zu werden, bis zuletzt der Heilige Geist das Lehramt übernimmt.

Leider werden diese Anstalten von gar wenigen überwacht und besorgt, die selbst den Heiligen Geist auch haben, und darum geht es in der Jetztzeit so schwer, die große Gnade des Heiligen Geistes den Menschen klar zu machen.

Überall liegen die Pfunde vergraben und daher verziehe Ich mit Meinen Gerichten immer wieder. Weil Mir die Zahl der unnützen Knechte zu groß ist, schicke Ich immer wieder Mahnrufe zur Umkehr, auf dass noch viele vor den großen Gerichtstagen gerettet werden sollen.

Wuchert auch ihr mit eurem Pfunde, auf dass ihr euch als getreue Haushalter die Worte aneignen könnt (Vers 21): „*Ei du frommer und getreuer Knecht.*" (Mt. 25,21) Amen! Euer Vater!

310. Wo ist euer Glaube?

(Pred. 50)   3. November 1882

„*Und es kam ein großer Wirbelwind auf den See, und die Wellen überfielen sie und sie stunden in großer Gefahr; da traten sie zu Ihm, weckten Ihn auf und sprachen: ,Meister, Meister, wir verderben!' Da stand Er auf und bedrohte den Wind und die Wogen des Wassers, und es ließ ab und ward eine Stille.*

Er aber sprach zu ihnen: „Wo ist euer Glaube?" (Lk. 8,23-25)

Liebe Kinder! In dieser Fahrt auf dem See liegt eine Entsprechung für alle Meine Nachfolger, welche sich auf Mein Geheiß oder durch Mein Wort veranlasst fühlen, sich auf das Gebiet der Wahrheit zu begeben, um dort weiter zu kommen. Sie beruhigen sich dabei (mit dem Bewusstsein), dass Ich mit ihnen sei, weil sie nach Meinem Willen handeln, und da haben sie den richtigen Glauben.

Aber wenn ein Wirbelwind kommt, d.h. wenn für sie Verhältnisse eintreten, bei welchen sie auch Gefahren ausgesetzt sind, und wenn sie statt Gewinnes, sowohl im Leiblichen als auch im Geistigen mehr Verlust sehen, so werden sie kleingläubig, „Meister wir verderben!" heißt es dann bei ihnen. So lange sie jedoch ihre Zuflucht zu Mir nehmen, bewahre Ich sie vor dem Untergange, weil Ich stets um sie bin mit Meiner Liebe, auch wenn es denselben vorkommt, als ob Ich schliefe auf dem (Lebens-) Schiffe; aber in Wahrheit bin Ich doch bei ihnen und frage dieselben: „Wo ist euer Glaube?" Denn wer an Mich glaubt, soll nicht mehr zweifeln, als ob Ich ihn auch nur einen Augenblick verlassen könnte.

Wohl muss Ich Mich oft schlafend stellen, um den Glauben Meiner Nachfolger zu prüfen, ihrer selbst wegen. Denn gar zu gerne rühmen sich dieselben mit ihrem gar großen Glauben, während es sich bei Veranlassungen, denselben zu beweisen, herausstellt, dass sie Mich eigentlich noch gar nicht kennen in Meiner Liebe und Macht, indem sie noch fragen: „*Wer ist aber Dieser?*" (Lk. 8,25)

So ist es auch in der Jetztzeit bei Vielen! Alle Naturereignisse und Wunder werden studiert, um irgendwie eine (natürliche) Ursache solcher Katastrophen herauszufinden, und viele sein wollende Vielwisser mühen sich ab, scheinbare Beweise dafür aufzustellen. Sogar solche, welche Mich nebenbei als ihren Gott betrachten, vergessen, dass es nur einen Urheber gibt, auf dem alle Macht und Weisheit beruht, und Dem alle Elemente und alle Kreaturen untertan sind.

Würden sie daher solche Ereignisse als Mittel gebrauchen, auf Meine Größe und Liebe hinzuweisen, so würde für sie und andere der wahre Segen dabei herauskommen. So aber mühen sie sich vergeblich ab, und meistens besteht ihr Lohn in einer Niederlage ihres Ruhmes, weil dann ein anderer sich mehr Anerkennung zu verschaffen weiß.

Dieser Aufklärungseifer wird sich immer mehr steigern; aber auch Meine Naturereignisse werden stärker und häufiger werden, bis sie endlich gleich den Ägyptern bekennen müssen: „*Hier ist Gottes Finger!*" (2. Mos. 8,19)

Darum fürchtet euch nicht, die ihr auf dem Wasser der Wahrheit dem Wirbelwinde ausgesetzt seid, sondern stärket euren Glauben, dass Ich bei euch bin und Sturm und Meer gebieten kann, also die gewaltigsten Predigten Mir Selbst vorbehalten habe.

Lasset andere fragen: „Wer ist aber Dieser?" Damit ihr dann bezeugen könnt, dass Ich es bin, Der schon lange als Vater unter euch weilt! Amen! Euer Jesus!

311. Geistig blind geboren

(Joh. 9)   12. November 1882

Liebe Kinder! Auch in der Jetztzeit kann man von den Menschen sagen, dass sie geistig blind geboren werden, weil die Lehre und Erziehung nun so eingerichtet ist, dass deren Licht und Wärme nicht mehr das geistige Innewerden anfacht, sondern nur noch Gewohnheitsglauben dadurch erzeugt wird. Deshalb wird es von den Menschen nun gar nicht mehr beachtet, wenn ein geistig Blinder zum wahren Lichte gelangt; denn in diesem Punkte werden nicht mehr viele Beobachtungen angestellt, was auch ein Zeugnis für die jetzige Lauheit in geistigen Dingen ist.

Dort war es ein leiblich Blindgeborener, welchen Ich sehend machte, und wodurch also der größte Beweis für Meine Macht ausgestellt war. Aber dennoch traten die Schriftgelehrten und Pharisäer gegen Mich auf. Sie wollten sogar dem Sehendgewordenen Meine Macht wegstreiten, was ihnen aber nicht gelang. Denn welchem Ich Selbst das wahre Licht gebe, der wird von noch so großer weltlicher Übermacht und Vernunftgründen sich nicht mehr überwältigen lassen, sondern offen bekennen, dass ihm eine große Wohltat durch Mich widerfahren ist.

Darum machet auch ihr es, wie der Blinde, welcher sich in seinem Danke gegen Mich nicht irremachen ließ, sondern der damals gewaltigen Herrschaft der Priester gegenüber dennoch Mut genug hatte, offen zu bekennen, dass er sich nicht um Nebensachen bekümmere, sondern festhalte an der großen Wohltat, dass er sehend geworden sei, und darum sein ganzes Vertrauen in Mich setze.

Haltet auch ihr es so, wenn euch Fragen vorgelegt werden, wobei ihr zu befürchten habt, dass sie eine Verfolgung nach sich ziehen könnten, bekennet offen und frei, dass ihr durch Mein Wort, das Ich euch direkt zukommen lasse, sehend geworden seid. Denn nur die Wirkung des Wortes ist es, welche man euch nicht widerlegen kann. Haltet fest, ganz nach demselben euch zu zeigen, und wenngleich sie suchen zuerst durch Drohungen, dann durch Schmeicheleien euch zu gewinnen, um euch zum Schweigen zu bringen, so bekennet deshalb auch ohne Rückhalt, dass ihr geistig sehend geworden seid und dass Derjenige, Welcher dieses an euch getan hat, euer Gott und Vater ist, vor Dem alle andere Macht zu gering sei.

Also könnt ihr gleichfalls, wie der Blindgeborene, vieles zu Meinem Lobe und zu Meiner Verherrlichung tun!

Sorget nicht, denn Ich bin mit euch: Aber bedenket, dass ihr schon in dem alltäglichen Leben genau zu wachen habt, dass euch der Gegner nicht überliste, und sei es oft nur durch einzelne Worte!

So segne Ich euch auch heute als Meine treuen Mitarbeiter. Amen! Euer Jesus!

312. Der Größte unter euch

19. November 1882

„Die weltlichen Könige herrschen, und die Gewaltigen heißt man gnädige Herren; ihr aber nicht also, sondern der Größte unter euch soll sein wie der Jüngste, und der Vornehmste wie ein Diener!" (Lk. 22,25-26)

Liebe Kinder! So haltet es auch ihr, nicht allein in eurem kleinen Kreise, wo ihr euch geistig miteinander verbunden fühlet und die Liebe euch erleichtert, die unterste Stelle einzunehmen, sondern auch andern gegenüber, die ihr noch für Mich gewinnen wollet; bewahret und beobachtet die größte Bescheidenheit und innere Demut.

Sie sollen nicht nur keinen Anlass haben, sich an eurem äußeren Benehmen zu stoßen, was leicht oft schon durch voreiligen Widerspruch geschehen kann, sondern es soll eine Einwirkung auf dieselben durch den Heiligen Geist geschehen, weshalb Ich Selbst mithelfen muss, was aber nur dann möglich ist, wenn ihr die wahre Herzensdemut anstrebet, damit ihr ebenso viel dabei gewinnet, als diejenigen, welche Ich euch zuführe.

Kommet ihr in Verkehr mit einer Seele, welche redlich nach Wahrheit sucht, so haltet diese Seele als von Mir Selbst berufen und euch zugeführt. Euch selbst aber als Diener solch einer Seele, gleichfalls von Mir angewiesen, wie ihr dieselbe behandeln sollet, und fraget deshalb bei Mir an, um euren Auftrag richtig ausführen zu können. Deshalb soll euer geistiges Ohr Mich hören, solange euer Äußeres mit solchen Menschen spricht, alsdann könnt ihr sicher sein, dass eure Mission oft über euer Verstehen gesegnet wird.

Gleich wie Petrus sicher und fest war im Bewusstsein seiner Liebe zu Mir, und daher die wahre Demut noch nicht hatte, welche stets in sich spricht: *„Herr! ich glaube, hilf meinem Unglauben"* (Mk. 9,24), so geht es noch vielen von denen, die Mich zwar stark lieben, aber zu wenig die innere Demut bewahren, weshalb sie stets wieder großen Versuchungen ausgesetzt sind, welche sie oft zu Fall bringen, was sie sehr traurig macht.

Solche meinen alsdann, dass Meine Gnade sie mehr vor solchen Anläufen beschützen sollte, die ihnen zu Demütigungen dienen, während es umgekehrt ist, indem eben Meine Gnade es ist, welche dadurch die schlummernden Schwachheiten in ihnen immer wieder durch äußere Vorkommnisse aufweckt, damit sie sich selbst mehr kennenlernen, um dann dort nachzuhelfen, wo Mein Ebenbild in ihnen noch zu mangelhaft aussieht, was hauptsächlich in der dienenden Liebe der Fall ist, die ganz anspruchslos und demütig ist, wie Ich es in mehreren Beispielen zeigte, als Ich auf Erden wandelte.

Auch ihr seid insofern Petrusse, weil ihr noch nötig habt, dass euer Glaube in diesem Punkte mehr gestärkt werde, damit ihr auf eure Mitmenschen gleichfalls stärkend einwirken könnt.

Darum sei der Größte unter euch der Kleinste in der Eigenliebe und diene jedem, der seiner Liebe bedürftig ist! Amen!

313. Viele wollten sehen, was ihr sehet

26. November 1882

„Ich sage euch: ‚Viele Propheten und Könige wollten sehen, was ihr sehet und haben es nicht gesehen und wünschten zu hören, was ihr höret und haben es nicht gehört.‘" (Lk. 10,21,24)

Liebe Kinder! So rufe Ich auch euch heute zu, die ihr berufen seid, immer aufs Neue wieder Meine Vaterworte zu vernehmen; denn viele wollen sehen und hören (das), was ihr inne werdet; aber es wird denselben so lange nicht zuteil, bis sie Inneres und Äußeres mehr unterscheiden, was ihnen dadurch möglich wird, wenn sie einen höheren Wert aufs Geistige legen, als aufs Äußere, wozu ja alles eingerichtet ist.

Sowohl in der Natur können sie die Vergänglichkeit alles Sichtbaren erschauen, als wie es auch durch Mein Bibelwort gelehrt wird, und der Mensch kann an sich selbst diese Erfahrungen machen bei allem, was er sich vornimmt und schafft, dass es der Unbeständigkeit unterworfen ist; denn nur das geistige Innewerden wächst stets fort, so es durch den Willen des Menschen gepflegt wird.

Diese Beobachtungen sollten doch die Menschen zu der Erkenntnis bringen, dass sie zu einem geistigen Streben berufen sind.

Wohl denen, die ihre Aufgabe richtig erfassen, denn solchen ist es vorbehalten, zu sehen und zu hören, was Propheten und Königen nicht zuteilward; es ist das Schauen und Hören des Geistes, im Einverständnis mit Mir, als dem himmlischen Vater; ein Innewerden hoher Wonne beim Erringen solcher Eigenschaften, die den Meinen gleichen, als da sind: die Liebe, die Sanftmut und die Demut!

Es bleibt aber dann nicht allein bei einem Innewerden, sondern es wird ihnen auch von außen her mancher geistige Genuss zufließen; sie werden die Weisheit erhalten, aus allem das Geistige herauszuziehen, um dadurch für ihre geistige Ausbildung Gewinn zu machen.

Die Beeinflussung bei solchen Seelen ist eine leichtere und erquickendere und bei ihnen haben die Worte ihre volle Geltung: „Wer da hat (Geistiges), *der wird noch mehr bekommen; wer aber* (solches) *nicht hat, von dem wird auch das, was er hat, vollends genommen!"* (Mk. 4,25)

Sie werden immer mehr eingeführt werden in das Geheimnis Meines Wesens, und es wird für solche keine Gesetze und Gebote mehr geben, sondern nur Anordnungen der Liebe, durch welche sie stets mehr angeleitet werden, sich inniger mit Mir zu vereinen.

Darum, wer gewürdigt ist, mit Geistesaugen den Menschen erschauen zu dürfen, der wird auch bald Mich als Den erkennen, der Ich bin; denn niemand weiß, wer „der Sohn" (das Wort) sei, denn nur „der Vater" (die ewige Liebe) und der, dem es der Vater will offenbaren!

So ringet auch ihr darnach, euer Geistesauge zu üben, um in allem was euch vorkommt, das Geistige herauszufinden, und danach euer Handeln und Wandeln einzurichten. Alsdann werdet ihr mit keinem noch so hoch und glücklich gepriesenen Weltmenschen mehr tauschen wollen. Amen!

314. Adventsfest

3. Dezember 1882

„Von dem Tage aber und der Stunde weiß niemand; auch die Engel im Himmel nicht, auch der Sohn nicht, sondern allein der Vater. Sehet zu, wachet und betet, denn ihr wisset nicht - wann es Zeit ist." (Mk. 13,31)

Liebe Kinder! Meinen Jüngern sagte Ich, dass Ich wiederkommen werde, um Meine Nachfolger einst vollends ganz zu der Geistesreife zu bringen, wo sie mit Mir regieren werden. Diese Zeit wollten auch sie der äußeren Zeitrechnung nach wissen, während doch dieselbe auch Mir, als dem Sohne, verborgen war; denn als Ich auf Erden war, war Ich nur der ausführende Teil der Liebe in der Erniedrigung, und Meine Macht wurde beschränkt durch die Liebe. Darum konnte Ich derselben keine Schranken aufstellen, d.h. keine Zeit bestimmen, sondern nur gewisse Bedingungen kundgeben, die zuvor erfüllt werden müssen, ehe Ich wieder Mich den Menschen nahe!

Es gibt also keine Grenze für Meine Liebe und Langmut. Daher auch keine besonderen Zeichen oder Vorschriften, wann dieselben aufhören. Weil aber Mein zweites Kommen eine Auflösung von vielem Bösen notwendig zu Folge hat; (denn sonst könnte Ich ja nicht Gutes bringen, wo nicht das Böse zuvor entfernt würde), so verzögert Meine Liebe es stets wieder, diese Auflösung herbeizuführen.

Immer noch lasse Ich vorher alles anwenden, sowohl durch Lehre, als durch Wohltaten, und aber auch durch Naturereignisse, als Strafgerichte usw. (Weckmittel), um die Menschen vor einer gänzlichen Niederlage zu schützen, weil sie sonst ganz in das Böse versinken würden, und auch noch in der Geisterwelt ihre Umkehr zum Guten unendlich lange Zeit bedürfen würde.

Darum also hat Meine Liebe und Weisheit die Zeit Meines Kommens, sowohl als Besuch bei der einzelnen Seele, als zu der ganzen Christenheit sich vorbehalten, weil sie nur das Wohl der Menschen im Auge hat, und deshalb die Zeit wählt, wo schon der einzelne Mensch mehr für sich davon gewinnt, (z.B. wenn er schon - oft durch eine Vorbereitungsschule - mehr tüchtig gemacht ist für geistige Dinge); und wenn er dann in Gefahr kommt wieder rückfällig zu werden, alsdann rufe Ich eine solche Seele schnell ab. Denn Ich habe das Abrufen beim Menschen nicht nach der Zahl der Jahre, sondern nach seiner geistigen

Reife bestimmt, und ebenso auch bei der Gesamtmenschheit handle Ich nach geistigen Anschauungen, wobei Meine Liebe stets den Ausschlag gibt. Darum weiß nur „der Vater" oder die ewige Liebe, wann Ich komme.

Mein Erscheinen schiebe Ich aber nicht auf einen allgemeinen großen Tag auf, sondern die Meinen erfahren Meinen geistigen Besuch oft ganz im Verborgenen, und sie verkehren so zu ihrer Freude und Wonne mit Mir, und dieses Kommen ist Mein zweites Kommen im Geiste, welches sich stets wiederholt, namentlich in besonderen Gemeinschaften, denn *„Meine Schafe erkennen Meine Stimme und folgen Mir."* (Joh. 10,27)

Fraget euch selbst - aus welchem Kommen euch der größere Gewinn zufließt, aus demjenigen, das im Stillen bei euch geschieht, oder wenn ihr vielleicht völlig unvorbereitet Mich an einem bestimmten Tage und an bestimmtem Orte mit vielen andern erschauen würdet mit äußerer Pracht, und dabei doch kein geistiges Erkennen hättet? - Wo bliebe da eure Seligkeit und höheres Glück, wenn nur euer äußerer Sinnengenuss befriedigt würde!

Darum sehet doch einmal ein, wie blind dieser Glaube macht, und tuet wie die klugen Jungfrauen, die stets Öl in der Lampe bereithielten, um Mich zu empfangen.

Die Liebe zu Mir ist das Öl, das Mich würdig aufnehmen kann und die Herzen erleuchtet.

So feiert heute Advent, als einen Empfangstag, der schon da ist, und wartet nicht auf besondere Zeichen Meiner Ankunft. Amen! Euer Jesus-Vater!

315. Erbarme Dich unser

9. Dezember 1882

Und siehe! - Zwei Blinde saßen am Wege, und da sie hörten, dass Jesus vorüber gehe, schrien sie und sprachen: „Ach Herr, Du Sohn Davids, erbarme Dich unser!" (Mt. 20,29)

Liebe Kinder! Als Ich auf Erden war, habe Ich viele leiblich Blinde geheilt. Es liegt darin eine Entsprechung für geistig Blinde. Denn Ich heilte dieselben auf verschiedene Art und Weise, teils durch das Wort allein, teils gebrauchte Ich eine

Handlung dabei. Aber Ich knüpfte stets auch eine Belehrung daran, weil Ich dieselben zugleich geistig sehend machen wollte, indem Ich Meinen Weg so einrichtete, dass Ich an denselben vorüberzog, wodurch ihnen Gelegenheit geboten ward, etwas von Mir zu hören und zu erfahren. Es wurde ihnen dann durch den göttlichen Geist offenbar, dass Ich der wahre Arzt sei, der helfen könne; denn Meine Liebe bewirkte solches in ihnen.

So ist es heute noch: Ich ziehe stets an den geistig Blinden vorüber, teils durch allerlei Heimsuchungen, damit sie sich nach Licht sehnen und ihre Finsternis begreifen sollen, teils auch durch innere Anregung, welche Vertrauen und Glauben in solch Blinden erwecken, damit sie Mich um das wahre Licht anrufen.

Aber leider ist es heutzutage ebenso wie damals, dass nämlich die Mehrzahl unter dem Volke solch Blinde bedroht zu schweigen. Die Menschen zu jener Zeit wollten aus redlichem Sinne es (das nach Mir schreien) nicht zugeben, damit Meiner Person dadurch nicht Mühe gemacht werde. Heutzutage aber ist es ein anderer Grund, denn viele wollen das wahre Licht nicht, weil dasselbe nicht zu ihrem materiellen Streben passt, und darum bedrohen sie auch diejenigen, die nach dem wahren Lichte suchen und geistig sehend werden wollen. Wie aber ein leiblich Blinder ohne Beihilfe eines andern nicht viel zu tun vermag, und Ich eben deshalb, weil die zwei Blinden den Weg zu Mir nicht selbst finden konnten, an ihnen vorüberzog, so mache Ich es auch denen gegenüber, die sich geistig blind fühlen: Ich ziehe an ihnen vorüber und gebe Mich ihnen zu erkennen mit der Frage: *„Was wollet ihr, dass Ich euch tun solle?"* (Mt. 20,32) - denn es jammert Mich ihr Zustand, und darum mache Ich sie sehend.

So komme Ich stets zu allen, die sich nach Mir sehnen, und Mich anrufen, Ich frage sie: Was wollet ihr?

Meine Liebe ist stets bereit, allen zu dienen, die sich nach Meiner Hilfe sehnen; darum segne Ich auch viele Seelen ganz besonders in der Adventszeit, weil diese meinen, dass es in dieser Zeit mehr ihre Pflicht sei, sich mit Meinem Kommen zu beschäftigen. Ich benütze daher diese Momente, weil solche Seelen eben auch noch geistig blind sind, was von ihrer mangelhaften Erziehung und von irriger Auslegung Meines Wortes herkommt.

Sagte Ich doch gleichfalls bei einer anderen Gelegenheit: *„Siehe, Ich stehe vor der Tür und klopfe an"* (Offb. 3,10) ; aber dieses fassen sie nicht, sondern sie erwarten Meine Ankunft in äußerem Prunke, und versäumen so, in ihren falschen Hoffnungen Mir die wahre Empfangsstätte zuzurichten, d.h. ihr Herz. Darum, wenn Meine Liebe euch fragt: „Was soll Ich euch tun?", so sprechet mit jenen leiblich Blinden: „Herr, dass unsre Augen aufgetan werden!" Denn auch über euch will Ich Mich erbarmen, und euch geistig sehend machen. Amen! Euer Jesus!

316. Winke zur Weihnachtsfeier

17. Dezember 1882

Liebe Kinder! Wenn ihr unter euch oder in einer Familie einen Geburtstag feiert, so erhält derjenige, dessen Tag es ist, viel Aufmerksamkeit und Geschenke. Denn die Liebe sinnt auf allerlei, demselben eine Freude zu bereiten, (es ist hier das Beispiel einer solchen Familie genommen, in welcher die Liebe vorherrscht), und schon viele Tage zuvor nimmt euch der Gedanke darüber in Anspruch.

Welch große Freude wäre es für Mich, wenn auch Mir das Los einer solchen Feier zuteilwürde, wie z.B. einem Familienvater (zu seinem Geburtstage) von seinen lieben Kindern; aber sehet, im Vergleiche mit solchen bin Ich oft weit verkürzt.

Es ist im Allgemeinen jetzt so, dass man Mich - selbst an diesem Feste - als Jesuskind in Windeln gewickelt ruhig liegen lässt, und lieber sich untereinander nach dem Weltsinne durch allerlei Dinge beschenkt, die vor Meinen Augen ein Gräuel sind, weil durch dieselben oft die Putzsucht, die Habsucht, der Neid und viele andere Leidenschaften am meisten unterstützt werden, und somit Sinn und Gemüt ganz von Mir abgezogen, statt zu Mir hingewiesen werden. Meistens ist der Tumult an diesem „Heiligen Abend", wie die noch Besserseinwollenden Meinen Geburtstag nennen, so groß, dass da Meine Stimme von der Mehrzahl gar nicht vernommen werden kann.

Viele haben gar keinen Begriff von einer geistigen Geburt im Herzen, und begnügen sich mit der äußeren hergebrachten Form, welche auch äußerliche Vorteile bietet, während Ich doch besonders an diesem Tage überall um Einlass bitten möchte, und alles aufbiete, doch einige günstige Augenblicke bei einer Seele zu gewinnen, um segnend auf dieselbe zu wirken.

Daher auch in einem Kreise, wo noch Einige sind, die Mich suchen, oft eine besondere Rührung stattfindet; denn an diesem Tage benützen die seligen Geister alle Mittel (hier besonders ein feinfühlendes Innere oder Gewissen), um auf die Seelen einwirken zu können. Freilich geschieht dieses mehr durch ein unbewusstes Gefühl, weil eine allgemeine Mediumschaft[1] noch nicht anerkannt ist, und doch möchten die seligen Geister überall das: *„Friede auf Erden, und Ehre sei Gott"* (Lk. 2,14) in die Herzen hineintönen lassen!

Darum, du kleiner Kreis Meiner lieben Söhne und Töchter, machet ihr eurem Vater eine wahre Geburtstagsfreude dadurch, dass ihr in dieser Zeit, wo überall Schall und Jubel in äußerlicher Weise herrscht, euch im Gebet um Mich scharet, und eure Herzen als Wiegen Mir freudig darbringet!

Daher könnt ihr es nach außen halten wie ihr wollt, und sogar Teil nehmen an einem äußeren Festabende; es werden euch viele von den (seligen) Meinigen dorthin begleiten, und eure Anwesenheit als Mittel benützen, um auf die Übrigen einzuwirken. Nur vergesset dabei ob der äußeren Anstandsformen und der weltlichen Freuden euren himmlischen Vater nicht, Dem doch das Fest gewidmet sein solle, und Er wird dann auch euch nicht vergessen, sondern jedem in Seiner Weise ein Geschenk nach Bedürfnis austeilen.

So soll ein jedes unter euch diese Worte festhalten, gleichsam als Programm fürs kommende Fest, Ich werde alle segnen, und erwarte dazu von euch einen würdigen Empfang als euer liebvollster Vater.

---

[1] d.h. es werden alle Menschen von der Geisterwelt in ihren Gedanken und Gefühlen beeinflusst, doch zumeist unbewusst (Hebr. 1,14; Eph. 6,12)

317. Christfest

25. Dezember 1882

Liebe Kinder! Nachdem Ich euch zuvor Meinen Besuch versprochen habe, halte Ich Wort und komme zu jedem unter euch, damit jedes Meine Vaterliebe fühlen solle. Denn in solchen Augenblicken, wo ihr Mir aufs Neue eine kindliche Übergabe machet, will Ich gleichfalls nur Liebe geben.

Obwohl alle Meine Worte nur der Liebe entstammen, so möchte Ich euch jetzt auch ein Wonnegefühl beibringen; darum freuet euch mit Mir. Übergebet euch (heute) sogar einer Selbstprüfung auf einige Augenblicke; denn dieselbe hat oft, selbst wenn sie aus dem kindlichen Glauben stammt, soviel Schwerfälliges und hindert an der freudigen Hingebung an meine Vaterbrust, die nicht mit ihren Kindern abrechnet. Sondern alle Ermahnungen sind dazu gegeben, dass ihr das Ziel erreichen sollet, nämlich: durch eure Gegenliebe - Meine volle Vaterliebe!

Seid ihr in dieser erstarkt, so brauchet ihr keine Gesetze, sondern die Liebe wird euch lehren, und euch Meiner Gegenliebe versichern.

Wisset ihr doch aus dem täglichen Leben, dass ein Familienvater, der sich auf seine Kinder verlassen kann, weil er weiß, dass diese aus Liebe zu ihm alles befolgen, was er wünscht, viel enger mit denselben verbunden ist, als ein anderer Familienvater, der jeden Tag gleichsam examinieren[1] muss, wenn seine Kinder ihm Gehorsam leisten sollen. Sehet, so will Ich an euch keine Kinder haben, die sich vor Mir fürchten, als wie vor einem Richter.

Ich gebe euch Meine Liebe freilich auch nur bedingungsweise. Aber das volle Vertrauen zu Mir hebt diese Bedingungen, die aus Schwachheit nicht so eingehalten werden wie sie sollen, auf, sobald das Kind Meine Liebe sucht.

Und weil Ich weiß, dass ihr dieselbe sehr hoch schätzet, und ebenso ein jedes Wort von Mir ausgehend, darum rufe Ich euch abermals zu: *„Siehe - Ich stehe vor der Tür und klopfe an!"* (Offb. 3,20) und abermals: *„Ich bin bei euch alle Tage bis an der Welt Ende"* (Mt. 28,20), und darum: *„Freue dich du kleine Herde, denn es ist des Vaters Wohlgefallen - euch das Reich zu geben"* (Lk. 12,32).

---

[1] prüfen, nachprüfen, kontrollieren

Gleichwie Bethlehem die kleinste unter den Städten Juda war, wo Ich Mich (vom Himmel zur Erde) niederließ; also werde Ich abermals nicht eitlem und weltlichem Ansehen nach Meinen Besuch machen, sondern bei solchen Seelen, von welchen es heißt: „*Was arm und gering ist vor der Welt; - das hat Gott für sich erwählt.*" (1. Kor. 1,27)

Auch ihr seid der Welt und der zeremoniellen Kirche gegenüber arm und unbeachtet. Doch schauet hin auf Meine Geburt und Meine Kindheit, und dann auf Meinen Tod am Kreuze (als Schandpfahl), und fraget, ob ihr so viel Glauben hättet als Meine damaligen Jünger? Aber diese wurden auch besonders gestärkt dazu durch göttliche Kraft.

Ebenso will Ich es mit euch halten, so ihr Mich liebet; denn auch dieses Senfkorn, das Ich in das Erdreich eurer Herzen pflanzte, soll nach Verlauf eines Zeitraumes zum kräftigen Baume werden, worunter sich viele flüchten und leben können.

So nehmet diese Worte von Mir an als eine Verheißung, welche wie alle, welche Ich gebe, erfüllt werden muss, und freuet euch eurer Erwählung. Amen. Euer Abba in Jesu.

318. Besondere Beigabe zum Christfestabend

25. Dezember 1882

Meine lieben Kinder! Wenn Ich unter den Seligen (im Himmel) ein Fest halte, so ruhen diese in Meiner Liebe, und genießen das Gefühl der Liebe, welche da ist rein Geist und somit nicht durch eine Realität bezeichnet werden kann. Es ist das Höchste, was man ahnen kann, oder was ihr Erdenkinder noch nicht einmal recht ahnen könnt; es ist ein Zurückziehen von allem Wollen, Streben und Wirken, ein Stillehalten in Gott.[1] Diese Liebe, diese Gefühle möchte Ich nun auch euch alle empfinden lassen, weil Ich euch alle so sehr liebe. Ich möchte Mich am liebsten aller Worte enthalten, um euch desto mehr von diesem (beseligenden) Gefühle überwältigen lassen zu können. Aber Ich muss euch auf solche Augenblicke vorbereiten, damit ihr dieselben nicht versäumet, wenn Ich bald das eine oder das andere

---

[1] als die ewige Ruhe der Heiligen, oder der himmlische Sabbat im Herzen derer, die eines guten Willens in demütig kindlicher Liebe sind. d.Hsg.

(Kind) besuche. Denn ihr seid durch euren guten Willen und eure Liebe zu Mir würdig geworden, dass Ich Wohnung bei euch halte; darum fürchtet euch nicht vor allen Anläufen von außen, ob sie listig, boshaft oder gewaltig sind, wir haben eine Burg miteinander gebaut (des Vertrauens in der Liebe), deshalb der Satan nun weiß, dass sein Untergang nahe ist!

Kinder, liebe Kinder, freuet euch dieser Versicherung, und wie ihr seither mit einer gewissen Selbstverleugnung Meinem Willen nachzukommen gestrebt habt, so werdet ihr solches nun fürderhin mit großer Freudigkeit tun, denn Ich stärke euch dazu.

Es liegt nicht so viel an der schnellen Ausbreitung Meiner neu gegebenen Worte; darin ist nicht dasjenige zu suchen, das euch Mir so wert macht, sondern in dem festen Glauben, dass Ich es bin, Der mit euch verkehrt, damit ihr Mir die gebührende Liebe darbringet als Vater, welcher Ich unter euch sein will, und der Ich noch vielen werden möchte.

Haltet darum stille und fest, wenn unsre Verbindung und eure Führung auch noch im Verborgenen geschehen muss; denn im Äußeren müsst ihr noch mit Mir das Los der Niedrigkeit teilen. Wie könnte Ich auch eure geistige Liebe zu Mir mit Vergänglichem vergelten; es ist euch ein höherer Lohn dafür bestimmt.

Darum wollen wir uns immer mehr einigen über die Art der Vergeltung und des Segens, und wenn ihr dieses vollends ganz begriffen habet, so seid ihr auch immer mehr zufrieden mit Mir.

Darum freuet euch mit Mir über das Gelingen Meines Besuches bei euch, und hoffet, dass er sich immer wiederholt, und ihr immer mehr Segen davon haben werdet. Amen!

Dies soll unser heutiger Festvertrag sein, von eurem lieben Vater.

319. Wollet ihr euch taufen lassen

31. Dezember 1882

„Wollt ihr euch taufen lassen mit der Taufe, mit welcher Ich getauft bin?" (Mt. 20,22)

Liebe Kinder! Bei dieser Frage erschrecken viele Meiner

Nachfolger, weil sie diese Taufe auf Meinen Kreuzestod beziehen, und darum meinen, dass auch ihnen dadurch nur Kreuz und Leiden auferlegt werde.

Allein es liegt auch noch ein anderer Sinn in diesen Worten verborgen, der die völlige Übergabe der Seele an den Geist ausdrückt, so dass dann die Seele ihm nur folgen will. Und weil Mein Geist „der Vater in Mir ist", so war Meine Taufe eine Vereinigung oder ein Bund zwischen Seele und Geist. Die Seele verpflichtet sich, ihm sich unterzuordnen, und nicht nach Willkür, sondern nach der göttlichen Ordnung ihr Organ zu benützen.

Mit diesem neuen Bunde trat Ich dann Mein Lehramt an, oder erst dann erfolgte die wahre Annäherung an die Menschen durch das Wort und die Lehre; denn es musste die Seele vorher noch gleichsam zu diesem Amte eingeschult werden, weil dann auch stärkere Versuchungen auf sie warteten.

Die Taufe war gleichsam der Akt der Wiedergeburt, wie auch bei euch ein Akt der Wiedergeburt stattfindet, von welcher Zeit an ihr rechnet, dass ihr berufen oder erleuchtet worden seid, (wie man ja öfter unter euch sagt: Dieses oder jenes hat mich auf den richtigen Weg gestellt). Es war solch ein Akt der Anfang zur Wiedergeburt; allein die Fortsetzung hängt von der Seele ab. Das Anklopfen oder die Veranlassung dazu ist ein Gnadenakt, wodurch die Seele erweckt und gestärkt werden solle.

Wenn nun eine Seele sich entschließt, auf Meine Seite zu treten, und also dem Geiste Gehör gibt, der sie innerlich dazu antreibt, so geschieht es, dass auch sie die Überzeugung von Meiner Liebe erhält. Gleichwie Ich damals „dem Sohne" das Zeugnis Meines Wohlgefallens aussprach, also gilt es dann auch euch, wenn ihr euch taufen lassen wollet, wie Ich Mich einweihen ließ zur völligen Übergabe an den Vater.

Wenn Ich von Mir Selbst rede als von Christo, so ist stets unter dem Ich Mein natürlicher Mensch gemeint, der sich hier mit dem Vater oder dem Geiste ins Einverständnis begibt. Daher geht es so vielen Menschen schwer ein, Meine Worte zu verstehen, weil sie das „Ich" (Jesus) und „den Vater" nicht zu unterscheiden vermögen.

Dieser Aufschluss oder die Erleuchtung darüber kann nur nach Ermessen Meiner Weisheit ausgeteilt werden; denn es würde solches sonst noch manchem zum Gerichte, und daher ist das Verständnis solch tieferer Wahrheiten nur für Diejenigen bestimmt, die schon mehr in der Liebe zu Mir stehen.

Weil ihr aber euch immer mehr in Mich einleben wollet, so sei nun auch an euch die Frage gerichtet, nachdem Ich dieselbe erklärt habe: „Wollet ihr euch taufen lassen mit der Taufe, womit Ich getauft wurde?" Amen! Euer Jesus-Vater!

320. Zum Erscheinungsfest

6. Januar 1883

Liebe Kinder! Das Erscheinungsfest wird in der christlichen Kirche als ein Zeichen gefeiert, dass Mein Darniederkommen auf Erden nicht allein den Juden, als dem (damaligen) Volke Gottes, sondern der ganzen Menschheit galt, darum es auch den Weisen aus dem Morgenlande geoffenbart wurde.

Hier sind unter den „Weisen" solche verstanden, die noch im inneren Verkehre mit Mir standen, weil in ihnen noch der göttliche Stempel erhalten war, welcher sie befähigte, auf ihre innere Eingebung zu hören und derselben so viel Vertrauen zu schenken, dass sie danach handelten. Denn durch das Aufsuchen Meiner Geburtsstätte haben sie es bewiesen, wie sie keine Beschwerlichkeiten, keine Mühe, kein Opfer und keine Gefahr scheuten, um auch äußerlich in Meine Nähe zu gelangen.

Sie gaben alles daran, den Drang ihres Herzens zu befriedigen, und sie wurden dafür reichlich gesegnet. Denn sie waren Erstlinge von denen, die Mich im Fleisch erkannten und lobpriesen, und darum freuen sie sich nun über diese hohe Gnade in alle Ewigkeit. Nur in dem Erkennen Meiner Göttlichkeit lag der hohe Genuss für sie. Obgleich ich arm und hilflos in der Krippe lag, konnte sie doch nichts irremachen im Glauben an Meine Göttlichkeit und an den Segen, welcher der Menschheit dadurch zuteilwurde.

Und nun, nachdem durch die Zeit von beinahe zweitausend Jahren schon unzählige Beweise von Meiner Menschwerdung und deren segensreicher Wirkung, sowohl im Geistigen als auch auf dem weltlichen Gebiete geliefert sind, fangen die Menschen an, welche sich nach Mir „Christen" nennen, Meine Gottheit zu verleugnen und zu missachten!

Andere dagegen stellen Mich auf einen hohen Thron als Richter, und sagen, man dürfe sich Mir nicht (direkt) nahen, weil Ich zu erhaben sei! Wo bliebe aber da Mein Urwesen, die größte und tiefste Liebe, die zur Ankunft auf Erden eine Höhle wählte, eben um allen Vorurteilen vorzubeugen!

Dort gab Ich sichtbare Zeichen Meiner Gottheit am Firmamente und auf der Erde, welche auch in der Bibel beschrieben sind, und doch sind es vielfach diejenigen, welche sich auf die Bibel berufen, die Mir Mein abermaliges Kommen in der Liebe und Demutsgestalt erschweren! Sie haben die innere Stimme in sich verloren, und stehen weit unter den Weisen aus Morgenland, die in sich selbst mit Mir verkehrten, als noch gleichsam erhaltene Urmenschen, welche dem göttlichen Geiste zugänglich waren.

Oder sollte derjenige, der Mich liebt, sich nicht freuen und wohl aufmerken auf das, was in ihm vorgeht, indem er die Stimme des göttlichen Vaters darin erkennt. Oder glaubet ihr, dass Ich solche Liebe zu Mir täuschen werde, während Ich doch der Ewige und Wahrhaftige bin, aber auch der Unveränderliche, weshalb Ich auch heute noch solche beeinflusse durch den Heiligen Geist, wie zur damaligen Zeit der Weisen aus dem Morgenlande. Nur muss es jetzt noch mehr verborgen geschehen, denn die Erbitterung gegen alles, was Mich den Menschen mehr nahbar macht, ist groß, und um der Gegner willen, damit diese sich nicht zu schwer versündigen, muss Ich Einhalt tun, schnell Mich als Den zu zeigen, Der einst da war, und Der jetzt wieder mit den Menschen als Vater verkehren will.

Deshalb muss Ich Mir durch Naturereignisse und allerlei Heimsuchungen erst Bahn brechen, und so ist nun abermals die Armut Meine erste Dienerin. Denn nur durch sie wenden sich die Menschen an Meine Hilfe, und wird auch die Nächstenliebe aufgefordert, tätig zu sein.

Darum ihr Lieben, wenn solche Zeichen geschehen, so merket euch, dass Mein Kommen nahe ist. Diese Vorboten des Elends verkünden Mein Erscheinen, und machen noch manche zuvor fähig, dieses ertragen zu können. Denn manche Seele sucht Mich dann wieder, und manche Liebesgabe wischt die Sünden ab, deren Größe und Zahl unnennbar ist, und welchen durch furchtbare Verheerungen und stellenweisen Untergang Einhalt getan wird.

So stehen nun wiederum die Worte über der Erde gezeichnet, gleichsam die Menschen fragend: „Wie wollet ihr Mich zum zweiten Mal empfangen? Als den hohen Richter, oder als den liebenden Vater?!" Als beides gebe Ich Mich der Jetztzeit kund, darum könnt ihr selbst wählen! Amen! Euer Vater Jesus!

321. Prüfet diese Zeit

7. Januar 1883

„Er sprach aber zu dem Volke: ‚Wenn ihr eine Wolke sehet aufgehen vom Abende, so sprecht ihr bald, es kommt der Regen, und es geschieht also, wie prüfet ihr aber diese Zeit nicht, und warum richtet ihr aber nicht an euch selber, was Recht ist?!'" (Lk. 12,54–58)

Liebe Kinder! In diesem Kapitel redete Ich zu dem Volke und warnte es vor der Heuchelei der Pharisäer und Schriftgelehrten. Denn diese waren es hauptsächlich, welche das Volk irremachten, in der wahren Anschauung Gottes; weil sie zuerst ihre selbst gemachten Gebete und Gesetze geltend zu machen suchten, um ihren Vorteil daraus zu ziehen. Also missdeuteten sie viele Meiner Worte, um das Volk damit zu ängstigen, und ihm den wahren kindlichen Glauben, welcher aus der Einfalt des Herzens kommt, zu rauben. Denn bei diesem Glauben wären die Menschen mit Mir Selbst mehr in Verbindung gekommen, und die Vermittlung der Leiter und Lehrer des Volkes wäre nicht als so höchstnötig betrachtet worden, wofür sich die Pharisäer und Schriftgelehrten gar teuer bezahlen ließen. Daher ihre Wut gegen Mich, weil es sich mehr um ihr äußeres Ansehen und Interesse handelte.

Allein sie waren in einer Beziehung blinder als das Volk, weil sie den großen Tag nicht erkannten, der durch Mein Erscheinen angebrochen war, und daher sie sich allem zu widersetzen suchten, was ihrer Vernunft unfassbar war, da es eben auf etwas Höherem als nur auf derselben beruhte, nämlich auf der göttlichen Macht! Sie ahnten diese zwar, und Meine Wunder und die Wirkung meiner Lehre an vielen Menschen überzeugten sie sogar von der Göttlichkeit Meiner Person. Doch ihre blinde Bosheit ließ es nicht zu - Mich anzuerkennen, während Ich doch gerade mit ihnen am ehesten Mich zu verbinden suchte, weil sie als Leiter des Volkes viel mehr Einfluss auf dasselbe ausgeübt hätten, und also Meinem Reiche schneller Bahn gebrochen worden wäre.

So aber musste Ich, statt ihnen ein Amt zu übertragen, dasselbe ihnen ganz entziehen, weil durch Gegenlehre ihre Widersprüche beseitigt werden mussten. Alle ihre Wissenschaft und Gelehrsamkeit halfen nichts, ihr Ansehen zu behaupten, und der göttliche Geist siegte bei der Mehrzahl gegen diese Vernunfterfindungen.

Lange genug hatten dieselben Unrecht ausgeübt und Unheil angestiftet, und die geistige Finsternis unterhalten. Daher musste das Morgenrot eines neuen Tages im geistigen Gebiete anbrechen, um die Herzen mit göttlichem Lichte zu erleuchten, welches kein äußerlicher großer Rat mehr auszulöschen vermag!

Dieses war der Standpunkt Meines Judenvolkes, als Ich zu ihm im Fleische kam; und dieser Zustand im geistigen Gebiete ist heute wieder vorhanden (nun bei den Christen), darum muss Ich abermals geistige kräftige Mittel wählen, um die Geistesflamme frisch anzufachen, welche durch den freien Willen des Menschen immer wieder zu vertilgen gesucht wird!

Ich muss abermals ein Feuer anzünden, von dem Ich wollte es brennete schon. Denn viele schwere Heimsuchungen muss Ich ergehen lassen, bis sich Mein halsstörriges Volk ganz zu Mir wendet. Aber wehe solchen, die da Schuld sind an der Finsternis, in welcher das Volk tappt; denn diese haben zuvor ihre Ohren verschlossen der Stimme des Heiligen Geistes, welcher sie berufen wollte, als tüchtige Arbeiter in Meinem Weinberge. Aber sie haben Mir statt Trauben nur Herlinge[1] gepflanzt, den Erben oder den Sohn hinausgestoßen, und sich selbst zu Herren eingesetzt. Ich der Herr aber werde Mich nun aufmachen und Mein Erbteil an Mich reißen! Amen, ja und Amen! Euer Jesus!

---

[1] als Herlinge (oder auch „Geiztrauben") werden die kleinen Trauben aus der Spätblüte des Weinstockes bezeichnet, die keine Zeit mehr zum Ausreifen haben und daher klein und sauer bleiben.

322. Die Zeit der Heimsuchungen

14. Januar 1883

Liebe Kinder! „Die Zeit der Heimsuchungen" hat sich auch durch die vielen Überflutungen (und andere Ereignisse) an manchen Stellen und Gegenden bemerklich gemacht. Es ist solches ein starker Beweis Meiner Macht, die den Elementen gebietet, so dass Meine Gegner in Verlegenheit dabei kommen, ihre Erfindungen und Wissenschaften höher anzupreisen, als die göttliche Weltregierung, gegen welche sie doch viel zu ohnmächtig sind, etwas zu tun.

Ich muss um des armen Volkes willen also tun, damit ihr einfach kindliches Vertrauen zu Mir teils bewahrt bleibt, teils wieder mehr zunimmt. Denn auch dieses wird nach und nach von den Gottesleugner verführt, und wegen seiner Herzenseinfalt verspottet.

Um den Menschen nun wieder mehr zu Mir zu ziehen, rufe Ich ihnen ein mächtiges Halt zu, durch irgendein Naturereignis, das ihnen beweist, dass alles was unter (und über) der Sonne ist, Mir gehört, und somit auch alle Menschen von Mir abhängig sind.

Wer vermag Sturm und Wellen zu gebieten außer Mir? Diese Frage ist an solche gerichtet, die sich auf ihren Verstand und ihr eigenes Ich verlassen. Aber auch die weitere Frage, wer vermag die Herzen zu lenken, dass durch ihre Liebe die Wunden wieder verbunden werden, die Ich schlagen musste, um dann wieder mit größerem Segen unter denen wirken zu können, die Ich heimsuchte, um sie auf ewig zu retten?

Wenige sind unter den Betroffenen, die nicht zu Mir um Hilfe rufen; fast alle, alle schreien sie zu Mir in ihrer Not um Erbarmung, und Ich erhöre ihr Seufzen und Jammern, und will aufs Neue Mich ihrer annehmen. Denn Ich bin auch der Allwissende, und nur Ich allein kann die Rechnung machen, ob ihr Schaden wieder ausgeglichen wird.

Obgleich Ich aber jedes Menschen Herz kenne und wohl weiß, wie viele und welche noch durch den Stempel tätiger Liebe zu den Meinigen zählen, so habe Ich doch zum Troste Meiner Kinder noch eine Volkszählung (d.h. Meines Volkes) nach Meiner Art zugelassen, dadurch, dass durch viele Register und Zeitungen nachgewiesen wird die Zahl derjenigen, die noch durch Liebetaten Meinem Gebote nachkommen: „*Du sollst Deinen Nächsten lieben - wie dich selbst!*" (Lk. 10,27)

Aber diese Worte haben noch einen andern Inhalt für solche, die bereit sind zu geben; sie können zugleich den Maßstab an ihr eigenes Herz anlegen, mit der Frage: inwieweit sie wohl mit ihrer Gabe Mein Gebot erfüllen? Und Ich sage euch: Meine Gnade und Barmherzigkeit ist groß; denn wer nur den tausendsten Teil von diesem Gebote erfüllt, den will Ich ins Unendliche segnen. Aber leider sind dies wenige nur, und diese wenigen sind sogar noch die besseren! Sehet so steht es jetzt um Meine Nachfolger (unter den Christen)!

Warum also sollte Ich Mich da nicht aufmachen, um noch geistig zu retten was möglich ist, damit nicht die Seelen in der Flut der Sünde dem ewigen Tode anheimfallen?

Erkennet daher in dieser Zeit (der Heimsuchung) Meine großen Gnadeneinwirkungen, und suchet dadurch euch dankbar zu erweisen, dass ihr dem Gebote der Nächstenliebe immer mehr nachkommet. Betet aber auch für die Schwerbetroffenen, dass sie den ihnen zugedachten geistigen Segen nicht durch Klagen und Murren verscherzen.

Ich will ihnen beweisen, dass Ich wohl schlagen, aber auch heilen kann, und dass Ich ihr treuer Gott und Vater bin und bleiben will! Amen! Euer Vater in Jesu!

323. Etwas vom Tode

21. Januar 1883

Liebe Kinder! Auf die Frage, ob noch eine Zeit oder ein Zustand des Menschen kommen werde, wo der Tod nicht mehr in seiner jetzigen Art und Weise sich zeigen wird? Da hängt die Antwort von den Menschen selbst ab.

Dieselben waren von Anfang dazu bestimmt, durch leichte Verwandlung als Meine Kinder in die Himmel einzugehen. Aber als ihr (Körper-) Leib von der Sünde verunreinigt ward, musste derselbe aufgelöst werden, um die einzelnen göttlichen Partikel, welche in demselben noch vorhanden sind, zu der Neuschöpfung (des geistigen Leibes) zu verwenden, und es ist also der Mensch deshalb in dem Momente (des Todes) willenlos gemacht, was daraus erhellt, dass er sterben muss. Denn nur wenige würden diesen Akt des Sterbens in dem (rechten) Sinne von Mir verlangen, und wäre dies auch je einmal der Fall, so hätten sie doch nicht Einsicht und Weisheit genug, um den richtigen Augenblick hierfür zu wählen.

Es ist deshalb der Tod ein Akt der Gnade, welche Ich den Menschen nach Meiner göttlichen Weisheit erweise. Daher habe Ich Mir auch die Sterbestunde eines jeden Menschen vorbehalten, weil nur Ich allein denselben durchschaue, und eine solche Zeit für die Seele wähle, wo sie am Leichtesten ihre Beseligung im Jenseits anknüpfen kann. Denn Ich habe immer die Seele des Sterbenden im Auge, daher Ich oft auch wunderbar und unerforschlich eingreife, woher dann die Anklage der Lieblosigkeit über Mich kommt, während Ich doch alles, alles so in Zusammenhang füge, dass nur Geistig-Gutes dabei erzielt wird. Die Art des Todes ist freilich stets die Folge der Sünde.

Ob eine andere Verwandlung einst stattfinden wird? - Auf diese Frage kann Ich nur sagen: „Wenn die Sünde aufhört, so hört auch der Tod auf". Aber es wird wohl noch lange währen, bis nur erst einzelne Menschen es dahin bringen, dass ihr Leib vom göttlichen Geiste so durchdrungen ist, dass er sogleich als Seelenleib mit ins Jenseits gebracht werden kann.

Es gibt zwar fromme Seelen, die in recht inniger Gemeinschaft mit Mir stehen, und denen der Tod kein Schrecken mehr ist. Aber ein solcher Zustand ist mehr ein geistiger, und darum ein so seliger, dass er weder durch Worte solchen erklärt werden kann, die noch materiell sind, noch ein leibliches Auge dieses sehen kann. Wohl können andere einiges davon bemerken, oder die Ruhe und Ergebung eines solch Scheidenden ahnen, aber ein solcher Vorgang bei einem wahren Kinde von Mir wird nicht ein Allgemeingut werden, so wenig, wie die Menschen im allgemeinen wiedergeboren werden. Meine Langmut ist indessen noch groß genug, um den freien Willen des Menschen bestehen zu lassen, und darum geht es auch mit dieser Umwälzung sehr langsam.

Der Glaube einzelner Glaubensparteien an eine plötzliche Verwandlung gründet sich auf ein noch anererbtes Ahnungsgefühl vom Urzustande des Menschen, und ist solches von gewissen Seelen, die sich beflissen haben, von der Sünde los zu werden, festgehalten worden. Es sollte zwar wirklich so sein und werden, und insofern dieser Glaube dazu antreibt, einen solchen Standpunkt der Seele zu erreichen, ist er sogar gut; aber auf der andern Seite leitet er auch viele irre, welche dadurch glauben ihre Wiedergeburt (unbeschadet) bis dahin verzögern zu dürfen, während doch die Wiedergeburt die Hauptbedingung ist als geistige Reife, um dann das Organ, den Körperleib, ablegen, und nach Meinem Willen zur Seligkeit eingehen zu können.

Seit es Menschen gibt, haben auch einzelne Fälle stattgefunden, dass dieselben (plötzlich und völlig) der Erde entrückt wurden, und auch heutzutage noch kommt solches vor; doch dazu braucht es keines besonderen Aufsehens. Ein natürliches Einschlafen und nicht mehr Erwachen hat dem Tode die Schrecken für die Hinterbliebenen genommen. Meistens aber ist der Tod der Umgebung fürchterlicher, als einem Sterbenden selbst (wenigstens einem solchen), der schon bei Lebzeiten seiner göttlichen Bestimmung gemäß sein Leben einrichtete!

So siehst auch du, Mein lieber Sohn, dass für Meine Kinder eine andere Todesart wenig Wert hätte, und für die andern eine solche plötzliche Verwandlung viel mehr Angst und Furcht bereiten würde; sie würden wohl aus Angst und Schrecken Mir zu Füßen fallen, aber nicht aus Liebe. Darum muss Ich eben immer Meine Liebe walten lassen, und den Entwicklungsgang der einzelnen Seele, sowie Meines Friedensreiches mit Geduld abwarten. Auch dich segnet heute Meine Vaterliebe aufs Neue. - Dein Jesus Jehovah.

324. Selig seid ihr

28. Januar 1883

„Selig seid ihr Armen; denn das Reich Gottes ist euer!
Selig seid ihr, die ihr hier hungert; denn ihr sollet satt werden!
Selig seid ihr, die ihr hier weinet; denn ihr werdet lachen!
Selig seid ihr, so euch die Menschen hassen und euch absondern, und schelten euch, und verwerfen euren Namen als einen boshaftigen, um des Menschensohnes willen!

Freuet euch alsdann und hüpfet; denn euer Lohn ist groß im Himmel; desgleichen taten ihre Väter den Propheten auch.

Aber dagegen wehe euch Reichen, denn ihr habt euren Trost dahin!" (Lk. 6,20-24)

Liebe Kinder! Zu allen Zeiten seit Meinem Erdenwandel hat es Menschen gegeben, die Feinde Meiner Nachfolger und somit auch Meine Feinde waren, und das sogar unter solchen, die sich „Christen" nennen, und vor ihren übrigen Mitchristen noch dabei als wahre Verehrer von Mir zu glänzen suchen, - während sie Mein Hauptgebot - die demütige Liebe gar nicht achten, noch sich bemühen nach demselben sich zu bilden, lassen sie lieber den Hass in sich wachsen gegen solche, die aus Liebe und Dank gegen Mich, sich die Liebe zur Aufgabe machen.

Jene Seelen kommen dann in Widerspruch mit Meinen wahren Kindern und verfolgen dieselben; freilich nicht immer äußerlich, weil ihnen dort (nun oft) Schranken gesetzt sind. Aber sie suchen bei jeder Gelegenheit dieselben zu schmähen und deren Einfluss bei ihren Mitmenschen abzuschneiden, um sich geltend zu machen. Diese Handlungsweise aber betrifft dann Mich Selbst, und nicht solche, die aus Liebe zu Mir Meine Gebote an sich und andern aufrecht zu erhalten suchen.

Darum gab Ich Meinen wahren Nachfolgern die Verheißung der Seligkeit und werde solche treulich an ihnen erfüllen. Nicht nur im Himmel, sondern auch schon auf Erden solle der Vorgeschmack des Himmels ihnen zuteilwerden; aber in einer Weise, wobei Neid und Raub nicht mehr vermögen, sie in ihrer Freude zu stören.

Darum gab Ich hauptsächlich für solche Nachfolger viele Verhaltensregeln, und machte sie aufmerksam auf die reine und göttliche Liebe, die immer mehr zunimmt, unter allen Verhältnissen des Lebens, wenn sie ihre Kraft durch Mich empfängt, was dadurch geschehen kann, wenn sie Mich zuerst liebt, und so sich auch äußert in ihrem Tun und Lassen gegen ihre Mitmenschen.

Deshalb muss Ich auch den Gegnern zulassen, dass sie euch schmähen, damit ihr ihnen beweisen könnt, welcher Geist in euch wohnt, und nur so könnt ihr Mir durch eure Liebe und Versöhnlichkeit Werkzeuge werden, um dem Hasse einen Damm zu setzen, welcher ist das Kennzeichen des Satans.

Ihr dürfet sicher annehmen, dass wo Hass und Neid bei einem Menschen noch vorwalten, Ich noch nicht Wohnung bei ihm gemacht habe, und wenn er auch alle Gelehrsamkeit aufweisen könnte, und sogar die größten Opfer brächte, wobei da oft (ganz andere als reine) Triebfedern sind, die ihr gar nicht erforschen könnt.

Nur die (reine) Liebe kann euch bürgen für die geistige Verwandtschaft mit Mir, und wo diese waltet, da erkennet eure wahren Brüder und Schwestern. Die andern aber betrachtet als solche, welche nach Meinem Ratschlusse euch zugeführt werden, um eure Liebe mehr zu erweitern.

In diesem Sinne leset dieses Kapitel, und Ich segne euch dazu. Amen! Euer Jesus!

325. Es kann niemand zu Mir kommen

4. Februar 1883

„Es kann niemand zu Mir kommen, es sei denn, dass ihn ziehe der Vater, der Mich gesandt hat, und Ich werde ihn auferwecken am jüngsten Tage. - Es steht in den Propheten: ‚Sie werden alle von Gott gelehrt sein.' Wer es nun höret vom Vater und lernt es, der kommt zu Mir!" (Joh. 6,44-45)

Liebe Kinder! Vor nahe 2000 Jahren schon war es dem Volke, das Mich hörte und sah, ein ganz besonderes Anliegen, ganz genau zu erforschen, wer Ich (Jesus) sei?

Wäre Ich mit äußerer Pracht und Ansehen erschienen, und hätte (diesbezüglich) Wunder getan, so würden gleich viele an Mich als Gott geglaubt haben, weil solches ihren Begriffen (vom Auftreten eines Solchen) mehr entsprochen hätte. Denn diese ihre Begriffe waren und sind, weil nur vom (menschlich beschränkten) Verstand ausgehend, heute noch verdunkelt, so dass sie in der Herrschsucht und Weltehre das Bedeutendste und Beachtenswerteste erkennen, also geradezu Meiner Ordnung ganz Entgegengesetzte. Denn wo Ich wirke, da herrscht Demut und Selbstverleugnung; Ich zeige Mich groß im Kleinsten und Schwachen.

Schon Meine Geburt war für die äußere Wahrnehmung die größte Niedrigkeit, so wie auch Mein ganzes Erdenleben von Armut zeugte, und Mein Tod eine Schmach war; aber nur vor den leiblichen (Welt-) Augen, während solche, welche dessen Bedeutung und Tragweite mit den Geistesaugen erkennen durften, keinen Ausdruck für die Größte Meiner Liebe und Demut fanden. Denn solches Innewerden und Erkennen beruht auf der

Geistessprache, wodurch ihr ganzes Wesen beeindruckt und zu Mir hingezogen ist; es ist „der Vater" (oder „die ewige Liebe"), die sie zieht.

Sowohl unter den Himmelsbewohnern, als auch schon unter Menschen gibt es solche, doch gar wenige, die den Vater in der Größe Seiner Liebe teilweise erkennen. Denn es reicht die Ewigkeit nicht aus, dieselbe ganz zu ergründen, weil sie immerfort in neuen Schöpfungen ausströmt.

Es ist diese ewige Vaterliebe eine unversiegbare Quelle, die von Mir ausgeht, als dem Schöpfer Himmels und der Erde.

Alles habe Ich aber so geschaffen und eingerichtet, dass Meine Wesen und hauptsächlich die Menschen mehr an Meiner Liebe als an meiner Macht und Gerechtigkeit sich erlaben sollen; und sehet, die meisten suchen gerade dagegen zu handeln, und wollen Meine Allmacht und Gerechtigkeit oben ansetzen, wodurch für sie eine Annäherung an Mich mehr und mehr unmöglich wird, weil sie durch die Sünde, (das ist der Widerspruch gegen den göttlichen Willen und Seine Ordnung) immer ohnmächtiger werden.

Diese Annäherung wieder herzustellen, dazu zog Ich das Gewand der Demut (im Menschensohn als Hülle) aus der Liebe an, durch den irdischen Fleischleib, welchen aber die Menschen Mir mit Hass auszogen.

Ich kam dann zu ihnen im Auferstehungsleibe, um also auch nur einige wieder zu beglücken, und Mein Friedensreich nach und nach zu gründen, was auch bis jetzt noch seinen Fortgang hat; aber nur ganz gemächlicher Art. Und soll nicht abermals eine völlige Niederlage Meines Volkes eintreten, so muss Ich nun wiederum eine ganz einfache Hilfe solchen bringen, die noch Willens sind, Meine Liebe (als Mein Bestes) anzunehmen. Es geschieht dies durch den inneren Verkehr, der dadurch wieder mehr angefacht wird, dass Ich einzelne Menschen berufe, um nun abermals Worte von Mir niederzuschreiben für alle Meine Kinder, und dadurch wieder mehr Liebe und Vertrauen in ihnen zu wecken und zu erhalten.

Sehet, welche abermalige Herablassung und Demut die ewige Liebe beweist, sie geht direkt Selbst aus, um Gegenliebe zu erbetteln, und wird darüber von den Weltkindern, Meinungsbeherrschern und Gelehrten (wie einst, wieder) verhöhnt und verspottet, denn diese beurteilen Mich nach Ihrem eigenen stolzen Ich, und vergessen, sich nach dem Kreuze auf Golgatha (auch nach Gethsemane) zu wenden, wo die gemeinsten Menschen und Verbrecher Hand an Mich legen durften, weil Meine tiefe, unergründliche Liebe und Weisheit es so für gut fand.

Wiederum finden die Menschen nun dieses Vertrauen einzelner auf Meine Liebe und Meine Annäherung lächerlich und zu unbequem, um sich auch nur bei dem Gedanken daran aufzuhalten, welcher doch für Zeit und Ewigkeit den allergrößten Segen bringt.

Ihr aber, Meine lieben Kinder, fürchtet euch nicht! Die Worte, die Ich einst in diesem Kapitel aussprach, gelten auch euch. Leset sie aus Liebe zu Mir, und Mein Heiliger Geist wird euch deren wahren Sinn aufdecken. Amen! Euer Vater in Jesus!

326. Es ist heute Sabbat

11. Februar 1883

„Da sprachen die Juden zu dem, der gesund war worden: Es ist heute Sabbat; es ziemt dir nicht das Bett zu tragen." (Joh. 5,10 ff)

Liebe Kinder! Diese Worte sprachen einst die Juden zu einem Kranken, welchen sie zwar schon krank gesehen hatten, allein ihn so lange unbeachtet ließen, als er ihre Hilfe und somit ihre Liebe in Anspruch genommen hätte. Und erst als er sein Bett durch Meine Hilfe tragen konnte, - redeten sie denselben in ihrer Herrschsucht an, und wollten dadurch ihre Treue in Erfüllung der Gesetze an den Tag legen, um vor ihren Mitmenschen zu glänzen, während sie doch alle Nächstenliebe entbehrten. Sie gingen sogar soweit, dass sie den Arzt und Helfer des Kranken verfolgen wollten, wohl wissend, dass Ich Selbst es war.

Diese Lieblosigkeit gegen ihre Mitmenschen machte sie untüchtig zum Erkennen des göttlichen Lichtes, das Ich ihnen anzünden wollte. Denn, wenn der Mensch lieblos ist, so ist er selbst schuld daran, weil Ich jeden Menschen mit Liebe ausstatte, ja sogar jedes lebende Geschöpf; denn Leben und Liebe sind stets verbunden. Dies könnt ihr an jedem Menschen sehen, dass er Liebe in sich hat, die sich bei ihm in verschiedenen Fällen äußert. Denn selbst bei den Ruchlosesten geschieht es, dass diese (Liebe) sich in irgendeinem Akte oft sehr rührend darstellt, wie z.B. bei einem Verbrecher, wo ein einziger Funke von Liebe, welchen er zu fühlen bekommt, seine Reue bewirken kann, denn in der Liebe liegt die größte Macht.

Darum aber, weil in der Jetztzeit die meisten Menschen lieblos geworden sind, indem sie das Gesetz der Liebe hintansetzen und lieber den Zeremoniengesetzen huldigen, und diese oben anstellen, wie bei den Juden es schon der Fall war, so muss nun diese größte Kraft angewendet werden, eben die Liebe, um dieselbe wieder unter den Menschen mehr zu fördern.

Meine Kinder können nur durch Liebe gezeugt und erhalten werden. Aber damit sie durch die Liebe auch glücklich sind, dazu müssen sie selbst beitragen, indem sie dieselbe auszuüben suchen, was bei ihren Anlagen dazu gar nicht so schwer ist. Denn - betrachtet nur den Menschen, ob nicht jeder das Bedürfnis der Liebe in sich trägt, und sich darnach sehnt? Es kommt dieses daher, weil er selbst Liebe in sich trägt - als sein Urwesen, und wenn dieses Zufluss erhält, dann erst ist er befriedigt. Aber es tritt dies auch oft durch Mitleidsgefühl beim Anblick eines Leidenden hervor, oder auch bei sonstigem Unglück ist Liebe rege! Wird sie aber durch den Verstandeseinfluss dann unterdrückt, so sündigt der Mensch gegen sich selbst, da dieser Ausfluss der Liebe bei ihm verloren geht, während, wenn dieser Ausfluss des Mitleids sich in die Tat verwandelt, dies großen Segen bewirkt, weil Ich jede tätige Liebe wiederum mit Liebe ersetze.

Die Liebe ist also der einzige Weg oder der Kanal (das Verbindungsmittel), wodurch Ich, durch die Menschen selbst veranlasst, zu ihnen gelangen und ihnen wahrhaft wohltun kann, so dass es zugleich geistigen Gewinn bringt. - Darum sagte Ich: *„Wer in der Liebe bleibet, der bleibet in Mir, und Ich in ihm!"* (1. Joh. 4,16)

Darum, Meine Kinder, prüfet alles in der Liebe und suchet sie in allen Vorkommnissen herauszufinden; wo ihr dieselbe vermisset, da ersetzet sie durch eure Liebe; z.B. wenn jemand ein liebloses Urteil über euch fällt, so kommet aus Mitleid, (welches ein Anfangsgrad der Liebe ist) zu Mir, und bittet für denselben, dass Ich ihm von dieser köstlichen Gabe mehr verleihen möge, alsdann will Ich es halten wie ein leiblicher Vater, wenn ein hungriges Kind zu ihm kommt und bittet ihn für ein anderes Kind um Brot, so wird er beiden so viel geben, dass sie ihren Hunger stillen können. Oder wo ist ein Vater, der da seinen Kindern einen Stein für Brot gäbe?

Also will auch Ich von der Fülle Meiner Liebe allen geben, die Mich darum bitten, nicht allein ihnen selbst, sondern auch denen, für welche sie darum bitten, - Diese Verheißung gebe Ich als die ewige Liebe euch allen, als Euer Vater!

327. Ein wahres Erkennen Meines Wesens

(Joh. 17)   18. Februar 1883

Liebe Kinder! Dieses Kapitel enthält das Gebet für Meine Kinder, welche Ich so gerne auf dem Standpunkte haben möchte, zu welchem dieselben bestimmt sind, damit sie ewig glücklich sein können. Dieser ist: ein wahres Erkennen Meines Wesens und dann ihres eigenen, damit sie von Meiner Liebe angezogen würden, um sich mehr mit Mir zu verbinden, was ihnen leicht gemacht ist durch Meine Lehre und Meine Gebote, welche alle ohne Unterschied eben dazu so gegeben sind, dass die Menschen das wahre Ziel dadurch erreichen können.

Aber leider waren es schon bei Meinem Erdenleben gar wenige, die sich noch nach geistigem Genusse und geistiger Ausbildung sehnten. Und so ist es auch heute noch. Die Mehrzahl befriedigt sich mit natürlichen Genüssen, und anstatt sich emporzuschwingen, um geistig sich auszubilden und so zu denken und zu fühlen, wie es der Geist verlangt, welcher in jedem Menschen sich immer wieder tätig zeigt, und die äußeren Verhältnisse und Vorkommnisse zu benützen sucht, um den Menschen auf sein wahres Wesen aufmerksam zu machen, da suchen die Menschen diese Stimme immer mehr in sich zu verdrängen, und gesellen sich dadurch mehr dem Tierreiche zu, als dem Geisterreiche.

Eine größere Zahl von Menschen, sogar Christen, denken bloß noch darauf, wie sie am schnellsten zu äußeren Glücksgütern kommen, sei es Ehre, Ruhm oder Besitztum, und vergessen dabei ganz, Mich und Meine Gebote zu lieben, und wenn sie einmal daran erinnert werden, so sind sie ärgerlich, dass dieselben überhaupt noch existieren. Darum widersetzen sie sich allem, was dieselben wieder mehr zur Geltung bringen könnte.

Am sichersten glauben sie sich davon loszusagen, wenn sie es verwerfen, dass Ich Selbst dieselben als Gott gegeben habe; denn ein gewisses Gefühl von Furcht Mir gegenüber können sie doch nicht ganz beseitigen; weil es zu tief in die Menschen eingepflanzt ist, dass sie von einem Gott abhängig sind.

Bei diesem Überblicke der geistigen Zustände der Menschheit sind es wiederum Meine wahren Kinder, für welche Ich schon damals sorgte, sie der ewigen Liebe übergebend: „*Ich bitte nicht, dass du sie von der Welt nehmest, sondern dass du sie bewahrest vor dem Übel*" (Joh. 17,15), damit solche, welche Mich einmal erkennen in Meiner Liebe, nicht mehr in eine materielle Richtung versinken; denn „Ich habe ihnen gegeben Dein Wort" (Joh. 17,14), oder sie hören im Innern wieder auf Dein Wort, weil sie von Mir dazu belehrt worden sind. Aber eben darum sind ihnen die Weltmenschen feind, weil durch Meine wahren Kinder auf die Weltmenschen eingewirkt wird. Denn es ist Meinen Kindern eine verborgene Macht beigegeben, dass sie - oft unbewusst, die Weltkinder in deren Innerem beunruhigen. Und darum ist es so nötig, dass Meine Kinder auch wahrhaftig sind, d.h. dass ihr Erkennen, Streben und Handeln harmonisch zusammengeht nach Meinem Willen (d.h. den göttlichen Geboten und Worten). Darum bat Ich: „*Heilige sie* (befestige sie, Du ewige Liebe) *in Deiner Wahrheit, Dein Wort* (Lehre) *ist die Wahrheit.*" (Joh. 17,17)

So sind es auch heutzutage wieder Meine wahren Kinder, welche von den Weltmenschen bedrängt und verfolgt werden, für welche aber auch Meine Liebe immer wieder sorgt, dass sie in Verbindung mit Mir bleiben. Denn Ich habe ihnen gegeben Mein Wort, darum hasset sie die Welt. Denn sie sind nicht von der Welt, d.h. sie haben keine materielle Richtung mehr, sondern leben in Mir und mit Mir, und Ich zeige ihnen Meine Herrlichkeit! Amen! Euer Jesus!

328. Die Gesunden bedürfen des Arztes nicht

25. Februar 1883

„*Und darnach ging er aus und sah einen Zöllner mit Namen Levi am Zoll sitzen und sprach zu ihm: Folge mir nach!*" (Lk. 5,27)

Liebe Kinder! In diesem Kapitel wird euch erzählt, wie Ich mit den Zöllnern verkehrte, und dieselben Meine volle Liebe genießen ließ, weil auch sie Mir Liebe entgegenbrachten. - Sie richteten ein Mahl an, und Ich aß und trank mit ihnen; denn nicht das Mahl, sondern ihre Liebe stärkte Mich, und bereitete Mir einen Genuss nach Meinem Sinne.

Es war zu damaliger Zeit den Pharisäern und Schriftgelehrten gegenüber eine große Herablassung Meinerseits, dass Ich Mich so brüderlich unter die Zöllner mischte. Doch dadurch wollte Ich zeigen, dass die Nächstenliebe keine Schranken ziehen solle durch Vorurteile, welche so viele zu der Frage veranlassen: Gehört diese oder jene Person auch zu den Unsrigen? Und glaubt man, dadurch Mir noch gefälliger zu werden, wenn man solche meidet, die andere Glaubensansichten an den Tag legen, während dieselben im Stillen ebenso eifrig Mich und die Wahrheit suchen, wie jene, die weit über ihnen in der Erkenntnis zu stehen scheinen.

Ich gab deshalb in diesem Akte Meines Erdenwandels wiederum ein Beispiel für alle Zeiten und für alle Meine Nachfolger, welche mehr oder weniger vergessen, im Austeilen der Liebe Meinem Beispiele zu folgen und auf Mich zu blicken. Denn Meine Liebe richtet gerade dahin, wo dieselbe mangelt, ihren Gang, und lässt sie desto mehr dorthin fließen, wie es in den Worten ausgedrückt ist: *„Die Gesunden bedürfen des Arztes nicht, sondern die Kranken"* (Lk. 5,21), und *„Ich bin gekommen, die Sünder zur Buße zu leiten, und nicht die Gerechten"* (Lk. 5,32), oder vielmehr die Selbstgerechten, die in ihrem Eigendünkel vergessen, sich vor Mir zu demütigen. Denn wo nicht ein Gefühl der eigenen Schwachheit vorherrscht, kann Ich mit Meiner Gnade und Kraft nicht einwirken, und wäre es gerade so, als wenn man einem Gesunden eine Arznei aufdrängen wollte, welche dieser wohl unbeachtet lassen würde.

So geht es auch bei den Seelen, die zu viel von sich selbst halten; sie denken sich eine eigene Weisheit aus, und wollen dieselbe oft Mir als einen erlernten Schatz vortragen, damit Ich ihnen Mein Wohlgefallen bezeugen solle, und zwar auf eine Weise, wodurch sie sich gegenüber ihren Mitmenschen brüsten könnten.

Solche Seelen auf den richtigen Weg (der wahren Demut) zurückzubringen, da muss Meine unerforschliche Liebe und Weisheit eingreifen, wozu Ich leider meist schwere Demütigungen und Heimsuchungen anwenden muss, damit sie den Sinn der Worte verstehen lernen: *„Lass dir an Meiner Gnade genügen, denn Meine Kraft ist in den Schwachen mächtig."* (1. Kor. 12,9)

Die Gnade ist es also, welche ihnen nachgeht und die Demut als Begleiterin bei sich hat, um desto mächtiger auf die Seelen eindringen zu können. - Ebenso sind die Leiden und Heimsuchungen stets wieder nur Gnade und Erbarmung, um den geistigen Menschen zu erlösen von den Übeln, mit welchen er behaftet ist, und es ist solches ein Anklopfen von Mir; denn Ich besuche nicht allein die Gesunden, sondern auch die Kranken.

Wollet ihr daher Meine wahren Nachfolger sein, so wachet über eure Liebe, damit sie sich nicht überhebe und nur solche derselben für würdig halte, die eurem Eigendünkel mehr huldigen als oft andere tun, sondern liebet in den Schwachen und Unmündigen gleichfalls eure Brüder; denn nur so kann Ich eure Liebe jeden Tag mehr segnen. Wenn ihr aber euren Lohn in der Gegenliebe von euren Mitmenschen verlanget, so habt ihr denselben von Mir nicht mehr zu erwarten! Euer Vater.

329. Geoffenbart den Unmündigen

4. März 1883

„Zu der Stunde freute sich Jesus im Geiste und sprach: Ich preise Dich Vater und Herr Himmels und der Erde, dass Du solches verborgen hast den Klugen und Weisen, und hast es offenbaret den Unmündigen. Ja Vater, also war es wohlgefällig von Dir." (Lk. 10,21)

Liebe Kinder! Wie Ich in allen Stücken Meinen Erdenbrüdern Mich gleichstellte, so war es bei Mir auch mit dem Innewerden der Fall, dass Ich zu gewissen Stunden Mich mehr mit der ewigen Liebe beschäftigte, wobei Mir ihre ganze Macht und Herrlichkeit, sowie ihr Heilsplan zur Rettung der Seelen groß vor Augen stand. Da war Ich denn ganz vereint mit ihr, und so konnte Ich ausrufen: „Ich danke Dir Vater". Denn Ich fühlte Mich derselben ganz untergeordnet, und wie Ich alles, was Ich fühlte und dachte, mit Meinen Kindern und Brüdern teilen wollte, so war es Mir also auch zur Freude, dass die göttliche Weisheit es so einrichtete, dass nicht der Verstand und die Weltweisheit zuerst das enge Verhältnis zwischen Mir und dem Vater erfassen können, sondern die Unmündigen oder solche, die durch Liebe sich zu Mir hingezogen fühlen, ohne vor Meiner Macht und Größe zu erzittern, vielmehr wie ein unschuldiges, unmündiges

Kind jedem gleich liebevoll entgegenkommt, der ihm ein freundliches Gesicht bietet oder ihm freundliche Worte gibt, auch nicht unterscheidet, ob diese Person ein König oder ein Bettler ist, sondern sich an die warme Erscheinung der Freundlichkeit hält, und diese mit Freude und Dank genießt.

Daher ist es auch vom Schöpfer Himmels und der Erde so eingerichtet, dass Seine geschaffenen Kinder zu Ihm kommen dürfen, nicht als Untertanen, die, weil sie zu arm sind, ihren Tribut zu entrichten, sich schüchtern nahen und auf Vergebung und Gnade hoffen, sondern also, dass die Gnade vorausgeht.

Der Vater lässt dieselbe durchs Wort verkünden, und Seine Kinder durch ein Anklopfen zu einer Unterredung mit Ihm einladen, was in diesem Kapitel mit den Worten bezeichnet ist: „Zu der Stunde freute sich Jesus im Geiste!"

Solche Stunden hat auch jeder Mensch; denn je geistiger er strebt, desto deutlicher findet er dieselben heraus, und desto segensreicher sind sie, was bei solchen Seelen, die noch Herzenseinfalt besitzen, weit mehr der Fall ist, als bei solchen, die durch Vielwisserei (gemüts-) taub geworden sind, und also die Stimme des Geistes, welche ist ein Anklopfen vom Vater Selbst, darum überhören. Deshalb können die Menschen die innige Verbindung zwischen dem Vater und dem Kinde nicht begreifen, und lieben Denselben nicht mit Freudigkeit, sondern ihre Verehrung ist mehr Berechnung, um den Lohn zu empfangen, welcher verheißen ist denen, die Gott lieben.

Weil ihre Liebe aber nicht Freude ist, sondern sie selbst sich dieselbe zum Geschenk machen, so ist die Frucht davon nicht die wahre, sondern äußert sich bloß mehr in der Form und wirkt nicht segensreich. Denn nur die wahre Frucht treibt abermals Frucht. Die Schale aber verdirbt. Ebenso auch eine Liebetat, angeregt durch reine göttliche Liebe, eine Saat in sich birgt, die früher oder später Frucht bringt.

In dieser Liebe also liegt die Mitwirkung des Vaters oder der ewigen Liebe. Darum Ich so oft sagte: „*Ich und der Vater sind eins*" (Joh. 10.30), weil auch Mein Wesen durch die uneigennützige Hingabe Meines Selbstes ganz in das Wesen des Vaters überging, und nur ein Wollen und Einfließen zwischen Mir und dem Vater oder zwischen dem Herrn und Schöpfer und dem als Vater in Jesu geoffenbarten Gott stattfand.

Die Liebe verschmolz alle Macht und Herrlichkeit in den einzigen Begriff von Gott als Vater. Darum auch wiederum die Liebe es ist, durch welche die Menschen ihren Gott am klarsten erkennen und erfassen können, und weil dieselbe Demut und Einfalt als Haupteigenschaften bei sich hat, so sind diejenigen, welche in wahrer Demut stehen, der Liebe zugänglicher als diejenigen, welche in ihrem Eigendünkel mit Weisheit und Wissenschaft sich zu schmücken bemühen.

Darum, liebe Kinder, bleibet in der Demut und göttlichen Liebe, so bleibet ihr in Mir und Ich in euch! Amen! Euer Jesus!

330. Zum Spiritismus

11. März 1883

„Denn es werden sich erheben falsche Propheten, die Zeichen und Wunder tun, dass sie auch die Auserwählten verführten, so es möglich wäre; ihr aber - sehet euch vor!" (Mk. 13,22-23)

Liebe Kinder! „Sehet euch vor!" So rufe Ich euch abermals zu; denn die Zeit ist gekommen, wo die falschen Propheten mit Zeichen und Wundern auftreten. Es ist der Spiritismus (der moderne, prahlerische, großtuende) gemeint, welcher an manchen Stellen in einer Weise auftritt, dass jeder Mensch, der noch einige Liebe zu Mir hat, erkennt, dass Mein Gegner abermals sich hervortun will - Meine Gnadeneinrichtungen zu missbrauchen, und diese zu seinen verderblichen Zwecken auszunützen; während Ich dadurch Mich an den Meinigen mit großer Kraft und Herrlichkeit bezeugen will (im Lichte der Liebe).

Es steht geschrieben: *„Zu der Zeit werden alle Kräfte der Himmel sich bewegen"* (Mt. 24,29); denn es werden alle Geister sich dabei zu beteiligen suchen, Gute wie Böse, weil beide Teile wissen, wie viel davon abhängt, die Menschen zu beeinflussen. Darum sind die Kundgebungen (der Geister) nun so ganz verschiedener Art. Die, welche jetzt am häufigsten sind, gehören zumeist dem Fürsten der Finsternis an, welcher überall mit Hochmut und Prahlerei sein Werk beginnt, und deshalb sehr blind oft dabei zu Werke geht, (für die Augen des Geistes der feiner fühlenden und heller Sehenden, die in göttlichem Lichte stehen). Dagegen entspricht diese Gnadenzulassung, wie sie nach Meinem Sinne sein soll, ganz Meinem Wesen, das in allem das Kleinste zum Großen (zu sich) emporzieht, ohne jedes Aufsehen ein stilles Walten beobachtet, dessen Wunder darin bestehen, dass es ganz unscheinbar sich so geltend macht, dass Meine Gegner trotz ihres Hochmutes viel zu schwach sind, es zu besiegen!

Steht es doch wiederum geschrieben: „*Des Menschen Sohn kommt in den Wolken*" (Mt. 24,30), d.h. Sein Glanz ist verhüllt (in der aller einfachsten Gemütssprache und Weise). Gleich wie die Sonne von einer Wolke oft verdeckt wird, aber darum doch nicht an Glanz und Wärme verliert, so verliert auch Meine Einwirkung auf diesem Gebiete nichts, wenn auch dasselbe vielen noch unbegreiflich ist, weil sie die Liebe des Vaters noch nicht so darin erschauen können wie andere, die in diesem Verkehre, statt denselben als eine Erniedrigung Meiner anzusehen, Meine größte Herrlichkeit darin bewundern, nämlich: Meine herablassende Liebe zu Meinen Erdenkindern.

Liebe Kinder, sage Ich, sehet euch vor, damit ihr euch nicht verführen lasset - ebenfalls mit äußerem Aufsehen machen den Glauben an den Segen bringenden Verkehr (mit Mir, und durch Mich mit den himmlischen Brüdern) anderen beibringen zu wollen; denn in solchem (Nötigungs-) Glauben wirkt nicht die Gnade, welche die Liebe zu Mir fördert, sondern solche (nötigende) Zeichen geben mehr Anlass zur Furcht und Grübelei, welche das herzliche Vertrauen zu Mir vertreibt, das doch statthaben solle, wie zwischen Vater und Kind. Also habet nur diesen Zweck im Auge, wenn ihr euch glücklich schätzet, durch die Gnade in diesen Verkehr eingereiht zu sein.

Darum lasset euch nicht verführen von den falschen Propheten, die mehr produzieren als ihr, und die euch eurer Einfachheit wegen lächerlich zu machen suchen. Folget auch in diesem Falle Meinem Beispiele, wie auch Ich auf alle äußere Macht verzichtete bei Meiner Gefangennahme und nur Mich stärkte im Gebet am Ölberge; denn nur so konnte Ich Meine Aufgabe lösen, also auch ihr, als Meine wahren Nachfolger.

Eure Wunderwirkungen sollen bestehen in der Macht des Gebetes, so werde Ich euch einen Engel senden, der euch stärkt und zusammenführt mit Meinen Auserwählten! Amen! Euer treuer Vater!

331. Zum Palmsonntag

(Mk. 14,36 ff) 18. März 1883

Liebe Kinder! Heute wollen wir nach der Kirchenordnung uns richten, welche diesen Tag „Palmsonntag" nennt, der den Anfang der Woche bildet, in welche die Gedächtnistage der Christen an Meine Leidenszeit und an Meinen Kreuzestod fallen.

Was aber Meine Leidenswoche sonst noch in sich birgt, nämlich die große Trauer um die Meinigen, dass sie eben wiederum, wie einst jene im Garten Gethsemane, schlaftrunken sind, und nicht ahnen welch großen Liebesplan Ich in Meinem Herzen trage, um alle Menschen zu retten, das ist auch in der Jetztzeit gar nicht mehr ins Andenken genommen. Mit den Trauerkleidern ziehen sie auch die Liebe zu Mir wieder aus, und sind froh, dass der ernste Karfreitag vorüber ist, welcher zu ihrer Unbequemlichkeit mehr Rücksicht verlangt nach außen, als sonst ein Tag.

So steht es bei der Mehrzahl Meiner Christen, und ihr werdet begreifen, dass Ich bei solchen nun ebenso verkannt bin, wie einst bei den Juden. Auch sie heften Mich abermals ans Kreuz; denn auch sie stoßen das Heilbringende Meiner ausgestandenen Leiden mit Gleichgültigkeit zurück, so dass Ich abermals ausrufen muss: „*Abba, Mein Vater, es ist dir alles möglich, überhebe Mich dieses Kelches; doch nicht wie Ich will, sondern was Du willst geschehe!*" (Mk. 14,36) - und Ich kam und fand sie schlafend!

Auch jetzt sind viele Christen eingeschlafen und nehmen an Meiner Liebe keinen Anteil, so dass Ich Mein Kommen mit großer Langmut verziehen muss. Und wie kann Ich solchen die Heiden anvertrauen, dass sie auch diese Mir als dem alleinigen Hirten zuführen, auf dass „eine Herde und ein Hirte" werde! - Es wird dieses zwar, aber nur auf langsamem und spärlichem Wege geschehen, und Ich muss es sogar so einrichten, dass die Heiden an den Christen kein Ärgernis nehmen, sondern erstere in ihrer Herzenseinfalt so lange erhalten bleiben, bis ihnen dasjenige als Lehre gegeben werden kann, was für ihren Zustand ihnen als von einem Gott fassbar ist und entspricht. Denn der Urglaube der Menschen an einen Gott besteht darin, dass sie einen solchen Gott wollen, Der sieht und hört und mit ihnen verkehrt, auch handelnd Sich bezeugt, so dass Er ihnen ihre Wünsche erfüllt und sie beglückt; daher viele, um diesen Gott näher um sich zu haben, sich ein Bild von demselben machen. Sehet, so ist das Bedürfnis in die Menschen gelegt, einen Gott zu haben, Der sie liebt; und da dieses Bedürfnis in der Jetztzeit sogar bei den Christen mehr erloschen ist, als bei den Heiden, das erhöht Meine Leidenszeit, und darum suche Ich dieselben aufzuwecken!

„Wachet!" rufe Ich jetzt zum dritten Male, „ach, wollt ihr nun schlafen und ruhen? Es ist genug, die Stunde ist kommen, siehe des Menschen Sohn wird überantwortet in der Sünder Hände! - stehet auf, lasset uns gehen, der Mich verrät - ist nahe!" (Mk. 14,38-42)

Auch jetzt wird Mir wiederum nachgestellt; Meine Liebe, die Mich zieht mit Meinen Kindern zu verkehren, wird verspottet und verleugnet, und nur ganz wenige bleiben Mir treu. Ein Petrus und ein Judas waren damals unter den wenigen Meiner Jünger; und auch jetzt gibt es unter denen, die zu Meinen wahren Jüngern gezählt werden, noch Glaubensschwache und Heuchler, die Mich - teils aus Ungewissheit teils aus Bosheit - verleumden, und dadurch verraten, dass sie Meine innige Verbindung mit Meinen wahren Kindern zu bestreiten suchen, und somit Meine demütige Liebe nicht achten, sondern Mich ferne von Ihrem Herzen halten, als einen (über dem Irdischen weit erhabenen) majestätischen Gott!

Wollet aber ihr Mir eine wahre Teilnahme beweisen, so müsst ihr Mein Hauptleiden kennen; darum weise Ich euch darauf hin, damit ihr für eure Mitchristen im Gebet wachet! *„Simon schläfst du? Vermöchtest du nicht eine Stunde zu wachen?!"* (Mk. 14,37)

O ihr Lieben, die ihr meinet, im wahren Glauben zu stehen, wachet! Umsonst forderte Ich Petrus nicht besonders dazu auf, denn Ich wusste um seine Schwachheit und warnte ihn. Auch euch möchte Ich deshalb besonders zurufen:

Wachet, auf dass ihr Meine Nachfolger bleibet - im Glauben, in der Liebe, und in der Treue, und kräftig genug werdet, Mich auch da zu bekennen, wo es gilt, um Meinetwillen zu leiden! Amen! Euer Jesus!

223

332. Karfreitag

23. März 1883

„Sie werden sehen, in welchen sie gestochen haben!" (Joh. 19,20-37)

Liebe Kinder! Dieses Wort ist ein großes Wort, und hat eine tiefe Bedeutung; denn eine große Verheißung liegt in den Worten: „Sie werden sehen". Es ist darin enthalten, dass alle Menschen zur wahren Erkenntnis gelangen sollen, gegen welch liebevollen Vater sie sich empörten. Allen Geistern wird dies noch - wenn es auch auf Erden nicht mehr, oder weniger geschieht - doch im Jenseits einst aufgedeckt - wer Ich (Jesus) bin!

Ich leiste auf alle Ehrfurcht Verzicht, welche bei den Menschen durch die Betrachtung Meiner Werke hervorgerufen wird; nur die Gegenliebe ist Mir Bedürfnis!

Darum muss Ich allen Meinen Kindern dieselbe vorstellen, was schon durch Meinen Erdenwandel, durch Meine Lehre und durch Meinen Tod geschah. Aber dies ganz so zu fassen, wie es Meine Liebe verlangt, gelingt leider selten einer Seele im Fleische, sie ist meist zu sehr in das Äußerliche hineingezogen, und besonders in der Jetztzeit, wo die ganze Kirchenlehre mit menschlichen Ansichten vermengt ist; anstatt dass der Heilige Geist in sein Amt tritt, und den Ausleger der Heiligen Schrift macht (als Geist der Wahrheit), haben sie jetzt den Verstand dafür eingesetzt!

Wenige bedenken mehr, dass die Menschen durch dessen Einflüsterung des Paradieses verlustig wurden! Mein Kreuzestod wird zwar noch in der Kirche als Hauptakt Meiner Liebe dargestellt, aber daneben wird derselbe sogleich zu aller natürlichen Bequemlichkeit ausgebeutet, weil er die Versöhnung zwischen Mir und dem Vater bewirkt hat, und somit die Menschen freispricht von aller Schuld und von aller Versäumnis (!?), darum darf sich die Seele - nach dieser Auffassung - ganz dem Materiellen zuwenden, und braucht sich nicht zu bestreben - mit dem Geiste eins zu werden! -

O Kinder, sehet welch große Ver(w)irrung solcher Glaube schon angerichtet hat, wie Ich dadurch so viel umsonst gelitten und geduldet habe, und wie Mein Leiden und Mein Trauern um die Erdenkinder noch immer fortbesteht! Ich muss warten, bis Ich durch Mein sanftes Eingreifen nur erst wieder Einzelne auf

Meine Seite gewinne, damit Ich durch diese abermals einige weitere anziehen lassen kann.

So habe Ich euch nun abermals einen Blick in das Verhältnis tun lassen, das zwischen Mir und den Menschen besteht, und euch gezeigt, wie Meine Liebe schmachten muss, und frage euch nun: „Wollet ihr ganz nach Meinem Sinne zu Mir halten? Auch wenn euch das gleiche Los der Schmach und Verfolgung in Aussicht steht?"

Ich werde euch dabei nicht zu viel auferlegen, sondern durch Meine göttliche Kraft euch mächtig unterstützen, und weil Ich euer redliches Jasagen weiß, so wollen wir nun das Mahl der Liebe miteinander halten. Wir schließen all die Unsrigen, welche im Bunde stehen, dabei mit ein. Teilet es ihnen dann mit. Amen! Amen! Amen! Euer Vater Jesus.

333. Ostertag

27. März 1883

Liebe Kinder! Nach Meiner Auferstehung musste Ich Meinen Jüngern erst nach und nach erscheinen, und sie überzeugen, dass Ich wirklich von den Toten auferstanden bin, obgleich sie doch nicht das erste Mal einen Auferweckten sahen; denn sie waren ja Zeugen von der Auferweckung des Lazarus und des Jünglings zu Nain. Allein sie legten dieses Meiner Kraft zu, und meinten, dass auch Ich nötig hätte, Mich von einer andern Person auferwecken zu lassen. Darum musste dieser Glaube auch bei ihnen aufs Neue angefacht werden, welcher sie überzeugte, dass Ich durch die Kraft in Mir, also durch die göttliche Kraft, Mir Selbst wieder das Leben geben oder den Leib neu beleben konnte, der ihnen Meine fortdauernde Existenz zeigte. Denn Leben heißt ewig sein; der Tod dagegen ist bloß der Übergangsprozess, dem Leben eine andere Form zu geben, welcher zwar bei den gewöhnlichen Menschen auch vor sich geht, nicht nur als Akt der Trennung vom Fleischkörper, sondern es gehört dazu auch die nachfolgende Neubildung des Seelenleibes, etwas das bei den Seelen verschieden ist, in Bezug auf Zeit und Form. (Feinheit und Reinheit.)

Diesen Akt habe auch Ich ebenso durchgemacht, wie alle Menschen, sowie auch die Neubildung Meines Leibes. Doch da derselbe schon ganz durchdrungen war von der göttlichen Liebe, und Ich denselben freiwillig in einen Tod gab, der alle Schrecken bei sich hatte, so wurde dadurch die längere Pause der Neubildung aufgehoben, und den gefangenen Geistern, die noch auf die Erlösung harrten, d.h. auf die Kraft, den (verklärten) Seelenleib zu gewinnen, die Freude und Hoffnung gebracht, dass auch ihnen dieses nun zuteilwerde (n könne.)

Der Satan bestritt diese Neubildung und Veredlung, weil er in Meinem Erscheinen im Auferstehungsleibe seine volle Niederlage in der Folge sah, während die (abgeschiedenen) Urväter und Urmenschen sich mit voller Freude an Mich und Meine Gnade wendeten.

Erst mit der Auferstehung fängt die Seligkeit mit wahrem Kindesrechte an; denn im alten Bunde war Ich wohl auch Vater der Menschen, aber bloß als Schöpfer und in der Majestät des Jehovah; im neuen Bunde jedoch ihr liebender Vater, und als Jesus ihr Bruder, in ewig fortdauernder Verbindung mit ihnen, durch den Kreuzestod und die Auferstehung, weil Ich auch da noch die menschliche Form zu Meinem Auferstehungsleibe wählte, während Ich gleichfalls auch in Engelsgestalt meine Gottheit und Macht hätte beweisen können. Allein Ich wollte den Menschen damit zeigen, dass Ich in alle Ewigkeit die gleiche Liebe, die gleiche Demut, die gleiche Herablassung gegen sie bewahre, wie Ich es bei Meinem Erdenwandel gehalten habe.

Und sehet, liebe Kinder, in dieser Art Meines auferstandenen Erscheinens liegt also für euch und alle Menschen der noch besonders große Wert, dass ihr Mich in alle Ewigkeit als euren Vater und Bruder lieben dürfet, gerade so wie einst Meine Jünger, als Ich auf Erden war. Und dieses gibt euch das Zeugnis und die Versicherung, dass ihr euch nicht an Meiner Ehre vergreifet, wenn ihr kindlich trauet und glaubet, dass Ich bei euch bin, und kindlich mit euch rede und verkehre, wie einst mit den Jüngern auf dem Wege nach Emmaus, wo doch auch wiederum Meine Allmacht im Spiele war, als Ich dann bei verschlossenen Türen eintrat.

Und um diesen für euch Menschen so wichtigen Glauben wieder mehr zu verbreiten, lasse Ich den Verkehr zwischen der Geisterwelt und den Menschen nun immer mehr und stets deutlicher zu.

So feiert denn ihr das Osterfest auch als ein Bestätigungsfest, dass Ich nicht allein euer Schöpfer und Gott, nicht allein euer Christus am Kreuze bin, sondern auch euer liebender Vater in alle Ewigkeit, und zwar in der Art und Weise, wie Ich Mich Meinen ersten Jüngern (menschlich) gezeigt habe. Amen! Euer Vater Jesus.

334. Und schwiegen stille

1. April 1883

„Und sie konnten sein Wort nicht tadeln vor dem Volke, und verwunderten sich seiner Antwort, und schwiegen stille!" (Lk. 20,26)

Liebe Kinder! Die vorhergehenden Verse dieses Kapitels beschreiben euch, wie die Pharisäer und Schriftgelehrten sich alle Mühe gaben, aus Meinen Worten Anlass zu bekommen, Mich als einen Irrlehrer und Aufwiegler zu beschuldigen, aber auch wie Ich dabei alle äußeren Einrichtungen und die Ordnung, welche die Menschen einsetzten, sogar respektierte, so lange dieselben mit des Vaters Willen vereinbar waren.

Es hätte manches anders gehalten werden sollen, auch gegenüber den Römern, welche die Juden in damaliger Zeit sehr bedrückten. Allein weil nach göttlicher Ordnung auch die Übelstände, sowohl im Einzelnen als im Ganzen, nur nach und nach beseitigt werden sollen, so hielt Ich es ebenso. Denn all Mein Tun und Wirken sollte den Stempel von dem Wesen des Vaters haben, so auch die Langmut und Geduld. Denn ein einziges Wort, von Meiner Macht gesprochen, hätte oft so viel Erfolg gehabt, als später bei Meinen Aposteln ihre mühselige Arbeit ganze Jahre hindurch, um für Mich Nachfolger zu gewinnen. (s. Joh. 14,12)

In diesem Punkte liegt wiederum Meine große Liebe zu denen verborgen, die in Meinen Dienst treten; denn sie sollen den vollen Lohn ihrer Arbeit erhalten dadurch, dass derselbe durch ihre Aufopferung erhöht wird; aber Mein Zutun dabei soll verborgen bleiben. Nur eine Bedingung knüpfe Ich daran, dass sich solche nach Meinem Beispiele auch im Äußern richten, und gleichwie Ich Mich solchen weltlichen Anordnungen unterzog, die den Seelen keinen Schaden, aber oft im Äußern ungerechten

Verlust bringen, so haltet auch ihr fest an dem Glauben, dass was ihr auf diese Art verlieret, euch sogar äußerlich wieder ersetzt wird.

Durch dieses Festhalten an dem Gesetze, wie es die Weltmenschen aufstellen, ist denselben viele Gelegenheit zur Anklage gegen euch abgeschnitten, wie es von Mir heißt: *„Sie konnten seine Worte nicht tadeln - und schwiegen stille."* (Lk. 20,26)

Auch jetzt ist die Zeit gekommen, wo abermals vieles gegen Mich unternommen wird, und daher gebe Ich abermals nun Worte, die sie nicht tadeln können, und worüber sie stille schweigen müssen. Umso mehr werden sie euch zu verfolgen suchen, und in eurem Lebenswandel etwas aufzufinden trachten, das euch vor euren Mitmenschen verdächtig machen solle.

Deshalb seid wachsam und vorsichtig! Auch in Dingen, die sich vor Mir oft mehr entschuldigen lassen, als es die Menschen tun. Übet euch - ein musterhaftes Beispiel zu geben im Guten, damit die Wirkung eurer und Meiner Lehre dadurch gepriesen wird, und auch von euch gesagt werden kann: „Und sie konnten nicht tadeln, und schwiegen stille!"

Was sie aber gegen diese Meine neu gegebenen Worte hervorbringen wollen, das werde Ich Selbst mit ihnen ausmachen. Sowohl der Widerspruch in ihnen selbst als wiederum gegeneinander solle ihnen beweisen, dass sie zu ohnmächtig sind, um sich gegen Meinen Reichsplan zu stemmen.

So, liebe Kinder, haltet euch immer mehr an Mich und Meine Worte, und Ich will Mich zu euch halten als liebender Vater! Amen!

335. Fürchtet euch nicht

(Predigt 21)   8. April 1883

„Ich sage euch aber, Meinen Freunden: Fürchtet euch nicht vor denen, die den Leib töten und darnach nichts mehr tun können.

Ich will euch aber zeigen, vor welchem ihr euch fürchten sollet: Fürchtet euch vor Dem, der nachdem er getötet hat, auch Macht hat zu werfen in die Hölle; ja Ich sage euch: vor Dem fürchtet euch!" (Lk. 12,4-5)

Liebe Kinder! Meine Jünger wurden durch die Drohungen der Schriftgelehrten und Pharisäer ängstlich gemacht, und sie befürchteten, dass sie durch den Hass und die Verfolgung derselben noch vieles zu leiden bekommen würden, (wie es auch später der Fall war). Doch diese Verfolgung und diese Leiden waren gerade segenbringend für sie; denn dadurch bewährte sich ihre Liebe zu Mir und ihre innere Verbindung mit Mir immer mehr. Somit reichte diese Verfolgung nicht über ihr irdisches Leben hinaus, und war weniger nachteilig für sie, als wenn sie den Widersprüchen der Pharisäer und Schriftgelehrten Gehör gegeben hätten, und dadurch mit Mir und Meiner Lehre in Zweifel gekommen wären.

Ich stellte daher zunächst für Meine damaligen Jünger, wie für alle Meine wahren Nachfolger eine Warnung auf, und zwar deshalb, weil in der Verteidigung des Glaubens an Mich eine größere Gefahr nach innen als nach außen liegt. Denn schon oft sind Seelen, welche mir großer Liebe für Mich zeugten, aber ihr Zeugnis mehr im Innewerden und im Gefühl hatten, durch die Widersprüche solcher, die ihren Glauben mehr in Worten haben und darin gut eingeübt sind solchen (dialektisch) zu beweisen, abgeschreckt worden.

Ihre Bescheidenheit und innere Demut räumt den andern das Feld ein, und so nehmen sie Schaden, der größer ist, als eine äußere Niederlage. Sie werden geistig getötet (durch Zweifel und Ärger), und dieser Tod führt sie immer mehr abwärts, statt dass sie durch ihre (stille) Standhaftigkeit mehr aufwärts sich geschwungen hätten.

Darum sagte Ich: „Fürchtet nicht diejenigen, welche den Leib töten, oder euch äußerlich vor der Welt schaden, aber fürchtet euch vor denen, die euer Geistesleben anzutasten und zu verderben suchen."

Wer sich fürchtet, der zieht sich zurück, weicht der Gefahr aus, welche kommen könnte, und dieses Ausweichen ist auch im Geistigen nicht unerlaubt, sondern oft recht nötig, um nicht eine kleine Gefahr beseitigen wollend, in eine weit größere zu kommen.

Darum sage Ich auch: „Fürchtet euch," sage aber nicht: „Kämpfet gegen solches." Denn bei solchen Anläufen wird mit dem Kampfe nach außen innerlich oft mehr verloren als gewonnen. Deshalb ziehet euch da zurück, damit sie euren Glauben nicht anzutasten vermögen, obgleich solche Gegner stets auf der Lauer sind, und wenn sie euch auch äußerlich eine kleine Niederlage zu bereiten wissen, so helfen sie euch auf der andern Seite zu einem geistigen Gewinne, den sie in ihrer Blindheit nicht sehen.

Wenn Ich Meinen Jüngern eine scharfe Lehre oder Warnung gab, so ließ Ich stets gleich darauf eine ermutigende Verheißung folgen, so auch in diesem Kapitel, und so wie ihr die Lehre und Warnung auf euch anwenden sollet, so gelten euch auch die weiteren Worte: „*Denn auch eure Haare auf dem Haupte sind gezählt*" (Lk. 12,7), und: „*Wenn sie euch aber führen werden in ihre Schulen und vor die Obrigkeit und vor die Gewaltigen, so sorget nicht wie oder was ihr antworten oder sagen sollet, denn der Heilige Geist wird euch zu derselben Stunde lehren, was ihr sagen sollet.*" (Lk. 12,11-12)

Diese Worte nehmet auch ihr zu Herzen, denn es ist die Zeit, wo der Kampf noch weniger nach außen geführt wird, dagegen im Verborgenen es gegen die Wahrheit gärt. Sorget nicht, aber wachet und betet, dass sie keinen Zweifel euch beizubringen vermögen! Amen! Euer Vater Jesus!

336. Ihr seid Freunde

15. April 1883

„*Ich sage hinfort nicht, dass ihr Knechte seid, denn ein Knecht weiß nicht was sein Herr tut; euch aber habe Ich gesagt, dass ihr Freunde seid, denn alles was Ich habe von Meinem Vater gehört, habe Ich euch kundgetan!*"

„*Ihr habt Mich nicht erwählet, sondern Ich habe euch erwählet und gesetzt, dass ihr hingehet und Frucht bringet, und eure Frucht bleibe! Auf dass, so ihr den Vater bittet in Meinem Namen, Er's euch gebe! Das gebiete Ich euch - dass ihr euch untereinander liebet!*" (Joh, 15,15-17)

Liebe Kinder! Nachdem Ich Meine Nachfolger über Meinen großen Liebesplan durch Mein Erscheinen im Fleische belehrt habe, hört das bisherige Verhältnis zwischen Mir und ihnen, welches wie Herr und Knecht war, auf.

Die große Liebe, welche dieselben nun in Mir erkennen, löst die Furcht auf, und verwandelt solche in Gegenliebe. Dieses ist der Übertritt vom Gesetze zur Liebe und zum freien Wollen, wenn eine Seele Mich in Meiner großen Liebe erfasst hat, wozu einer jeden Gelegenheit geboten wird, weil der Geist der Gnade stets Wache hält, um alles zu benützen, was der Seele zu dieser Erkenntnis hilft. Und fängt sie nun an über Mich und sich ernstlicher nachzudenken, so muss sie doch bald begreifen, dass ihre Stellung zu Mir nur dann richtig sein und sie beglücken kann, wenn sie Mich liebt, weil dann in dieser Liebe das Glück ruht. Somit sind ihr Meine Gebote keine Befehle, als von einem Regenten ausgehend, welcher nach der Erfüllung derselben belohnt, sondern die gegebenen Gebote in Meiner heiligen Schrift sind für dieselbe nur väterliche Anleitungen, um ihr Glück zu vermehren, und nach treuer Ausübung derselben wartet sie auf keine andere Belohnung, weil die Freude und Befriedung ihres Geistes in der Ausübung der Gebote selbst ihren Ursprung hat und also belohnt. Darum könnt ihr oft von Menschen das Wort hören: „Seit ich den inneren Frieden habe, bin ich glücklich."

Dieser Friede ist nur in der Treue und Liebe zu Mir zu finden, denn Ich habe euch erwählt und gesetzt, dass ihr hingehet und Frucht bringet. - Gleich wie der Baum zwar die Keime zur Frucht in sich birgt, aber doch wenig Nutzen bringt, so lange der Keim nicht zuerst Blüte und dann Frucht bringt, so hat auch ein Mensch, in welchen ebenfalls die Liebe schon von Mir aus gelegt ist, wenig Wert, so lange diese Liebe nicht in der Tat sich äußert (welches ist die Frucht der Liebe), ohne welche er seinen Mitmenschen nicht zum Segen wird.

Sowie aber der Baum von der Sonne abhängt, wenn seine Früchte gedeihen sollen, ebenso hängt der Mensch von Mir ab; denn will er Früchte der Liebe hervorbringen, so muss Meine Gnadensonne auf ihn einwirken.

Darum sage Ich euch: „So ihr den Vater bitten werdet in Meinem Namen, so wird Er euch geben" (Joh. 16,23), d.h. wenn ihr im vollen Vertrauen an die ewige Liebe euch wendet, welche euch durch den Namen Jesu geoffenbart wurde, so wird euch die Gnade tüchtig machen, die Liebe aufzunehmen in euch, welche euch zu Kindern eines Vaters und zu Brüdern untereinander macht, und so ist euch der Weg zur Seligkeit eröffnet. Es liegt

nur an eurem Wollen und Laufen, der Berufung nachzukommen.
Amen!

337. Ohne Mich könnt ihr nichts tun

22. April 1883

Liebe Kinder! Ihr sollet das wahre Vertrauen zu Mir immer
mehr euch aneignen, und euch damit beruhigen können, dass all
euer Denken und Handeln nach Meinem Willen eingerichtet ist.

Dies scheint euch zwar jetzt noch eine gar schwere Aufgabe,
weil ihr noch gar weit zurück seid in solcher Lebensweise, und
sozusagen immer wieder zu Mir zurückkehren müsst, (von unserer Exkursion aufs eigene Feld!), weil ihr zuerst mit dem Verstand gegangen (ihm gefolgt) seid, und dann erst wieder an die
vielen Worte euch erinnert, die Ich als Vater euch zukommen
lasse.

Würdet ihr nur die Worte: *„Ohne Mich könnt ihr nichts tun"*
(Joh. 15,5) euch recht ins Herz schreiben, so würdet ihr nicht sogar viel hin und her zu sorgen haben, sondern ganz deutlich eure
innere Anleitung herausfinden.

Jetzt, da ihr so voll Willens seid, ganz für Meine Reichssache
zu leben, seid ihr darin schon mehr vorwärts gekommen - bei
Mir zuerst anzufragen, ehe ihr etwas für Mich unternehmen
wollet. Aber weil Ich euer Vater im ganzen Sinne bin, und auch
also von euch anerkannt sein will, so sollet ihr auch wagen,
selbst in euren äußeren Angelegenheiten zuerst Mich zu fragen,
jedoch nicht erwarten, dass ihr die Antwort durch die Feder, d.h.
von außen erhaltet, sondern in euch selbst, denn Ich möchte
Mich dadurch noch näher mit euch verbinden.

Wenn ihr so euch kindlich froh auf Mich verlasset, so werden
euch noch manche bange Sorgenstunden erspart bleiben, und
ihr könnt dadurch auch euren Mitmenschen zeigen, dass ihr einen guten himmlischen Vater habt, Welcher die Seligkeit nicht
erst im Jenseits Seinen Kindern zuteilt, sondern dieselben
schon auf Erden wahrhaft glücklich macht.

Darum haltet euch in allen Fällen an die Worte der Verheißung: *„Was ihr den Vater bitten werdet in Meinem Namen, das
wird Er euch geben!"* (Joh. 16,23) Aber in Meinem Namen, nach
Meinem Sinne sollet ihr bitten, immer wieder hinzusetzend:

„Dein Wille geschehe!" (Mt. 6,10) Weil ihr begreifen sollt, dass Mein Wille nur das (wahre) Gute will, und deshalb soll euer Vertrauen nicht schwanken, wenn die Erhörung eurer Bitten eurem Hoffen und Gutachten gerade entgegengesetzt ausfällt.

Wer sich einen Ratgeber oder „Pfleger" wählt, der tritt demselben seinen eigenen Willen ab, weil er weiß, dass er für sich zu schwach und unvermögend ist, seine Sache selbst auszuführen. Wenn nun schon im Äußern solch ein Vertrauen stattfindet, wo doch nur schwachen Menschen, die selbst fehlerhaft sind, eine Leitung übertragen wird, um wie viel mehr kann Ich als uneigennütziger und weiser Vater Anspruch darauf machen, dass Meine wahren Kinder Mich in ihren Angelegenheiten Selbst ordnen lassen, ohne Misstrauen.

Es will ihnen zwar, weil Ich oft unerforschlich handle, die Zeit manchmal zu lange werden, bis sie Meine Hand erkennen, und hierin muss es auch bei euch noch besser werden; ihr sollet nur dafür sorgen, dass ihr euch nach Meinem Willen richtet, und das andere mit Ruhe Mir überlassen.

Ich will euch keine speziellen Fälle hierbei anführen, aber euch darauf aufmerksam machen, dass ihr in jedes eurer Worte Meinen Willen legen und stets bedenken sollet, ob ihr dieselben mit Liebe nach Meinem Sinn aussprechet. In alles, alles sollet ihr Meinen Willen, welcher Liebe ist, legen, und dann werde Ich euch schon überall Selbst belehren, ob dieselbe im einzelnen Falle sich in Ernst oder Freundlichkeit, im Denken (Stillhalten und Fürbitten) oder im Handeln äußern soll. Ja, Ich will bei euch sein und bleiben alle Tage, und durch euch und mit euch wirken, wenn ihr treu bleibet in solcher Übungsschule, welche nötig ist, euch auf den Standpunkt einer innigen, kindlichen Verbindung mit Mir (Re-ligio) zu bringen, welches dann der Anfang der Seligkeit ist, die immer größer wird, je mehr ihr euch an Mich anschließet! Amen! Euer treuer Vater.

338. Mich als den „wahrhaftigen Gott" erkennen

(Joh. 19,38-40)   29. April 1883

Liebe Kinder! In diesen Versen liegt abermals eine Entsprechung für eine später kommende Zeit, die jetzt eingetreten ist; denn auch in der Jetztzeit gibt es wahre Verehrer von Mir, welche Mich als den „wahrhaftigen Gott" erkennen. Es gibt aber auch solche, denen es vor diesem Bekenntnisse bange wird, weil sie ihren eigenen Untergang darin erkennen, und die dazu noch so blind sind, dass sie Mich bitten, Meinen wahren Verehrern ihre Liebe und Ehrfurcht zu Mir zu verwehren.

In diesem Bangesein liegt gerade das Zeugnis für sie, dass sie keinen Glauben haben, von dem sie überzeugt sind, dass es der wahre und richtige ist, sondern sie fühlen das Mangelhafte an demselben, darum fürchten sie eine Niederlage. Während Meine wahren Jünger die feste Zuversicht in sich tragen, dass der Gott, Den sie in Mir erkennen, ihre Macht und Hilfe ist, und dass sie durch dieses Vertrauen zu Mir nicht untergehen.

„Ich sage euch, wo diese schweigen, da werden die Steine reden." (Lk. 19,40) Diese Worte gelten den Verfolgern der Wahrheit. Denn obgleich sie alles anwenden, diese zu unterdrücken, so wird es ihnen doch nicht gelingen; denn Meine Kraft ist groß, und kann alles durchführen, was vor den Augen der Menschen unmöglich scheint; also auch die Steine redend machen, oder solche Werkzeuge wählen, welche vor den Augen der Gelehrten für ganz untüchtig gehalten werden. In dem unscheinbarsten Menschen kann Ich Mir ein Rüstzeug für Meine Sache erwählen. Denn wie damals die Pharisäer ihren Groll und Hass gegen Mich fortsetzten, und so Mir eine scheinbare Niederlage bereiteten, so erfahren sie doch zu ihrem großen Schrecken hernach, dass Ich nicht zu vertilgen bin.

In allem was Ich beschließe, und so auch heute wieder, wird nichts mehr im Stande sein das helle Licht auszublasen, das Ich den Menschen nun anzünde, zur Rettung ihrer Seelen, und je stärker die Verfolgung gegen dasselbe, umso größer Meine Kraft in demselben. Denn es muss Mir alles dann dienstbar sein, Freund wie Feind muss dabei tätig sein, und zwar darum, weil Ich sie alle liebe, und oft sogar in einer Verfolgung jedem die größte Gnade erweisen kann.

So wisset ihr nun, dass Mein Wirken unter euch immer dasselbe in gleicher Liebe ist, darum bleibet ruhig, auch wenn ein

Anlauf gegen euch gemacht wird, und wenn die Veranlasser solche sind, die da meinen sich auf Mich berufen und euch bei Mir verklagen zu können, denen will Ich Selbst antworten, dass sie ihren Mut verlieren, ferner gegen eine Sache zu streiten, welche ihnen noch dunkel ist, weil eben die Gnadensonne nicht zuerst bei ihnen aufgegangen ist, die aber doch mit diesem Akte den Anfang gemacht hat, ihre ersten Strahlen auch in ihr Herz zu werfen.

Darum seid bei solchen Erfahrungen desto mutiger und eifriger im Gebet, auch für eure Gegner, welche nicht alle gegen Mich stehen; aber auch nicht in der Richtung, wo sie Mich klarer erkennen lernen könnten.

Es ist Mein Plan, allmählich die Meinigen zu sammeln, und dieses soll euch ebenfalls zur Geduld und Ausdauer ermuntern! Amen! Euer Vater in Jesu!

339. Himmelfahrtfest

3. Mai 1883

„Er aber führte sie hinaus bis gen Bethania, und hub die Hände auf, und segnete sie, und es geschah, da Er sie segnete - schied Er von ihnen, und fuhr auf gen Himmel." (Lk. 24,50)

Liebe Kinder! Auch euch will Ich heute im Geiste nach Bethania führen, gleichwie Ich dort Meine Jünger mitnahm, um ihnen noch eine Gedächtnisfeier zu geben, vor Meinem letzten sichtbaren Erscheinen bei ihnen.

Ich musste sie nochmals überzeugen, dass Ich wahrhaftig Gott bin, und Mein Reich und Mein Thron nicht irdisch, sondern himmlisch ist. Denn obgleich sie durch Meine Auferstehung schon besser den Sinn Meiner Lehre fassen konnten, welcher ihnen oft so dunkel noch geblieben, so war doch ihre Zaghaftigkeit in ihrem damaligen Verhältnissen groß, und der Gedanke, ohne Meine Gegenwart für Mich zu wirken und Mir Seelen zu gewinnen, machte ihnen viele Sorgen.

Ich segnet sie gleichwie ein Vater seine Kinder bei einem Abschiede segnet, wo nicht allein die Liebe, sondern auch ein Mitleid ob des Verlassens der oft so Hilfsbedürftigen mit verbunden ist. So bewegte auch Mich Meine Liebe beim Anblick Meiner

Jünger, welche eine so große Aufgabe erhielten, den Weltmenschen gegenüber. Denn dieselben Mir zuzuführen sollte ihr künftiges Wirken sein; darum segnete Ich sie nochmals, und öffnete ihnen ihre geistige Sehe, damit sie Mich in den Himmel eingehen sahen. Darauf beteten sie Mich als den wahrhaftigen Gott und himmlischen Regenten an, und wurden freudig; denn ihr Glaube wurde versiegelt durch Meine Himmelfahrt.

Ebenso werde Ich heute noch bewogen, diejenigen ganz besonders zu segnen, welche in stiller Liebe sich ganz von Mir abhängig machen, und denen es bange wird, wenn sie Mich nicht in ihrer Nähe fühlen, und die darob betrübt werden.

Solchen Seelen werde Ich besondere Freudigkeit geben für Mich zu zeugen, nicht immer nur durch Worte, sondern auch durch ihren Lebenswandel. Auch sie sollen teilnehmen an der Arbeit für Mich zu werben. Denn alle, welche Mich (Jesus) als den wahrhaftigen Gott und Vater erkennen, fühlen in sich den Drang, mehr für Mich zu tun, was nur ausgeübt werden kann an den Mitmenschen.

Darum ist die Ausübung der Nächstenliebe - natürlich nach Meinem Willen - Mir die größte Dankdarbringung.

Wollet ihr also dankbare Kinder von Mir sein, so liebet eure Mitmenschen, wie Ich es euch Selbst gelehret habe, und vermehret dadurch eure Nachfolger.

Zu diesem Zwecke gebe Ich Meinen vollen Segen, und zugleich die Verheißung, dass er reichlich Früchte für Dies- und Jenseits tragen wird, denn auf diese Weise fängt euer Mitregieren schon auf dieser Erde an, weil Meine ganze Regentschaft darin besteht, Liebe zu üben, Liebe zu verbreiten, um durch dieselbe alles glücklich und selig zu machen.

So feiert auch jetzt wieder mit dankbarer Liebe Meine Himmelfahrt, wozu Ich Meinen Segen geben will. Amen! Euer Vater Jesus!

340. Wisset ihr nicht, welches Geistes Kinder ihr seid?

(Lk. 9,51 ff.)   6. Mai 1883

Liebe Kinder! Diese Verse enthalten in ihrer Erzählung wiederum eine Entsprechung für die jetzige Zeit.

Gleichwie Ich damals Meine Jünger beauftragte, Mir die Herberge zu bestellen, um den Menschen Meine Ankunft zu verkünden, aber die Menschen nichts davon hören wollten, und dieselben zurückwiesen; also geht es auch heutzutage wieder: Die Freude an Meinem baldigen Erscheinen teilen gar wenige mit Meinen Kindern, sondern die Meisten weisen dieselben ab. Sie wollen nichts hören, was sie aus ihrer bequemen Ruhe aufstören könnte, und somit nehmen sie auch Mich nicht auf, *„darum, dass Er Sein Angesicht gen Jerusalem wandte"* (Lk. 9,53), d.h. weil Ich nicht Mich nach ihren eingewurzelten Glaubensansichten richte, so fürchten sie Mich und prüfen nicht, wie Ich es doch billigerweise verlangen kann. Denn Ich schicke Meine Jünger nie leer aus, sondern die Gaben des Heiligen Geistes sind stets bei ihnen, und fließen auch denen im Verborgenen zu, welche sie für Mich gewinnen sollen.

Darum sind solche Seelen, die Meine Worte, welche ihnen durch Meine Jünger zugeführt werden, erhalten, nicht ganz zu entschuldigen als Unwissende, weil der Heilige Geist oder Mein Geist in ihnen Vorbereitungen trifft, damit sie die von außen her angebotenen Worte besser erfassen können.

Es ist dieses Zusammenwirken von Mir und Meinen Jüngern auch für diese sehr wichtig, weil sie dadurch mehr in der Geduld erstarken; denn der Jünger ist nicht über seinen Meister, und kann deshalb nicht mehr Beachtung ansprechen als derselbe.

Ich sagte daher Meinen Jüngern, als sie voller Ungeduld waren über diese Zurückweisung von Seiten der Samarier: *„Wisset ihr nicht, welches Geistes Kinder ihr seid? Des Menschen Sohn ist nicht gekommen Seelen zu verderben, sondern zu erhalten!"* (Lk. 9,55-56)

Ich wollte nicht strafen und verdammen, sondern erretten und dazu gehört: Geduld, Liebe, Ausdauer, wozu Ich allen Meinen Nachfolgern das Beispiel gebe.

Sehet die Menschen an, wie viel Unrecht muss Ich dulden, wie viel Frevel und Übermut und Missbrauch wird getrieben mit allem, was Ich den Menschen als ein köstliches Gut anvertraute, sowohl in deren persönlicher Ausstattung, als in ihrer Umgebung durch die schöne Natur. Wollte ich da richten nach Meiner Gerechtigkeit, so müsste Ich alles auflösen, wie schon die Altväter bekannten: „*Herr, wer kann bestehen vor Dir!*" (Ps. 130,3). So aber waltet Meine Liebe, und alle die Mir dienen wollen, müssen sich nach Meiner Liebe richten, und sich bestreben, mit Geduld, Liebe und Ausdauer sich ihren Mitmenschen zu nähern, wenn sie in Meinem Namen ausgehen, wenngleich sie von denselben zurückgewiesen werden.

Das Bewusstsein, nach Meinem Willen getan zu haben, wird sie stärken zur Ausdauer und Geduld, weil sie wissen, „welches Geistes Kinder sie sind."

Diese Worte werde Ich ihnen jetzt durch Meinen Geist ins Herz sagen, gleichwie Ich es einst Meinen Jüngern im Leben sagte. Höret auch ihr auf dieselben, und verhaltet euch nach denselben! Amen! Euer Jesus.

341. Vom großen Pfingsten

13. Mai 1883

Meine lieben Kinder! Heute ist ein jedes unter euch mehr an die Ausgießung des Heiligen Geistes erinnert, weil ihr eben das Pfingstfest nach der Kirchenordnung feiert.

Auch Ich bin bereit in diesen (Fest-) Zeiten, wo die Seelen von außen her zu Mir hingeleitet werden, denselben Meine Gnade entgegenzubringen, damit sie solche mit mehr Begierde annehmen, als dies sonst der Fall ist, wo sie sich oft entschuldigen, „dass sie gerne solche Andachtsstunden pflegen würden, wenn nicht ihre Berufsgeschäfte gar hinderlich daran wären", was leider der Fall ist (bei solchen); denn dass sie ihren Beruf pflegen sollen, um dabei ihre Seelen auszubilden, das kommt gar wenigen in den Sinn, und diese (Meine eigentliche) Lehre, welche gründlich darauf hinweist (sie im praktischen Leben zu betätigen), ist so ziemlich auf die Seite geschoben. Die Hauptlehre ist jetzt ein allgemeines Kritisieren über Religionssachen, dabei werden aber fast überall nur Nebensachen betrachtet, und das eigentliche Wahre, was zur Besserung wirklich dient, unbeachtet gelassen, weil dasselbe weniger zur Bequemlichkeit des Lebens passt.

Darum ist nun die reine Wahrheit mehr verfolgt als gesucht in dieser Zeit, und ihr werdet da wohl desto mehr erkennen, wie nötig es ist, den Geist der Wahrheit (in euch) zu erhalten, und zwar ganz direkt, ohne dass diese Wahrheit zuvor von Menschen bekrittelt werden muss.

Ich bin jetzt gesonnen, dies im vollen Maße zu geben allen, die ihre Not und Unwissenheit Mir Selbst beklagen, und im Gebet sich mit Mir unterreden.

Dazu braucht es keine vorherigen Kenntnisse und Wissenschaften, sondern nur die Liebe und das Vertrauen zu Mir.

Ich will geben über Bitten und Verstehen, auch denen, von welchen die Weltmenschen glauben, dass sie kaum einen Begriff von Gott haben. Auch in solchen will Ich Mich herrlich und groß zeigen, und sie zu Meinen Aposteln ausrüsten, damit sie zeugen können von Mir, so dass alle irdische Gelehrsamkeit schweigen muss.

Die Weltklugen und Gelehrten sollen sehen und erfahren, dass die Gaben des Heiligen Geistes keine Ware sind, welche ihnen zum Handel oder Verkauf anvertraut wird, sondern dieselben fließen jeder Seele von Mir Selbst zu (nach ihrem Verlangen), und können ihr deshalb auch nicht mehr entzogen werden, so lange sie dieselben nicht fahren lässt.

Weil ihr nun dieses wisset, so glaubet fest, dass die große Wahrheit bei allen noch zur Herrschaft oder zur Anerkennung gelangen wird, obgleich sich Tausende dagegen sträuben.

Eine einzige mit dem Heiligen Geiste ausgerüstete Seele ist tüchtig, sie alle zu bekämpfen. Denn es liegt eine Macht in den Worten, die der Heilige Geist spricht in den Kindern Gottes und durch dieselben, die durch keine Weltklugheit und Weltunterdrückung besiegt werden kann.

Sie (diese geistige Macht) wirkt still und verborgen an jedem Einzelnen, wie an dem großen Ganzen, bis alles wieder zu seinem göttlichen Ursprunge zurückgeführt sein wird.

Dies ist das große Pfingsten, welchem ihr alle entgegengehet! Amen! Euer Vater, Gott, Sohn und Geist. Amen!

342. Dreieinigkeitsfest

20. Mai 1883

Jesus antwortete: „Wahrlich, Ich sage dir, es sei denn, dass jemand geboren werde aus dem Wasser und Geist, sonst kann er nicht ins Reich Gottes kommen!" (Joh. 3,5)

Liebe Kinder! Nikodemus, zu welchem Ich diese Worte sprach, gab seiner inneren Eingebung Gehör, welche ihm bezeugte, dass Meine Lehren und Worte göttlich sind.

Der Geist der Wahrheit wirkte zu derselben Zeit an noch vielen Seelen; aber diese erwogen zu sehr ihre äußeren Vorteile, welche sie verlieren könnten, wenn sie Mich öffentlich bekennen würden, und somit siegte bei ihnen der Verstand, welcher in materieller Berechnung tätig ist, und so konnten sie sich nicht entscheiden, ganz auf Meine Seite zu treten und Mich öffentlich zu bekennen.

So lange aber dieses bei einer Seele nicht der Fall ist, kann der Geist der Wahrheit sein Erziehungswerk an derselben nicht fortsetzen, und sie erreicht das Friedensreich nicht, oder die Ruhe welche Seligkeit ist; denn sie ist noch nicht wiedergeboren, sondern hängt auf zwei Seiten.

Bei einer Seele, die sich mit Mir vereinigen will, muss nicht allein das Innewerden (der Wahrheit) stattfinden; denn dieses ist ja Meine Gnade, sondern sie muss diese Gnade dazu benützen, den Verstand unterzuordnen, und aus Liebe und Dank zu Mir in all ihren Äußerungen, in Worten und Werken, ihren Gehorsam Mir gegenüber zu zeigen. Auch in Fällen, wo ihr der Verstand klar macht, dass nicht nur äußere Vorteile dabei verloren gehen, sondern sie sich dabei auch oft Leiden und Kreuz zuzieht.

Nur im entschiedenen Wollen und Ausüben Meines Willens kann sich die Liebe zu Mir äußern; alle anderen Beschäftigungen mit Mir (oder für Mich), sei es Forschen und Suchen nach mehr Erkenntnis, oder Zeugnis ablegen von Mir durch Predigten und Reden usw., können nicht völlig das Ziel erreichen, wenn nicht die wahre Liebe und Befolgung Meines Willens damit verbunden ist. Denn jenes sind nur untergeordnete Eigenschaften, die damit verbunden sind, aber nicht das Ganze ausmachen, was zur wahren Wiedergeburt gehört.

Bei dieser muss das Innere und Äußere gleich sich äußern; wie gefühlt wird, so muss auch gehandelt werden; denn der

Geist ist wahr, und regt oder treibt niemals zu etwas an, was geistig schaden würde, obschon es nach außen manchmal euch so vorkommt, weil ihr Geistiges noch nicht so gut begreifen könnt, wie ihr Äußerliches aburteilet.

Darum liegt ein so großer Wert im Vertrauen zu Mir, weil dadurch der Verstand aufhören muss (als Regent) sich geltend zu machen; denn derselbe treibt nicht dazu an, geistiges Interesse im Auge zu haben, sondern *„was vom Fleisch geboren wird das ist Fleisch, und was vom Geist geboren ist das ist Geist!"* (Joh. 3,6)

Alles was vom Verstande angestrebt wird, ist mehr materieller Art, oder geht auf Sinnengenuss hin, dagegen dasjenige, wozu der Geist von Innen antreibt, zu geistigem Gewinne dient.

Durch diese Verschiedenheit in beiden Richtungen entstehet Kampf, welcher nur ganz beseitigt werden kann, wenn ihr ganz dem Geiste folgt, weil die Liebe nie aufhört euch stets wieder das Bessere von neuem anzubieten.

Habt ihr euch aber zum Geistigen gewendet, so erfolgt eine innere Ruhe dabei, und eine Befriedigung des Geistes, womit das Friedensreich seinen Anfang in euch genommen hat. Amen!

343. Nach dem Liebesmahl

(3. Mos. 19,2-11, 44; Joh. 17,17)   27. Mai 1883

Ja, Meine lieben Kinder, Ich bin bei euch; denn der Vater will jetzt mehr an euch tun, als euch nur erfreuen; Er will euch jetzt auch heiligen in Seiner Wahrheit.

Ich sprach einst: *„Ihr sollt heilig sein, denn Ich bin heilig!"* (3. Mos. 19,2) und weil ihr wisset, dass Meine Liebe euch nichts auferlegt, was ihr nicht ausführen könnt, so glaubet, dass es auch möglich ist, durch Meine Gnade euch zu heiligen.

Die Heiligung ist aber ein Akt, der nie aufhören kann. Denn jede Minute in eurem Leben gehört dazu, dieselbe zu beobachten. Sie kann nicht bloß ins Handeln gelegt werden, sondern sie muss auch im Denken die Oberhand gewinnen. Auch all eure Arbeit im Innern soll nur in Gemeinschaft mit Mir, dem Heiligen Geiste, vollbracht werden, so dass ihr nach und nach ganz dem Einflusse des Bösen entfremdet werdet, und euch die Ausübung reiner göttlicher Liebe zum Bedürfnisse wird.

Durch diese Übung, wozu Ich euch Selbst antreiben will, rücket ihr immer näher an Mein Vaterherz, was Ich als Bitte im hohenpriesterlichen Gebet aussprach in den Worten: *„Auf dass sie alle eines seien, gleichwie wir eins sind!"* (Joh. 17,21)

Dadurch verbindet ihr euch auch gegenseitig immer fester, und es wird euch da eine Geistessprache verliehen, die nur ihr untereinander verstehet, und welche die Weltmenschen nicht kennen, (wie es angedeutet ist in den Worten:) „Ich bitte nicht für die Welt, sondern für die, die Du Mir gegeben hast" (Joh. 17,9). Denn Ich will denselben eine Gabe geben, deren Wert die Welt nicht kennt, die aber von Meinen Kindern immer höher geachtet werden wird, je mehr ihre Freude darob zunimmt.

Ich will diese Gabe euch nicht mehr vorenthalten, sondern gemäß den Worten Meiner Liebe euch die Kraft geben, diese Gabe in euch aufzunehmen, damit ihr die Worte ganz verstehen lernet, welche Ich einst sagte (und welche heute unseren Text bilden): *„Ihr sollet heilig sein, denn Ich bin heilig"*, damit ihr euer Vertrauen in Mich setzet, dass Ich dieses Werk, als dessen Anfänger, auch in euch vollenden kann!

Sehet, also segnet der heilige Vater Seine strebsamen Kinder mit vollem Herzen, und liebt euch, auch wenn ihr euch noch zu unwürdig glaubet, so ihr nur mit redlichem Willen die angebotene Gnade ergreifet! Amen! Euer treuer Vater in Jesu! Amen.

344. Gemeinschaftswinke

3. Juni 1883

„Er aber vernahm ihre Gedanken, und sprach zu ihnen: Ein jegliches Reich, so es mit ihm selbst uneins wird, das wird wüste, und ein Haus fällt über das andere." (Lk. 11,17)

Liebe Kinder! Obgleich Ich diese Worte einstmals bei einer Veranlassung sprach, wo das Volk sich über Mich wunderte, und die Lehrer sich bemühten, Mich bei demselben zu verleumden, so haben doch diese Worte auch jetzt wiederum eine tiefe Bedeutung.

Hauptsächlich geben sie die Zeichen der wahren Gemeinschaft an, welches die Einigkeit untereinander ist. Denn wer um Meinetwillen sich an eine Gemeinschaft anschließt, deren Streben ist, Mir zu dienen, der solle aber auch wissen, dass Mein

Reich ein Reich des Friedens ist, und dass er denselben nicht allein genießen, sondern selbst auch das Seinige dazu beitragen solle, dass der Friede vermehrt und nicht gestört wird, und solle die kleinsten Vorkommnisse wohl erwägen, ob sie nicht ein Steinchen lockern am ganzen Bau?

Viele glauben sich sicher dadurch, dass sie zu Mir kommen und Mir oft recht herzlich danken, dass ihr Weg sie irgendwohin führte, wo Meiner mehr gedacht wird, als sonst in der Welt, und das ist gut und recht. Aber, wenn es manche dabei zu oberflächlich mit den gegenseitigen Pflichten nehmen, welche solche Mitglieder einander schuldig sind, so kann die ganze Gemeinschaft dennoch nicht gedeihen, sondern wird sich nach und nach auflösen.

Darum sollte beim Befolgen der (Gemeinschafts-) Pflichten einem jeden Gliede klar werden, dass es sich da nicht allein um den Leib (den Gemeinschaftskreis) handelt, und um das sich ins Ganze zu fügen, sondern auch um das Haupt, welches Ich Selbst bei solchen Gemeinschaften sein will. Wo aber einmal die Einigkeit gestört ist, da kann Ich Mich als König des Friedensreiches nicht einladen lassen, Teil zu nehmen.

Dieses sollte viel mehr bedacht werden, besonders von solchen, die oft aus noch zu viel ihnen anklebender Eigenliebe, es gar nicht genau nehmen, eine Störung hervorzurufen, weil sie oft ihre eigene Ehre suchen, und dabei lieber Meine Ehre verletzen.

Ich kann den Weltmenschen kein anderes Zeugnis von dem Werte Meines Friedenreiches ausstellen, als das Beispiel einer Gemeinschaft, welche Mich als Oberhaupt wählte. Daher ist es so wichtig, wachsam über sich zu sein, weil der Feind so gerne an diesem Punkte angreift, von welchem er weiß, dass da nicht nur eine Seele oft eine Niederlage erhält, sondern dass ein solcher Fall immer auch wieder andere nach sich zieht.

Ich segnete deshalb schon Meine einstigen Jünger mit den Worten: „Den Frieden lasse Ich euch, Meinen Frieden gebe Ich euch" (Joh. 14,27), und auch nach der Auferstehung war Mein Gruß an Meine Jünger: „Friede sei mit euch!" (Joh. 20,21) Auf dem Frieden ruht das Gebäude der Gemeinschaft, und ohne dass derselbe strenge gepflegt wird, kann nicht weiter gebaut werden.

Darum, Meine lieben Kinder, soll auch dieser unser Bau nach dem Friedensplane ausgeführt werden, und also füge sich ein jedes unter euch in diese Form, und wache, dass es immer geschickter dazu werde, den ganzen Bau in der Liebe mit zusammenzuhalten, damit Ich als euer Baumeister euch alle gleich segnen und lieben kann! Amen! Euer Vater Jesus.

345. Prüfstein des Wortes

10. Juni 1883

„Meine Lehre ist nicht mein, sondern Dessen, Der mich gesandt hat. So jemand will Des' Willen tun, der wird innewerden, ob diese Lehre von Gott sei, oder ob ich von mir selbst rede!" (Joh. 7,16-17)

Liebe Kinder! Ihr sehet, wie auch Ich einst von den Juden angeklagt wurde wegen Meiner Lehre, und wie diese teilweise aufgenommen, aber zum größeren Teile verdächtig gemacht und verfolgt wurde, hauptsächlich von solchen, welche selbst lehrten, und ihre Lehren so einrichteten, dass sie ihren eigenen Vorteil daraus zogen.

Ganz anders aber ist die Lehre derer, welche in der Liebe zu Mir stehen, sie werden die Wahrheit erkennen, und die Liebe wird sie antreiben, dieselbe so wieder ihren Mitmenschen mitzuteilen, wie solche vom göttlichen Geiste ihnen selbst gelehrt wurde.

Auch in diesem Punkte stellte Ich (als Jesus) Mich den menschlichen Lehrern gleich, auch Ich musste auf die Stimme in Mir hören, welche „der Vater", als der Ursprung alles Göttlichen, oder Mein innerstes Ich ist.

Der Verstand, welcher den Menschen als Eigentum beigegeben ist, durfte da nicht Einfluss üben auf die Worte, die (der Geist in Mir als) „der Vater", als die ewige Liebe, an Seine Menschenkinder richtete. Denn diese Worte sollten die Menschheit beglücken, und sie zu ihrem ewigen Heile leiten; darum sie alles enthalten, was dazu dient, den Geist zu befriedigen. Aber leider ist die große Wirksamkeit dieser Lehre noch nicht genug anerkannt, weil dieselbe zumeist nicht befolgt wird, wie Ich solches in den Gleichnissen vom Sämann und vom Samen (Lk. 8) darstellte.

Überall wo derselbe hinfällt keimt er, und die göttliche Kraft in der Lehre (die ewige Wahrheit) bleibt an keinem Menschen ganz verborgen. Aber die Pflege des Samens und des Keimes ist den Menschen selbst anheimgestellt, und darum wird derselbe so vielfach erstickt, und bleiben die Menschen arm am Geiste, da sie sich an keinem inneren Wachstume und an keiner Frucht erfreuen können. Sie fühlen diese Entbehrung wohl, aber wenn etliche da sind, welche die wahre Erkenntnis vom Worte oder Samen haben und andere aufmerksam machen wollen auf ihre geistige Blindheit, so empören sich solche Schläfer, welche gerne ernten möchten ohne ihr Zutun.

So ist es heutzutage wieder auf eurer Erde; der Same erstickt in den Herzen und wird nicht mehr geachtet, weil so wenig Früchte zu sehen sind, bei der Mehrzahl der Menschen.

Darum lege Ich stets von Neuem wieder Samen zu, durch solche, welche Mich erkennen und lieben, und sorge für Sämänner, welchen Ich den Samen, der noch rein Göttliches enthält, anvertrauen kann, um wieder Frucht zu erzielen, zur Erquickung der Hungrigen, und sie anzuregen, diesen Samen selbst in sich aufzunehmen und zu pflegen.

Gleichwie der erste Keim einer Frucht aus einem ganz unbedeutenden Körnlein hervorgeht, aber in sich die Fähigkeit trägt, eine unberechenbare Fülle von Früchten in Zukunft zu tragen, so ist's auch mit der geistigen Aussaat, welche oft einen ganz unscheinbaren Anfang nimmt, der aber doch von großer Bedeutung werden kann, wie überhaupt alles, was nach Meinem Willen getan wird, große und herrliche Früchte trägt.

Also säet auch ihr - mit den Worten: *„Meine Lehre ist nicht mein, sondern Des, Der mich gesandt hat"* (Joh. 7,16) und eure Saat solle herrlich erblühen. Amen. Euer Vater.

346. Glaubet ihr, dass Ich solches euch tun kann?

(Mt. 9,26)   17. Juni 1883

Liebe Kinder! Diese Geschichte erzählt euch, wie zwei leiblich Blinde zu Mir kamen und Mich baten, sie sehend zu machen, und wie Ich dieselben nochmals zuvor fragte: *„Glaubet ihr, dass Ich solches euch tun kann?"* (Mt. 9,28) um sie darauf hinzuweisen, dass nur wo ein volles Vertrauen zu Mir sich findet, Ich helfen will und kann. Denn hier gilt das Gebot in tieferem Sinne: *„Ich bin der Herr dein Gott, du sollst keine andere Götter neben Mir haben!"* (2. Mos. 20,2-3)

Auch muss der Hilfsbedürftige überzeugt sein, dass Meine Allmacht und Liebe ausreichen, Hilfe zu schaffen.

Gleichwie Ich dort einst zu den leiblich Blinden sprach: *„Euch geschehe nach eurem Glauben!"* (Mt. 9,29), so nehme Ich Mich jederzeit um alle an, welche ihr ganzes Vertrauen in Mich setzen, sowohl in äußerer Not, hauptsächlich aber in geistiger Hinsicht.

Auf geistigem Gebiete ist es ganz besonders die Blindheit, welche so viele Seelen unglücklich macht; leider wird aber dieser blinde Zustand von gar wenigen erkannt und gefühlt. Darum muss Ich mit Meiner Hilfe verziehen, welche Ich stets wieder anbiete, hauptsächlich auch durch das (neue) Licht, oder das Wort der Wahrheit, damit die Seelen ihre Nacht und Unwissenheit erkennen sollen. Denn auch hier gelten die Worte an die Blinden: „Glaubet ihr, dass Ich solches tun kann?" und „Euch geschehe nach eurem Willen!"

Ein gläubiges Verlangen ist nötig von Seite des Menschen, wenn ihm geholfen werden soll, und wenn er mit solchem an Mich sich wendet, so ist die Hilfe gewiss.

Heutzutage gehe Ich an gar vielen geistig Blinden vorüber, um in ihnen das Verlangen nach Hilfe zu wecken. Aber sie bleiben stumm, und wollen Mich nicht erkennen, sondern blind bleiben, obgleich Ich überall Gelegenheit schaffe ihren Zustand mehr zu fühlen. Sie lassen Mich vorüberziehen und glauben nicht, dass Ich helfen will und helfen kann.

Dieser Zustand der Seele ist der traurigste, darum sollen solche, die durch die Gnade sehend geworden sind, ihren Mitmenschen dadurch zu Hilfe kommen, dass sie ihnen zur eigentlichen Wahrheit und zum geistigen Lichte verhelfen, sei es durch mündlichen Verkehr, oder durch Taten, oder auch durch Schriften das Verlangen nach besserem geistigem Verständnis in ihnen zu erwecken.

Dies ist die Aufgabe Meiner wahren Kinder; aber dieses Verlangen dann zu stillen, ist Meine Sache.

Darum führet sie zu Mir, und glaubet selbst, dass wenn der Schaden oder die leibliche oder geistige Krankheit noch so groß ist (Jer. 30,12), Meine Liebe und Macht doch noch weit größer sind, um dieselben zu heilen, und also auch, wenn ihr im Anblicke der großen Blindheit der jetzigen Christen mutlos werden wollt, so frage Ich auch euch: „Glaubet ihr, dass Ich solches (Übel zu heilen) tun kann?" Und wenn ihr den Glauben habt, so werdet auch ihr die Erfüllung der Worte erfahren dürfen: „Euch geschehe nach eurem Willen." Amen!

347. Im Gange der Natur

24. Juni 1883

Liebe Kinder! Die Zeit, in welcher ihr euch der geistigen Entwicklung nach befindet, oder vielmehr das direkte Wort von Mir, das Ich da und dort ausstreuen lasse, gleicht ganz dem Gange der Natur, welche nach dem Frühjahre den Sommer zu erwarten hat, wo die Sonne alles mehr erwärmt, so dass aus der Blüte die Frucht entsteht, und nachher die Ernte kommt.

Auch auf geistigem Gebiete geht unbemerkt die Zeit der Saat oder der Frühling in den Sommer über, und die Sonnenwärme, welche ist im Geistigen die Gnade, oder „der Heilige Geist", fördert die Keime zum Wachstume, und treibt dieselben zur Frucht.

So wie aber dem Auge das Wachstum selbst nicht sichtbar ist, sondern solches nur durch das Resultat bewiesen werden kann, (dass sich nämlich alles vergrößert und Früchte sich zeigen), so kann auch der geistige Fortschritt nicht gleich gesehen oder stets (richtig) beurteilt werden bei der bloßen Übersicht, sondern dieses Ergebnis muss abgewartet werden, um sich an dem wirklichen Beweise eines Fortschrittes im Rückblicke erfreuen zu können.

So halte Ich es mit der Aussaat, die Ich teilweise in eure Hände legte. Ihr sollt aus Liebe zu Mir viel mehr tun, als in der Hoffnung auf guten Erfolg. Denn Ich habe Mir vorbehalten, euch denselben nicht beim Anfange, sondern erst beim Fortgang und Ende erschauen zu lassen. Mein Same, auf diese (liebrechte) Weise ausgeworfen, verwahrt die Keimung vor vielem Unkraut, und die Ernte wird ebenso rein werden, wie die Aussaat war, und wird die wahre Frucht liefern zu fortwährender Vermehrung.

Hiermit erhaltet ihr eine Antwort auf die Frage, warum doch die Ernte noch gar so spärlich in Aussicht stehe, während doch der Eifer im Säen bei euch redlich und groß sei?

Ich sage euch daher nochmals, dies geschieht deshalb, damit unter die Saat sich nicht zu viel Unkraut vermenge; daher muss Ich sehr wählen, wem Ich den Samen anvertrauen kann, und oft müssen auch solche, welchen Ich denselben zugedacht habe, vorher noch zubereitet werden. So geht es überhaupt sehr langsam, wie auch an der einzelnen Seele, bis der Same triebfähig gemacht ist.

Doch sollen deshalb alle, welche den Drang in sich fühlen zu säen, im vollen Vertrauen auf Mich und in der Liebe zu Mir, ihrem Drange folgen; aber ohne Anspruch darauf zu machen, die Früchte bälder zu erschauen, als es nach Meiner Weisheit eben geschehen kann.

Gleichwie in der Natur jedes Jahr eine Ernte gehofft wird, und dieselbe in der Regel auch erfolgt, ähnlich so auch im geistigen Boden, die Ergiebigkeit derselben ist in eure Aussaat gelegt, und je reiner diese, desto besser die Frucht, je eifriger ihr säet, desto größer die Ernte.

So fahret denn fort zu sorgen, dass der Same, welchen Ich euch gebe, rein und ohne andern Antrieb als aus Liebe zu Mir stets mehr ausgestreut werde, und seid dabei Meiner Vaterliebe versichert! Amen! Euer Jesus.

348. Die Kinder dieser Welt freien und lassen sich freien

1. Juli 1883

„Die Kinder dieser Welt freien und lassen sich freien. Welche, aber würdig sein werden jene Welt zu erlangen, und die Auferstehung von den Toten, die werden weder freien, noch sich freien lassen." (Lk. 20,34-35)

Liebe Kinder! Diese Worte sind, wenn sie nicht im Zusammenhange stehen mit der Frage der Pharisäer, mit deren Ansichten und der Triebfeder, aus welcher diese Frage hervorgegangen war, nicht ganz richtig verstanden worden. Denn viele glauben auf diese Worte hin, dass das Freien oder sich Vermählen hinderlich sei, um zur wahren Auferstehung zu gelangen. Doch hier in diesem Kapitel beziehen sich diese Worte auf den

248

Standpunkt der Pharisäer, welche wohl wussten, wie das Volk alles Glück auf die Ehe setzte, und die Trennung derselben durch den Tod ihnen als das Furchtbarste vorkam, darum setzten sie ihren ganzen Trost in den Fortbestand der Ehe nach dem Tode, und konnten sich ohne denselben keine Seligkeit denken. Daher die Pharisäer Mir damit eine ganz verfängliche Frage zu stellen glaubten; denn da hätten sich ja sechs Seelen unglücklich fühlen müssen, und nur die siebte Seele konnte etwa selig werden. Ebenso war es schon vielmals in der Welt vorgekommen, (weil viele Ehen getrennt werden) dass die Hinterbliebenen sich nochmals verbinden, um für die Seligkeit auch in dieser Schule ein besseres Examen zu machen.

Es hängt aber der Ehe-Fortbestand in der Ewigkeit nur von ihrer geistigen Harmonie ab, und von Meiner Weisheit und Gnade. Auch trenne Ich keine Ehe, ohne dass Meine Liebe dabei mitwirkt, denn sie allein vermag besser zu durchschauen, was dem einen oder dem andern den größten (Geistes-) Gewinn bringt.

Weil aber Meine Liebe bei Meinen wahren Kindern mehr wert gehalten und gepflegt werden soll, als wie sie sich selbst gegenseitig lieben, so kann da eine Trennung im Jenseits, wo die Seele zum Schauen gelangt ist, und Meine Wege besser versteht, von keiner so großen Bedeutung sein, dass es die Seligkeit stört; besonders wenn auf der Erde nicht das gleiche geistige Streben unter den Ehegatten vorhanden war.

Um aber hier ein Missverständnis zu verhüten, sage Ich euch, dass nicht die Form, in welcher Ich von jedem Einzelnen geliebt werde, hier entscheiden kann, sondern das Maß der Liebe.

Es gibt in allen Parteien Kinder von Mir, die in der Liebe gleich groß sind, was also nicht in der Form liegt, nach welcher sie Mich lieben lernten, sondern in dem redlichen Willen Mir gehorsam zu sein.

Ich segne jede Seele, und wenn sie auch zu den verschiedenartigsten Parteien gehört, wenn das Herz dabei Mich wirklich liebt, mit denen will Ich Mich Selbst vermählen, so dass sie einst in der Auferstehung Mir willenlos ihre weitere Verbindung zur Seligkeit überlassen.

Meine Liebe weiß auch hierin alles so zu schmelzen, dass die Seele nicht gehindert wird, ihre volle Seligkeit zu genießen.

Meiner ursprünglichen Anordnung gemäß sollte es allerdings so sein, dass eine Ehe für alle Ewigkeit gültig schon auf Erden geschlossen werden sollte. Doch der satanische Zerstörungseifer ist besonders auch auf diesem Gebiete gar groß; darum sind es so wenige, die diese Aufgabe recht beobachten, und muss Ich allerlei Mittel anwenden, um wenigstens die einzelne Seele zu retten, wenn es nicht möglich ist, zugleich auf beide Eheleute einzuwirken. Denn wo man nicht gemeinschaftlich zu Mir hält, da muss Ich die Erziehung im Einzelnen leiten; oft aber nur auf unbestimmte Zeit, um später desto gründlicher gemeinsam geliebt zu werden.

Und so sehet ihr, dass auch in der Ehe vieles dargeboten ist, um die Seligkeit zu erlangen, und also sowohl die da freien, als die da nicht freien, in Meine Erziehungsschule aufgenommen sind!

Eine Vermählung aber soll euer Wunsch und Trachten sein, zu dem Zwecke, um von ganzem Herzen euch immer mehr mit Mir zu verbinden, als mit dem Urheber eurer Seligkeit. Amen!

349. Ich habe Macht

8.-9. Juli 1883

„Darum liebt mich mein Vater, da ich mein Leben lasse, auf dass ich's wieder nehme.

Niemand nimmt es von mir, sondern ich lasse es von mir selbst. Ich habe Macht es zu lassen, und habe Macht es wieder zu nehmen." (Joh. 10,17-18)

Liebe Kinder! In diesen Worten liegt das große Geheimnis vom Wesen des Menschen, welch Letzterem gleichfalls diese Worte gelten, wie einst Mir als Mensch.

Der Mensch hat den freien Willen, welcher bei ihm im Leben, durch die Tat, also in Ausübung desselben sich äußert; denn Leben heißt hier sich kundgeben, sich äußern was man will, weil mit dem Ende des Körperleibes der freie Wille ohne solchen seinen Diener (in der sichtbaren Welt) nichts mehr vollbringen kann; aber dieser Wille kann selbständig sich äußern, oder auch sich einem andern Willen unterordnen. Handelt er selbständig, so ist es größtenteils der Fall, dass seine Handlungen dann böse (verkehrt, eigenliebig) sind, weil der Einfluss des Bösen gewaltsamer auf denselben einwirkt, als wenn die Seele ihren Willen dem Meinigen unterordnet, und durch diese Unterwerfung einen Halt gegen den Feind hat, dessen Bedeutung und Macht demselben klar ist, mehr als den Menschen selbst.

Daher ist es das Amt des Heiligen Geistes, den Menschen darauf aufmerksam zu machen, dass seine eigene Kraft zu schwach ist, um den Sieg über das Böse davon zu tragen, und darum bietet Er demselben den Beistand des Vaters an. Denn nur unter dieser Vorstellung von Gott als Vater oder „die ewige Liebe" kann der Mensch diesen Beistand also ergreifen, dass ihm geholfen wird. Alle anderen Vorstellungen sind mehr geeignet, ihn ängstlich und mutlos zu machen, so dass dann der Feind immer mehr zustürmt, bis der Sieg auf seiner Seite ist.

Darum aber wird die Liebe des Vaters jeden unterstützen, welcher seinen eigenen Willen frei dem Vater unterordnet, also, dass sein ganzes Außenwirken sich nach dem Willen des Vaters richtet, und er somit Demselben gehorsam ist.

Hierin besteht die große Macht des Menschen gegen das Böse, dass er freiwillig sich dem Vater übergibt, damit ihn Derselbe durch den Heiligen Geist führe und leite.

Diese Übergabe ist aber nicht der besondere Akt eines Augenblicks, sondern hat im ganzen Leben und Wandeln zu bestehen, und kann stets wieder unterbrochen werden, weil diese Übergabe kein eigentliches Abtreten des freien Willens ist, sondern nur die Bedingung eines geordneten guten Einfließens des Heiligen Geistes, welches, so es fortgehen soll, stets durch Gebet und Gehorsam gegen die damit verbundenen Gebote gepflegt werden muss.

Es ist also eine solche Übergabe ein fortwährendes Bemühen, mit dem himmlischen Vater in immer engere Verbindung zu kommen, wodurch der Mensch der Gegenliebe in hohem Maße sich zu erfreuen hat. Denn die Liebe des Vaters fühlen zu dürfen ist Seligkeit, und befähigt, sich fortwährend noch seliger zu fühlen, und das ist das ewige Leben, *„dass die Menschen Dich und Den Du gesandt hast erkennen"*, wie Ich einst in Joh. 17,3 sagte, weil Liebe und Leben stets vereint sein müssen, um wahrhaft zu beglücken. Amen! Euer Jesus-Vater.

350. Vom Gericht

15. Juli 1883

„Wahrlich Ich sage euch: Einer unter euch, der mit mir isset, wird mich verraten!" (Mk. 14,17)

Liebe Kinder! Diese Worte sagte Ich einst zu Meinen Jüngern, welche in engem Kreise um Mich versammelt waren und das Abendmahl mit Mir hielten, weil ein Verräter unter ihnen war.

Dieser Verräter hatte von Mir die Überzeugung in sich, dass Ich „Gottes Sohn" sei, und begriff manche Wahrheit sogar schneller und besser als die anderen Jünger. Allein der Geiz war so tief in demselben gewurzelt, dass diese Wahrheiten bei ihm nur als Keime stehen blieben, aber weder Blüte noch Frucht bewirken konnten. Denn der Geiz ist ein Laster, das alle Tugenden zu verderben, und alle Wahrheit zu entstellen weiß. Aber solche Menschen, welche mit dem Geize behaftet sind, sind stets unermüdlich im Forschen und Suchen, so dass sie oft ein Beispiel durch ihre ratlose Tätigkeit geben. Wenn sie aber auf dem geistigen Gebiete suchen, so finden sie da selten Befriedigung für ihren Zweck, und werden darum ärgerlich, dass diese Quelle ihren Durst nicht materiell zu stillen vermag, und bringen allerlei Gründe hervor, diese geistigen Güter zu entwerten.

Sehet, dieser Verrat wiederholt sich auch in jetziger Zeit täglich, und zwar in allen Glaubensparteien.

Gleich wie es dort der Fall war bei Mir und Meiner kleinen Schar, also ist auch keine Glaubenspartei sicher, ob nicht eine solch geizige Seele bei ihnen sich einzuschleichen sucht, was Ich Selbst nicht verhüten mag, aber nach Meiner Weisheit auch nicht verhüten will, wie Ich sagte: *„Es muss Ärgernis in die Welt kommen, aber wehe dem Menschen, durch welchen es kommt!"* (Mt. 18,7)

Stoßet euch daher nicht daran, wenn auch unter euch solche sich finden, die um des Geizes willen die Wahrheit zu verdrehen suchen, sondern überlasset es ihnen selbst, und bittet für sie um wahre Erleuchtung. Es ist solches besser, als wenn ihr euch ganz zurückziehet, und dadurch einer solchen Seele die Gelegenheit zum Besserwerden abschneidet.

Folget auch hierin Meinem Worte: *„Lasset das Unkraut stehen bis zur Ernte!"* (Mt. 13,30) Hier versteht sich unter dem Unkraute die (verirrte) Seele selbst, und sind nicht die Untugenden an der

Seele damit gemeint, denn diese sollet ihr allezeit an euch auszurotten suchen. Was aber das Ausweisen einer Seele aus eurem
Kreise betrifft, das sollet ihr Mir überlassen; Ich habe Mittel genug, den Schaden wieder gut zu machen, welcher durch solche
angerichtet wird, und Ich werde stark anklopfen bei solchen, die
um des Materiellen willen Meine heiligen Gnadenspenden aus-
zubeuten suchen.

Auch bei Meinem zweiten Kommen bin Ich starker Verfolgung ausgesetzt, und abermals werde Ich Meine Macht als Gott
und Jesus beweisen. Euer Vater.

351. Missionswinke

(Lk. 8,35) 22. Juli 1883

Liebe Kinder! Es ist hier ein Wunder erzählt, wie Ich einen
Besessenen von seiner Plage befreite, und wie Ich diesem Menschen sagte: *„Gehe wieder heim, und sage wie große Dinge dir
Gott getan hat"* (Lk. 8,39), während Ich ein andermal dem Blinden, den Ich sehend gemacht hatte, verbot zu sagen von wem er
geheilt wurde.

Es sind dies Widersprüche, welche hier in Meiner Art Kranke
zu heilen stattfinden. Dem einen ist es verboten, Mir ein Zeugnis
auszustellen, dem andern sogar geboten. Dem einen sagte Ich:
„Folge Mir nach", und den andern lasse Ich von Mir, während
derselbe ohne Aufforderung hierzu von selbst bleiben wollte.

Auch in dieser Meiner Handlungsweise, während Ich auf Erden wandelte, liegt viel Unbegreifliches für Meine Jünger und
Nachfolger; denn Ich wollte denselben auch hierin ein Beispiel
geben, dass jeder Mensch wieder eine andere Pflege von der
göttlichen Liebe braucht, und dass es nicht eine allgemeine
Form gibt, wonach sich alle Menschen modeln (formen) lassen.

Sehet, dies ist ein Hauptpunkt in der Mission, der leider zu
sehr aus der Acht gelassen wird, da oft auch Meine wahren Eiferer für Mich - noch zu wenig Menschenkenntnis haben, und
daher oft von einer Seele etwas verlangen, was ihr mehr schaden als nützen könnte. Sie nehmen oft solch einer suchenden
Seele zu sehr ihren freien Willen, so dass dieselbe anfängt zaghaft zu werden, und sich nicht frei entwickeln kann. Darum sollet ihr bei solchen Seelen, welche zu euch um Rat kommen,

keine allgemeinen Regeln aufstellen, sondern mit Liebe prüfen, was das Beste für dieselben ist.

Als Ich dem Blinden verboten habe von Mir zu reden, wusste Ich, dass er großer Verfolgung dadurch ausgesetzt worden wäre, welche denselben sogar zum Widerrufen der Wahrheit veranlasst hätte. Darum gebot Ich demselben Schweigen, während Ich von dem Besessenen wusste, da er fest daran glaubte, Ich bin wahrhaftig Gott, und nichts mehr denselben von diesem Zeugnis abbringen konnte.

Solche Seelen kann Ich dann zu Meinen Diensten verwenden.

Seid deshalb vorsichtig! Wenn solche zu euch kommen, die Mir mehr durch Missionseifer dienen wollen, als sich selbst im Gehorsam gegen Meine Gebote zu üben; denn diese kann Ich nicht in Meiner Nähe brauchen, weil sie auf diese Weise die wahre innere Verbindung mit Mir nicht erlangen, welche sie doch allein selig machen kann. Ich brauche ja ihre Dienste nicht, um glücklich dadurch zu werden, sondern Ich lasse diese nur Mir dienen, damit sie ihr eigenes Heil dabei finden.

Dieses Verhältnis sollet ihr allen klar machen, die mit blindem Eifer nach etwas greifen wollen, ohne zu wissen, wie viel Wert es hat, und dabei etwas Wertvolleres unbeachtet lassen.

Darum liebe Kinder, überlasset Mir die Führungen der Suchenden auch im Äußeren, nachdem ihr sie geistig Mir übergeben habt.

Ich lasse Meine Liebe denselben auf eure Fürbitte stets angedeihen; aber oft auf eine ganz andere Weise, als ihr es meinet, weil Ich auch ihren inneren Zustand besser erkenne als ihr, und daher stets die geeigneten Mittel wähle. Amen.

So segnet euch auch mit dieser Belehrung euer Jesus-Vater!

352. Die Krankenheilung am Teiche Bethesda

(Joh. 5)   29. Juli 1883

Liebe Kinder! Dieses ganze Kapitel erzählt von dem Wunder, das Ich an dem Kranken tat, der am Teiche Bethesda auf Hilfe wartete, welche ihm nun durch Mich zukam, und zwar, weil dieser Kranke Mich um den Segen in seinem Innern anflehte, und

Mir die Ehre dabei geben wollte. Allein nach der Genesung vergaß er des Dankes, und hätte Mich sogar an die Juden verraten, wie er es auch nachher tat.

Dieser Mensch ist eine Entsprechung für viele, die nicht mehr Meiner gedenken, sobald Ich ihnen ihr Leiden abgenommen habe. Denn dann halten sie es viel lieber mit der Weltgesellschaft, als mit Mir, obgleich Ich sie segnen will, und da muss oft solch eine Heimsuchung mehr ihrer Umgebung und den Mitmenschen zum Segen dienen, als den Leidenden selbst.

Auch hier an diesen Akt knüpfte Ich eine klare Belehrung über Mein Wesen an, und zeigte den Juden ihren Standpunkt ihrem Gott und Vater gegenüber, den sie nur noch dem Buchstaben nach kannten. Allein, wie Ich ihnen dort sagte: *„Ihr habt nie, weder Seine Stimme gehört, noch Seine Gestalt gesehen, und Sein Wort habt ihr nicht in euch wohnend, denn ihr glaubet dem nicht, Den Er gesandt hat."* (Joh. 5,37) Ebenso ist es auch heutzutage, wenn Ich Wunder wirken lassen würde, durch solche, welche die innere Stimme in sich haben, wodurch mit Mir in enger Verbindung stehend, sie die Wundermacht in sich tragen; allein Meine Liebe beschützt sie im allgemeinen (davor), solche Wunder auszuführen, weil sie dadurch mehr der Verfolgung ausgesetzt wären, und weil die Wirkung ebenfalls mehr Undank und Versündigungen hervorrufen würde.

Darum glaubet nicht, liebe Kinder, dass ihr dadurch mehr für Mich tun könnt, sondern weist diejenigen, welche suchen, immer wieder auf die Heilige Schrift hin, und gebet ihnen die Worte, welche Ich euch direkt zukommen lasse, als Leitfaden zum besseren Verständnisse so mancher Schriftworte, die dem Weltverstande nicht unfasslich sind, und ihm ohne tieferen Wert vorkommen. Zeiget denselben dadurch, wie dort in jedem Akte, in jedem Worte von Mir Vielfältiges verborgen liegt, gleichwie im Samen, der sich stets fortpflanzend sich vermehrt, und immer neue Pflanzen hervortreibt.

Also auch Mein Wort, je sorgfältiger dieses gepflegt wird, um es rein zu halten, und nur durch die innere Stimme oder den Einfluss des Heiligen Geistes es auszulegen, desto mehr Früchte treibt es. Haltet ihr euch gleichfalls an die Worte: *„Ich bin gekommen in Meines Vaters Namen und ihr nehmet Mich nicht an"* (Joh. 5,43), diese Worte sollen euch trösten, wenn ihr zurückgewiesen werdet mit den Gnadengaben, welche Ich euch übergebe, um sie anderen mitzuteilen, da Ich Selbst ja auch verkannt worden bin, aber Mein Reich dennoch gegründet wurde.

Ebenso solle auch der unscheinbare Anfang Meines zweiten Kommens einen herrlichen Fortgang haben, freilich zuerst noch ganz verborgen, als geistige Entwicklung, bis es Zeit ist, dasselbe auch nach außen zu zeigen. Amen! Euer Vater!

353. Missionswinke

5. August 1883

Liebe Kinder! Ihr betet in dem Gebete, das Ich euch lehrte und das ihr „das Vaterunser" heißet, am Schlusse nach allen Bitten und Wünschen: „*Denn Dein ist das Reich, und die Kraft, und die Herrlichkeit, in Ewigkeit, Amen!*" (Mt. 6,13)

Dieses soll den Glauben anzeigen, dass Ich nicht allein helfen will, sondern auch helfen kann!

Diese Annahme von beidem kann nie getrennt werden, wenn der Glaube ein starker und wirkender sein soll.

Es liegt in diesem Glauben nicht allein das Vertrauen zu Meiner Liebe, sondern auch eine große Hochachtung vor Mir, dass Ich Macht und Weisheit besitze, alles auszuführen, was euch oft unmöglich scheint.

Es kommt auch bei Meinen wahren Kindern öfters vor, dass sie eine Bitte zuvor erwägen, ob es auch möglich sei, dass dieselbe ihnen erfüllt werde, und sie halten sich oft selbst für töricht, solche Bitten vor Mir auszusprechen.

Sehet, das ist kein kindlicher Glaube; denn da ordnet euer Verstand noch mit, und hindert Mich euch Meine Macht zu zeigen, während ihr doch so weit gekommen sein solltet, gerade da erst recht euer Vertrauen auf Mich zu setzen, wo euer Verstand aufhört zu begreifen; hauptsächlich aber in solchen Fällen, wo die reine göttliche Liebe die Triebfeder eurer Bitte ist.

Es ist jetzt an der Zeit, dass ihr euch solchen Glauben mehr aneignet, damit ihr sicheren Schrittes den Weg gehet, den Ich euch führen will, wenn derselbe euch auch dunkel vorkommt. Ihr sollet euch nur immer vergewissern, dass euer Wille rein ist, in Meinen Diensten zu arbeiten, und euch prüfen ob nicht andere Interessen sich einschleichen. Wenn ihr so betet und wachet, dann könnt ihr ruhig fortmachen, ohne auch nur einen kleinen Fernblick in die Zukunft tun zu können.

Ich brauche in nächster Zeit Kinder, Diener, glaubensstarke Seelen, die durch Meine direkten Worte sich haben erziehen lassen, und dabei so viel gewannen, dass sie siegesgewiss den Kampf auf sich nehmen nach Meiner Anleitung, welche mehr stilles Dulden verlangt, als eigenliebiges ehrgeiziges Fechten.

Dass also ein immer besseres Bild von den Tugenden, die ihr in Meiner Schule gelernt habt, von euch ausgehe, das soll euer Hauptanliegen sein, und Ich will euch dann mit Mut und Kraft ausrüsten, solange ein Sturm droht euch auszuwurzeln, damit ihr desto stärker dann euch ansetzet zu einem kräftigen Baume, der noch vielen Zuflucht bieten möge, und in Ewigkeit nicht vertilgt werden kann.

Sorget nicht! Ich will euch väterlich leiten, wenn ihr stets kindlich Mich anschauet, so dass ihr, gleich den sorglosen Kindern in des Vaters Schoße ruhend, die ganze Gefahr nicht einmal ahnet, wenn sie da ist, sondern hernach erst begreifet, in welch treuer Hut ihr unter Meiner Liebe stehet. Amen! Euer treuer Vater.

354. Welches ist das vornehmste Gebot?

(Mk. 12,28)   12. August 1883

Liebe Kinder! Diese Frage sollte bei jedem Menschen stattfinden. Jeder sollte suchen sich klar zu werden über die Hauptaufgabe, welche er in diesem Leben zu lösen hat, um einst in Ewigkeit selig fortzuleben. Denn gleich wie ein Lehrling sich bemüht diejenige Kunst des Meisters zu erforschen, durch welche er einst am meisten Vorteil ziehen, und eine sichere Existenz gründen kann, so sollte der Mensch hier auf Erden gleichsam als Lehrling, um zur ewigen Seligkeit tauglich zu werden, darauf bedacht sein, dasjenige sich anzueignen, was ihm einst die reichste Frucht in der Ewigkeit bringt, - und weil Liebe die Grundlage alles Bestehens ist, so ist es eben die Liebe, nach welcher ihr zuerst trachten sollet, und darum ist sie das Hauptgebot für den Menschen. Sie muss in alle Verhältnisse und Handlungen verflochten sein, wenn dieselben geistigen Segen bringen sollen; denn nur was die Liebe aussät, treibt Frucht fürs Jenseits! Und weil auch eure Mitmenschen fürs Jenseits bestimmt sind, so sollet ihr nächst Mir eure Nächsten und Mitmenschen lieben, welche einst als Zeugen für euch in der Ewigkeit sprechen. Denn jeder Blick, jedes Wort, jede Handlung euren Mitmenschen gegenüber werden - wenn dieselben von reiner geistiger Liebe stammen, einst eure Seligkeit erhöhen.

Darum sollet ihr die Liebe höher stellen als das Gesetz, welches wohl der Wegweiser zur Liebe, aber nicht das Beglückende selbst ist.

Darum konnte Ich auch einst dem Schriftgelehrten keine andere Antwort geben, als ihm die Liebe zu empfehlen, und weil er diese (Grund-) Wahrheit sogleich erkannte, so sagte Ich ihm: *„Du bist nicht ferne vom Reiche Gottes"* (Mk. 12,34)

Und so gelten diese Worte auch heute noch allen, die der Liebe sich befleißen; denn all diese werden einst eingereiht zu wahren Himmelsbürgern, weil im Himmel nur die Liebe wohnen kann.

Darum saget allen, die in der Weisheit und in der Gerechtigkeit sich üben, dass sie besser daran tun, so sie in der Liebe sich üben, denn dadurch werden sie sowohl zur wahren Weisheit, als auch zur wahren Gerechtigkeit gelangen. Amen!

355. Der Apostel Freude

(Apg. 4)   19. August 1883

Meine lieben Kinder! Ich will euch heute auf Meine ersten Apostel hinweisen in diesem Kapitel, wie sie mit den Obersten des Volkes und mit den Schriftgelehrten stets zu kämpfen hatten; aber auch wie Ich ihnen stets zur rechten Zeit Mut und Weisheit gab, dass sie Mich öffentlich bekannten, und das Hauptzeugnis war ihre Freudigkeit, wenn ihnen Gelegenheit geboten wurde, von Mir zeugen zu können, wie es im 13. Verse dieses Kapitels heißt: *„Sie sahen aber an die Freudigkeit Petri und Johannes und verwunderten sich, denn sie waren gewiss, dass es ungelehrte Leute und Laien waren, und kannten sie auch wohl, dass sie mit Jesu gewesen waren."*

Gleichwie damals Meine Gegner auch der Apostel Gegner waren, und Meinen Namen auszurotten suchten, so ist es heutzutage wieder, sie hassen euch um Meinetwillen, und glauben, dass wenn sie euch zu vertilgen suchen, dann auch Mein Name ausgerottet sei; darum ihre große Wut gegen alle, die Meine Liebe und Ehre aufrecht zu erhalten suchen, weil sie dadurch nicht mit ihren eigenen Anschauungen durchdringen können.

Der kräftige Widerstand gegen solche, welche es begreifen, wie Meine Gegenwirkung durch Meine direkten Worte ihrem eigennützigen Treiben so viel Einhalt tut, liegt darin, dass Ich Selbst die Kraft in die Worte lege, weil sie von Mir ausgehen, und daher nicht mehr vertilgt werden können, denn alles das bleibt ewig.

Daher sehet auch ihr in solchen Fällen auf Meine ersten Jünger, damit auch ihr wie Petrus und Johannes sagen könnt: *„Richtet ihr selbst, ob's vor Gott recht sei, dass wir euch mehr gehorchen denn Gott?"* (Apg. 4,19)

Und vergesset nicht, nach eurem Siege gleichfalls einzustimmen in das Lob- und Danklied, welches sie einmütig Mir darbrachten, damit auch von euch einst die Nachkommen sagen können: *„Und mit großer Kraft gaben sie Zeugnis von der Auferstehung Jesu, und es war große Gnade bei allen!"* (Apg. 4,24) Amen!

356. Seelezustände

(Joh. 12,37 ff.)   26. August 1883

Liebe Kinder! Schon die Propheten haben geweissagt, auf die Zustände der Seelen, welche dann stattfinden, wenn Ich als Heiland der Welt im Fleisch erscheine. - Denn Mein (persönliches) Erscheinen ist stets im Widerspruche mit den materiell gesinnten Menschen, die da nur von dem irdischen Standpunkte aus Mich als Gott fassen können, und zwar nur in Meiner Macht Mich anerkennen, weil es eben Verhältnisse gibt, wo es ihnen nicht mehr möglich ist, Mich ganz zu verleugnen. Dagegen sind es gar wenige, welche Mich in Meiner Herablassung und Liebe anerkennen oder fassen (als Gott in Christo).

Und weil die Mehrzahl so groß ist, welche Mir als dem großen mächtigen Gott den (direkten) innigen Verkehr mit Meinen Kindern abstreitet, darum ist es von so großer Wichtigkeit, dass diese wenigen desto fester gegründet werden, im Glauben und in der Liebe zu Mir, um mit denselben Mein Reich befestigen zu können.

Denn es liegt in Meiner heiligen Ordnung, dass Ich durch Meine Kinder das Reich des Friedens erweitern lasse, sonst könnten sie nicht zum wahren Anteile kommen (als Erben der Herrschaft der Liebe).

Um sie aber ganz tüchtig hierfür zu machen, müssen sie starke Übungen durchmachen, gleichwie ein Krieger umso geübter und geschickter wird, je mutiger er wird, den Sieg davon zu tragen. Aber auch seine Belohnung ist dann umso größer, doch darf derselbe, so lange er im Gefechte steht, sich nicht mit dem Lohn beschäftigen, sondern er muss all seine Aufmerksamkeit auf die ihn umgebende Gefahr richten, und gute Wache halten, dass der Feind ihn nicht überrumpelt.

Ebenso ihr, Meine geistigen Streiter für Meine Liebe und Vaterehre, sehet im (jetzigen) Augenblicke nicht bange in die Zukunft, sondern wachet, dass ihr mutig und stark bleibet, damit euch der Feind keine Niederlage bereitet, und es euch nicht ergehe wie den Obersten, von denen es heißt: „*Doch der Obersten glaubten viele an Ihn, aber um der Pharisäer willen bekannten sie es nicht, dass sie nicht in den Bann getan würden; denn sie hatten lieber die Ehre bei Menschen, als die Ehre bei Gott.*" (Joh. 12,42-43)

Dies ist heutzutage noch ebenso der Fall; viele glauben im Stillen an Mich, weil sie der Heilige Geist dazu antreibt; aber sie sind noch zu schwach zu einem öffentlichen Bekenntnisse, weil ihre Vernunft noch zu stark die Übermacht der Gegner befürchtet.

Zu einem offenen Anerkennen, dass Ich als Vater mit Meinen Kindern direkt verkehre, gehört ein starker Glaubensmut, und wenn es an der Zeit ist, dass dieses geschehen solle, so erinnere Ich euch an Meine Worte: „*Fürchte dich nicht, du kleine Herde, denn es ist des Vaters Wohlgefallen euch das Reich zu geben!*" (Lk. 12,32).

Dann will Ich Mich aufmachen in Meiner Liebe, zu denen, die Mich lieben; aber auch in Meiner Macht, zu denen die Mich als den Allmächtigen fürchten, und die Liebe verachten! Amen! Euer treuer Jesus.

357. Die Grundwahrheit

(Joh. 14)   2. September 1883

Liebe Kinder! Dieses Kapitel ist eine Verteidigung allen denjenigen gegenüber, welche in Meiner Person Jesu die Gottheit zu verleugnen und über dieselbe zu spotten suchen; aber es ist auch eine Antwort für alle, die fest daran glauben, welcher Glaube vom Innewerden des Heiligen Geistes herstammt.

Ohne diesen Glauben an Meine Gottheit kann die Christenheit nicht fortbestehen!

Und sie wäre auch schon längst wieder ins Heidentum zurück verfallen, wenn nicht immer wieder zugängliche Seelen vorhanden wären für den Heiligen Geist, welcher dieselben zu Meinen Kinder heranzieht.

Weil aber dieser Glaube nicht tief genug in den Herzen gegründet wird, durch die (Kirchen-) Lehre, welche nicht mehr nach dem reinen Worte Meiner Lehre, sondern zu viel mit Menschensatzungen vermengt gepredigt wird, so ist denn auch die Christenheit ganz entstellt worden.

Man erkennt die Christen nicht mehr an dem Glauben, der sich in ihrer Handlungsweise als den wahren göttlichen erweist (Jak. 2,18; Mt. 7,16), sondern ein großer Teil derselben ist (leider) in größere Laster verfallen, als die Heiden. Dennoch aber hat Meine Geduld und Langmut stets noch gewartet, statt zum Gerichte zu kommen.

Nun aber ist dieser Glaube nicht allein schwach, sondern es gibt nun auch gewisse Volksleiter, die mittels ihrer Wissenschaft sich vor den noch einfältigen Gläubigen wichtig zu machen suchen dadurch, dass sie Mich bloß noch vorerst für einen besonders begabten Menschen - um des Volkes willen - gelten lassen, aber nur um später Mich ganz auszurotten. Für solche gibt es nur eine Frage, nämlich: Ob sie die Bibel als göttlich anerkennen, oder nicht?

Diese Frage zu beantworten, wird ihnen schwer werden, weil sie fürchten, das Volk dadurch auf ihre frechen Lügen aufmerksam zu machen, weshalb sie nur in Bruchstücken dieses Buch zu verkleinern suchen.

Aber gerade solche Kapitel, wie das vorliegende, worin deutlich (genug) über Mein Wesen (als Jesus) und Meine Gottheit gesprochen wird, sind ihnen doch zu bedeutend, und für ihre Anschauungen zu viel Gefahr bringend. Daher sie den suchenden

Seelen raten, sich über solche Worte nicht lange aufzuhalten, sondern etwas Bequemeres zu lesen, das auch mehr zu ihren materiellen Zwecken passt.

Auf diese Weise wird nach und nach das Maß der Gottesleugner voll, so dass Ich Mich nun, der kindlich einfältigen Seelen wegen aufmachen will, um diesen eine Speise zuzubereiten, woran sie sich erquicken können, und wodurch die Bibel in jedem Verse und auf jedem Blatte wiederum (neu) göttlichen Segen bringt.

Darum also habe Ich abermals Mich niedergelassen in Meiner erbarmenden Liebe, und spende Gnadenworte da und dort, welche rein, ohne dass zuvor daran gerüttelt wird, den Suchenden zufließen sollen. Diese Meine Gnadeneinrichtung ist groß und göttlich weise; denn es soll keines (Meiner Menschenkinder), welches noch einen leisen Zug nach Mir hat, dabei unbeteiligt bleiben, sondern jedes wird zur Wahrheit gelangen. Aber eingedenk des großen Widerstandes, und um jedes Herausfordern zu verhüten, geht es sehr langsam, was aber im Ganzen keinen Schaden bringt. Denn Ich werde von niemand eine Verantwortung wegen eines anvertrauten Pfundes verlangen, so lange dasselbe ihm noch nicht wirklich zugekommen ist, und auch nicht, (der Auftrag), dass damit gewuchert werden solle, ehe nicht Ich Selbst wiederum die Gelegenheit auch dazu gebe.

Sehet, Meine große Vaterliebe legt so alles in die Waagschale, und darum können Meine Kinder ruhig bleiben, wenn sie vorerst nur sich selbst üben im Kleinen gehorsam zu sein, bis Ich es für gut finde, ihnen mehr zu übertragen.

Leset dieses Kapitel als eine Unterredung mit euch von eurem Vater!

358. Bleibet in Mir

10. September 1883

„So ihr in Mir bleibet, und Meine Worte in euch bleiben, werdet ihr bitten was ihr wollet, und es wird euch widerfahren. Darinnen wird Mein Vater geehret, dass ihr viel Frucht bringet, und werdet Meine (wahren) Jünger." (Joh. 15,7-8)

Liebe Kinder! Die Verheißung, in diesem Verse ausgedrückt, ist groß in ihrer Bedeutung; aber sie muss dadurch verstanden werden, dass man die Bedingungen, welche damit verbunden sind, genau befolgt; und dieselben sind nicht so bald erfüllt wie manche meinen, als ob bloß ein Bekennen oder Wollen dazu gehöre, Mich zu verehren, im Übrigen - wenn auch die Liebe und Verehrung nicht ins Leben und in die Tat übergehe - könne man sich mit der Schwachheit entschuldigen, (o nein!).

Allein es heißt: „*So ihr in Mir bleibet*", und also nicht nach der Welt euch hinwendet, sondern eure Hauptsorge und Hauptfreude in der Einigung mit Mir besteht. Hierin ist die Kraft geboten, die stark macht, Früchte zu bringen nach Meinem Willen.

Der Anfang zu diesem Standpunkte muss durch das Erkennen der eigenen Schwachheit gemacht werden, um dadurch Mir sich zuzuwenden, und die angebotene Gnade zu ergreifen, die Ich täglich mehr solchen Seelen zufließen lasse, deren Sehnsucht nach Mir zunimmt.

Ich Selbst will ihr Lehrer und Tröster sein, damit sie neben dem Kampfe stets den freudigen Genuss fühlen, welchen der Kampf für Mich im Verborgenen mit sich führt.

Betrachtet die Märtyrer in der Vorzeit, ob dieselben nicht in dem Grade freudiger und standhafter waren, je mehr sie verschmäht und verfolgt wurden; und fraget woher dies wohl gekommen sei? So werdet ihr bald einsehen, dass hier ein Geheimnis waltet, das nur ihnen bekannt war. Es war die Gnade oder die göttliche Kraft, welche sie in sich trugen, und zwar indem Ich Selbst Wohnung in ihrem Herzen nahm.

Darum scheiterte an solchen Seelen alle äußere Verfolgung und aller Hass, und auch heutzutage ist es noch so. Dieselben sind überzeugt, dass Ich als ihr Oberhaupt und Regent eine unüberwindliche Macht besitze, und flüchten sich bei jedem Anlauf und Sturme zu Mir, damit Ich ihnen weitere Beratung und Anweisung gebe, wie sie sich in diesem oder jenem Falle speziell verhalten sollen.

Darin besteht Meine größte Verehrung von Seite Meiner Nachfolger, dass sie halten was Ich ihnen befohlen habe, und täglich auf Meine Stimme hören, die sich in ihrem Innern vernehmen lässt, sobald sie Willens sind derselben zu folgen.

Sorget immer mehr, dass euer redlicher Wille zur Tat wird, damit Meine Freude in euch bleibe, und eure Freude vollkommen werde! Amen! Euer Jesus.

359. Glaubet ihr an Gott, so glaubet ihr auch an Mich!

19. September 1883

„Glaubet ihr an Gott, so glaubet ihr auch an Mich!" (Joh. 14,1)

Liebe Kinder! Diese Worte sage Ich abermals - zu euch, dieweil auch ihr Mich als Den erkennet, Der Ich bin, nämlich - die ewige Liebe, welche sich durch „den Sohn" den Menschen sichtbar geoffenbart hat in Seiner Menschwerdung, und durch Sein Leiden und Sterben Seiner Liebe den höchsten Ausdruck gegeben hat.

Mein Blut floss zur Versöhnung, nicht aber um dieselbe erst herzuführen, sondern die Liebe floss aus den Wunden. Denn sie wollte nicht allein in ihrer Allmacht lieben und nur Gott sein, sondern sie wollte in der größten Demut Opfer bringen. Deshalb verleugnete sie sich selbst in ihrem göttlichen Standpunkte, und nahm Menschliches an.

Alle Beschwerden und Leiden, welche die menschliche Natur in sich trägt, wollte sie gleichfalls mit ihren geschaffenen Kindern teilen, damit diese einst alle Freuden mit Mir, als ihrem Vater, teilen sollten!

Daher Ich Selbst ihnen Lehre, Trost und Rat gab, wie sie zu solchen Freuden gelangen können.

Wenn Ich also von Meinem Wesen redete, so redete Ich nicht in Gleichnissen und Bildern, sondern sprach so, dass jedermann es fassen kann:

„Glaubet ihr an Gott, so glaubet ihr auch an Mich!" (Joh. 14,1)

„Wenn ihr Mich kenntet, so kenntet ihr auch Meinen Vater, und von nun an kennet ihr Ihn, und habt Ihn gesehen!" (Joh. 14,7)

„So lange bin Ich bei euch, und du kennst Mich nicht? Philippe, wer Mich siehet, der sieht den Vater; wie sprichst du denn: Zeige uns den Vater!" (Joh. 14,9)

„Glaubst du nicht, dass Ich im Vater und der Vater in Mir ist?" (Joh. 14,10)

Sehet, liebe Kinder, das sind unumstößliche Worte von Mir in der Bibel, so klar, so rein, dass ein jeder sie fassen kann, der Mich sucht - in der Liebe, und der Heilige Geist wird es solchen jeden Tag mehr aufdecken, dass kein äußerer noch innerer Zweifel sie je mehr davon abbringen kann, dass wer an Gott glaubt, auch an Jesus als denselben Gott glaubt.

Darum seid nicht ängstlich, wenn die Weltmenschen diesen Punkt in der Lehre angreifen oder verleugnen. Sie greifen da

Mich Selbst an, oder verleugnen Mich Selbst, und wissen noch nicht, welch starken Gegner sie damit herausfordern, Der aber nur durch die Liebe Seine heilige Sache verfochten haben will!

Darum, ihr Lieben, die ihr in Meinen Diensten arbeiten wollet, sehet genau auf Mich, ehe ihr zum Streit ausziehet, damit ihr nicht gegen Meinen Willen andere Waffen anwendet, als solche, welche Ich euch stets wieder anempfehle. Bedenket, dass der Streit ein geistiger ist, darum müssen auch die Waffen geistig sein, und können also nur in Tugenden bestehen, die davon zeugen, dass ihr Abkömmlinge von Mir seid. Amen! Euer Jesus!

360. Gehet hinaus auf die Straßen

(Mt. 22)   23. September 1883
(Nach Lesung der Predigt 45 „Von der königlichen Hochzeit")

Liebe Kinder! Jetzt ist die Zeit gekommen, wo Ich abermals dringend zur Hochzeit einladen lasse, und deshalb Meinen Dienern und Aposteln befehle: Gehet hinaus auf die Straßen, und ladet solche ein, die sich noch nie Meine Kinder genannt haben, in denen aber gleichfalls das Kindesrecht im Innern verborgen ruht; denn auch solchen, die noch gänzlich von Mir entfernt sich fühlen, wird nun die Gnade angeboten!

Oft sind sie ohne ihr eigenes Verschulden arm an jedem geistigen Erkennen, und kann von solchen auch nicht ehr ein geistiges Streben verlangt werden, als bis ihnen zuvor die Gnade angeboten ward; und darum ist Mein Wort nun (neu) niedergeschrieben worden, damit sie zu demselben (Licht der Wahrheit) gelangen können, sobald sie aufmerksam darauf gemacht werden.

Die Zeit, in welcher die Menschen jetzt leben, ist „die letzte", weil nun versucht wird, das Wort (Gottes) kraftlos zu machen, wo selbst die Volksleiter (häufig) lieber ihre eigenen Worte geltend zu machen suchen, und somit den Satan nachahmen, von welchem geschrieben stehet: *„Er wollte sein wie Gott"*, - und der auch die ersten Menschen zu diesem Hochmut verführte, wodurch sie zum Fall gebracht wurden. (1. Mos. 3,5).

Abermals ist dieser Hochmut auf das Höchste gestiegen, denn die Weltweisen und Gelehrten (wenigstens ein großer Teil davon) glauben sich über Mich erheben zu können, dadurch, dass sie Meine Gottheit in Jesu leugnen, und Mich nur als einen klugen Menschen noch gelten lassen, für welche Gunst Ich Mich einst in der Ewigkeit bei ihnen bedanken werde. (Joh. 19,37)

Wenn aber ein Kind Gottes sie über diese Behauptung examinieren[1] will, so weichen sie mit allerlei Lügen aus, und können die Bibel ebenfalls nicht mehr brauchen. Sie verlangen in ihrer Blindheit Beweise für die Göttlichkeit des christlichen Glaubens, während sie doch aus der Geschichte ersehen können, dass keine Verfolgung, kein Weltweiser, keine irdische Macht die Ausbreitung des Christentums verhindern konnte. Wo bleibt daher ihr Beweis dagegen, dass „ein weiser Nazarener", der sogar arm und gering auf Erden lebte, selbst nach Jahrhunderten (oder Jahrtausenden) noch immer fortwirkt in seinem geistig gestifteten Reiche!

Ich sage euch: Seid ruhig! Diese werden die Strafe der Lüge scharf fühlen müssen, wenn sie mit teuflischer Bosheit dem Ausbreiten Meiner Worte entgegentreten, und wenngleich von außen niemand ihnen entgegentritt, so klagt sie doch ihr eigenes Gewissen an, das nicht ruhig in ihnen schlummert, wenn sie auf Bosheit sinnen, um Meine Gottheit, Meine Dreieinigkeit, Mein Erscheinen in Jesu so viel als nur immer möglich bei dem armen Volke und den suchenden Seelen herabzusetzen, Meine Vaterliebe verwerfen, und deren wirkende Kraft an solchen, die ihr ganzes Streben einsetzen, mit Mir immer mehr vereinigt werden.

Darum, liebe Kinder, gehet hinaus - auf die Straße - zu denen, die ohne alle Bildung und Schule aufgewachsen sind, und die in ihrer Herzenseinfalt sich für unwürdig halten, das teure (direkte Gottes-) Wort in sich aufzunehmen. Diese ladet ein - zum Genusse Meiner Liebe; denn eben diese tragen, ihnen zwar unbewusst, das Hochzeitskleid, das ist die wahre Demut in sich; darum Ich sie Meines Tisches würdige. Sollte aber ein Prahler sich einmischen, so weiß Ich Mittel und Wege demselben Meine Allwissenheit und Macht fühlen zu lassen, damit er sich an Meiner heiligen Sache nicht zu weit vergreift und ihr nicht schadet.

Es ist nötig euch Mut zu machen, kräftig einzuladen; fürchtet euch dabei nicht, sondern machet euch immer mehr klar, für Wen ihr ausgehet, und dass euer Vater, Der euch dazu berufen

---

[1] prüfen, nachprüfen, kontrollieren

hat, nicht allein die Liebe ist, sondern auch die Weisheit, und die Macht hat, Seine Hilfe dazu euch fühlen zu lassen.

So segne Ich euch abermals als ausgesandte Arbeiter in Meinem Weinberg. Euer Vater in Jesu.

361. Gleichnis vom Reiche Gottes

(Lk. 15,8 ff.)   30. September 1883

Liebe Kinder! Dieses Gleichnis vom Reiche Gottes, welches die Treue des Weibes entsprechend darstellt, ist von Meinen Nachfolgern noch nicht so erkannt worden in seinem bedeutungsvollen Sinne, wie es sein sollte; denn auf diesen Standpunkt der Treue kommen gar wenige, dass sie das Verlorene suchen.

Meine „angestellten" Hirten denken oft schon recht viel von sich, wenn sie solche, die ihr Heil bei ihnen suchen, insoferne befriedigen, dass sie sich ihrer annehmen oder sie anhören, um ihnen dann mehrstenteils die Wichtigkeit des Gehorsames gegen ihre eigenen Anordnungen, also diese vor allem zu befolgen vorzustellen.

Doch hiervon war schon oft die Rede, und ihr wisset, dass ihr nicht auf dieselben sehen sollet, um dadurch (etwa) euch besser zu dünken, sondern Ich will in diesem Gleichnisse nur zeigen, dass ihr nicht ruhig warten sollet, bis eine Seele euch entgegenkommt, von welcher ihr wisset, dass dieselbe für Mich verloren geht, so sie nicht mit dem wahren Lichte gesucht wird, und zwar oft mit vieler Mühe. (Sei es auch nur zunächst warm fürbittend).

Es ist dies das treue Haushalten für Mich in Meinem Reiche.

Dass jede Seele zu diesem Reiche und zu Meinem Besitztume gehört, dessen sollet ihr stets bei solcher Arbeit eingedenk sein, damit ihr dabei nicht allein Nächstenliebe übet, sondern auch die Kindestreue gegen euren himmlischen Vater bewähret; denn Vater und Kind müssen in einem Sinne zusammenhalten, wenn die Haushaltung gedeihen soll.

Habt ihr nun solche Arbeit durch Meine Mithilfe vollbracht, so ist die Freude groß bei allen, die schon bessere Einsicht in Meine Regierung haben, und die sich dann doppelt freuen, sowohl über die gerettete Seele, als über den himmlischen Lohn, der euch dabei zuteilwird.

Darum ihr, die ihr als dienende Kinder auf der Erde dem Weibe in unserem Evangelium gleichen sollet, das da suchet, bis sie das Vermisste findet, fühlet mit Mir, dass es noch vieles zu suchen gibt. Denn auch eure Freude soll groß sein, wenn ihr wiederum eine Seele aus der Finsternis dem Lichte zuführen könnt. Begreifet aber auch, dass Mühe und Arbeit für euch nie aufhören können, weil eine große Herde sich verlaufen hat, davon jedes einzelne gesucht werden muss! (Ps. 90,10).

Es gibt keinen anderen Weg zur Rückkehr, als den des Nachgehens der Liebe!

So muntere Ich euch heute abermals auf zum Suchen - als euer Vater. Amen!

362. Nach dem Liebesmahl gegeben

(Joh. 17)   7. Oktober 1883

Liebe Kinder! Ihr habt soeben das hohepriesterliche Gebet gelesen, um - gleich wie Ich dort - mit dem Vater in Verbindung zu kommen, als Ich in Meinem Fleischleibe diese Worte an die ewige Liebe aussprach, nachdem Ich Mich so innig mit Meinen Jüngern verbunden hatte, weil sie Mich mit wirklich uneigennütziger Liebe liebten.

Das beglückende Gefühl in ihnen, welches hervorgerufen wird, durch Mein Wort und Meine Lehre, machte sie so ergeben und dankbar gegen Mich.

Doch einige Worte in diesem Kapitel sollet ihr recht bedenken, sie heißen: *„Gerechter Vater, die Welt kennt Dich nicht, Ich aber kenne Dich, und diese erkennen, dass du Mich gesandt hast!"* (Joh. 17,25)

Hierin liegt ganz deutlich die wahre Beschaffenheit Meiner Liebe, es ist diese eine gerechte Liebe, und um gerecht zu sein, muss (behufs deren Erlangung) eine Bedingung erfüllt werden, worauf der eine dieselbe erhalten kann, der andere aber wenig davon oder oft gar nichts. Darum muss diese (Bedingung) erkannt werden, und zwar so, dass wenn sie erkannt ist, Meine Kinder durch ihr Streben, dieselbe zu erfüllen, suchen derselben teilhaftig zu werden, als eines köstlichen Gutes. (siehe Mt. 13,46)

Die Welt, oder die Menschen, welche weltliches Besitztum höher achten, kennen dieses köstliche Gut nicht, darum können sie es auch nicht genießen, ehe die Gnade ihnen den hohen Wert desselben aufdeckt.

Aber Meinen Kindern wird die wahre Erleuchtung zuteil, sobald sie ein Verlangen nach dieser Liebe und Verbindung mit Mir haben; darum sagte Ich: „*Diese, welche Du Mir gegeben hast, erkennen Dich*" (Joh. 17,4), und ebenso alle, welche durch Mein Wort und Meine Lehre zu dem (wahren) Glauben an Mich gelangen, nämlich - dass Ich (Gott) Mich in Jesu geoffenbaret habe, um euch Meine Vaterliebe mehr zugänglich zu machen (und also nun wieder im neuen Wort).

Diese können sich die Worte aneignen, worin es heißt: „*Und Ich habe ihnen Deinen (Vater-) Namen gegeben, und will ihnen kundtun, dass die Liebe, womit du Mich liebst, sei auch in ihnen und Ich in ihnen!*" (Joh. 17,26) Das heißt:

Es wird diese Liebe bei allen denen Wohnung nehmen, von welchen sie verlangt wird, und der Heilige Geist wird solche in alle Wahrheit leiten!

Und so seid auch ihr eingereiht zu denen, die da suchen und finden, und Ich will Mich mit euch auch heute wieder aufs Neue verbinden, und euch geistig und leiblich segnen, damit ihr eure Bitte an Mich um immer innigere Vereinigung mit Mir niemals zu bereuen habt. Amen!

Euer euch segnender Vater, als - die ewige Liebe in Jesu!

363. Es ist der Herr

14. Oktober 1883

„*Spricht Jesus zu ihnen: ‚Kommet und haltet das Mahl!' Niemand aber unter den Jüngern durfte Ihn fragen: Wer bist Du? Denn sie wussten, dass es der Herr war!*" (Joh. 21,12)

Liebe Kinder! So wie es einst bei Meinen Jüngern war, dass sie Mich sogleich erkannten, wenn Ich zu ihnen kam und sie zum Mahle einlud, so sollte es auch jetzt unter den Christen sein. Ein jedes sollte Mich an der Einladung erkennen, welche Ich an alle Menschen ergehen lasse; denn Ich will ja ein Mahl mit denselben halten, damit sie die Freude und Wonne mit Mir genießen, welche aus der Liebe entsprießt.

Mein Erscheinen bei ihnen sollte denselben einen Genuss bereiten, der sie stärkt zu weiterem Fortschritte. Aber ehe dieses stattfinden kann, müssen die Menschen Mich gleichfalls so erkennen, wie Meine damaligen Jünger. Diese erkannten Mich sogleich, als Ich am Ufer stand, und ihnen einen reichen Fischfang bereitete, sie gaben Mir die Ehre, beim Erfolge ihrer Arbeit.

„Es ist der Herr!" sprach Petrus und stürzte sich ins Meer, um Mir entgegenzueilen (Mt. 14,28). Dein Vertrauen war groß zu Mir, er achtete weder Gefahr noch Spott, und wollte nur recht bald bei Mir sein. Darum Ich auch ein Mahl der Freude mit ihnen feiern wollte, und Meine sorgende Liebe - in der äußeren Entsprechung Brot und Fische - gab sich dadurch ihnen zu erkennen.

Ebenso sollte es heutzutage sein, wenigstens bei solchen, die sich nach Meinem Namen nennen, und Meine geistigen Kinder sein wollen. Ihr Glaube sollte so beschaffen sein, dass sie jede Annäherung von Mir sogleich erkennen, und lieberfüllt Mir, der ewigen Liebe, entgegeneilen, welche immer wieder ausgeht, ihre Kinder aufzusuchen und sie zum Mahle zu laden, wie Ich schon bei dem Gleichnisse sagte, wo der König zur Hochzeit laden ließ, es ihm ein Bedürfnis war, die Tische voll zu sehen; darum er den Knechten den Auftrag gab, alle, alle ohne Unterschied einzuladen, um sich am Mahle der Liebe zu stärken.

So stehe Ich auch für euch stets am Ufer, auf dass ihr zu Mir kommen sollet, und euch stärken an dem Mahle, da Ich stets bereithalte für die Meinen, und wenn ihr euch überzeugt habt, dass Ich es bin, so folget dem Petrus, d.h. stürzet euch ins Meer der Wahrheit, und achtet der Gefahr nicht, die damit verbunden ist, wenn auch euer eigenes Leben dabei unterzugehen droht, (wenn nämlich eure Existenz in der menschlichen Gesellschaft, sowohl im Ansehen als im Besitze gefährdet scheint); sondern bewahret den Petrusglauben, welcher nichts im Auge hatte, als so schnell als möglich bei Mir zu sein; darum Ich auch den Petrus fragte: „Simon Johanna, hast du Mich lieber, denn diese Mich haben?" und ihn noch besonders berufen habe: „Weide Meine Lämmer!" (Joh. 21,15)

Machet euch darum immer mehr klar, ob Ich oder ihr es seid, welche beim Fischen das Netz füllen, und ihr werdet erkennen, dass nur die Verbindung zwischen uns die Hauptbedingung dabei ist. Ihr sollet den guten Willen haben, das Netz auszuwerfen, aber dabei auch überzeugt sein, dass Ich Selbst am Ufer stehe und Meinen Segen dazu gebe, sobald eure Liebe so beschaffen ist, wie die Meiner damaligen Jünger, deren Freude groß war, als sie Mich erblickten. Also ist denn auch euch das Mahl bereitet, und Ich rufe euch hiermit zu: „Kommet und haltet das Mahl" - mit eurem Jesus! Amen!

364. Nun ist des Menschen Sohn verklärt

21. Oktober 1883

„Nun ist des Menschen Sohn verklärt, und Gott ist verklärt in Ihm!" (Joh. 13,31)

Liebe Kinder! Diese Worte sagte Ich zu Meinen ersten Jüngern, nachdem Ich noch das Mahl mit ihnen genommen hatte, und auch Mein Menschliches nun so verkläret war, dass Ich den Bissen für Meinen Verräter eintauchen und denselben ihm mit Liebe überreichen konnte, weil Meine Natur jetzt gleichfalls so von allerlei Leidenschaft gereinigt war, dass der Zeitpunkt nun da war, wo Ich sagen konnte: „Des Menschen Sohn (oder das Organ, welches Meinen Geist in menschlicher Form umgab) ist jetzt gleichfalls so von Liebe durchdrungen (weil die Seele sich ganz vergöttlicht hatte und nur noch das wollte, was der Geist wollte, also nur Göttlich-Gutes), dass nun des Menschen Sohn verkläret ist, und Gott ist verkläret in ihm."

Diese Worte sind von so tiefer und hoher Bedeutung, dass ihr sie noch nicht ganz zu erfassen vermöget; sie beziehen sich auf das ganze Erlösungswerk, und lassen einen Einblick tun, wie dasselbe richtig verstanden werden solle.

„Gott ist verkläret in ihm", im Menschensohne. Jesus ist dieser Mensch, welcher den Leib wieder nach Seiner göttlichen Bestimmung gebrauchte, und denselben durch und durch heiligte, und dadurch Zeugnis ausstellte, dass in demselben alle Eigenschaften verborgen liegen, welche dazu gehören selig zu werden; und damit ward gezeigt, dass der menschliche Leib von Mir aus so vollkommen beanlagt geschaffen wurde.

Dass aber nun diese Anlagen beim Menschen nicht mehr so klar und kräftig vorhanden sind, daran ist sein freier Wille schuld, welcher das Böse mehr liebte als das Gute, weil er vom Geiste der Lüge zu stark beeinflusst wird, indem derselbe nicht die gleichen Schranken einhält, gegenüber dem freien Willen des Menschen, wie die göttliche Liebe, welche nur beglücken, aber nicht erobern will, um durch Besitz zu prahlen und den Hochmut zu steigern, wie es beim Satan der Fall ist.

Diese zwei entgegengesetzten Beweggründe sind im Menschen auch vorhanden. Geist und Seele stehen deshalb in stetem Kampfe gegeneinander, und wie das Sprichwort bei euch sagt: „der Stärkere wird Meister", so geht es auch hier, oft ohne dass der Mensch es merkt; erst wenn er, teils durch die Lehre, teils durch sonstige Mittel auf sich selbst (sein Inneres) aufmerksam gemacht wird, dann erkennt er sein Doppelwesen, und sein freier Wille kann abermals wählen.[1]

Wählt er den Zufluss des Geistes, welchen er durchs Gebet leicht erlangen kann, welcher sich dadurch kundgibt, dass er sich Mir zuneigt, so nehme Ich seinen weiteren (geistigen) Fortschritt in die Hand, und leite denselben Selbst. Ist er aber gleichgültig über sein Wesen, so geht er für Mich verloren, oft für lange Zeiten, und es kostet viele Mühe denselben noch selig zu machen, wenn er mit dem Doppelwesen ohne entschiedenen Willen Drüben ankommt, weil er das Recht, das durch den Menschensohn sanktioniert (bestätigt, geweiht) wurde, (nämlich den Leib schon hier so zu verklären, dass er ins ewige Leben eingehen kann) gar nicht beachtete, sondern denselben vielmehr durch allerlei Ausschweifungen vertierte.

„Gott und Mensch in einer Person". Also auch der Leib kann vergeistigt werden, und bildet so Eins mit Gott. Dies ist das große Geheimnis des Erlösungswerkes, welches von Gott dem Vater Selbst ausgeführt worden ist, unter dem Namen - Jesus Christus!

Darum sagte Ich: „Gott ist verkläret in ihm, so wird Ihn Gott auch verklären in Ihm Selbst." Unzertrennlich wird die Menschenform mit der Gottheit bleiben, weil in derselben die höchste Aufgabe gelöst wurde, nämlich das Verlorene wieder zurückzuführen in die göttlichen Tugenden des Himmels, um dort ewig vereint in seinem Urheber zu bleiben.

---

[1] Die Seele ist „Welt", und ihr Organ ist der natürliche Kopfverstand, der dem Geist als göttlicher Funke im Herzen widerspricht, als Antichrist im Menschen. D. Hsg.

Sehet, liebe Kinder, dieses Geheimnis ist groß, aber es enthält eine frohe Verheißung, nämlich, dass ihr die Wiedergeburt erlangen könnt, so ihr ernstlich danach strebet! Amen!

365. Das Ende der Welt

(Mk. 13.5 ff)   18. Oktober 1883

Liebe Kinder! Schon Meine Jünger wollten die Zeit nach Zahlenrechnung wissen, in welche das Ende der Welt fällt, obgleich Ich ihnen stets Winke gab, dass das Ende der Welt mit ihrer Entwicklung und mit dem geistigen Standpunkte derselben zusammenhänge.

Darum bereitete Ich sie vor auf die Vorkommnisse, welche zuvor kommen; und weil sie durch Mein Wort und Meine Lehre so erzogen wurden, dass sie einen Blick auf das geistige Gebiet der Menschen tun, und dadurch die Entfernung von Gott und Göttlichem besser beurteilen konnten, so nahmen sie diese Vorhersagungen auch mehr im geistigen Sinne auf, wie solche verstanden werden sollen.

Wenn aber das Geistige bei den Menschen keinen Wert mehr hat, und dasselbe durch allerlei menschliche Satzungen verdunkelt wird, so ist diese (Miss-) Wirkung auch im Materiellen zu erkennen, weil das Materielle seinen richtigen Standpunkt aus dem Geistigen zu ziehen angewiesen ist, oder weil die Menschen auch im materiellen Tun und Lassen den Einfluss des Geistes nötig haben, wenn das Materielle für sie zu wahrem Nutzen und Segen werden solle. Verwerfen sie aber die Abhängigkeit vom Geiste, dann ist das Ende nahe! Dies ist der Fall, sowohl bei einer einzelnen Seele, als bei der großen Mehrzahl.

Nur wo der Geist noch mithelfen kann, besteht Ordnung, geschieht aber dieses nicht, so ist in allen Verhältnissen des Lebens, sowohl im Einzelnen, als in Städten und Staaten Zerwürfnis und baldige Auflösung steht da zu erwarten, welcher aber noch großer Kampf und Widerspruch vorausgeht.

„Wenn ihr aber hören werdet von Kriegen und Kriegsgeschrei, so fürchtet euch nicht; denn es muss also geschehen; aber das Ende ist noch nicht da." (Mk. 13,7)

Darum, liebe Kinder, „seid wachsam, dass euch nicht jemand verführe!" Diese Worte gelten in solcher Zeit allen Menschen,

aber auch die tröstlichen Worte: „*Suchet - so werdet ihr finden!*"
(Mt. 7,7). Denn viele Seelen gibt es in solcher Zeit, die sich so sehr
vom Einflusse anderer abhängig machen, und darum nicht die
Überzeugung der Wahrheit in sich verspüren, weil bei ihnen
kein Kampf zwischen Licht und Finsternis vorhergegangen ist,
und sie also dieselben nicht unterscheiden können, ehe der Heilige Geist von ihnen erfleht wird.

Wie wenige Seelen gibt es aber heutzutage, die sich geistig
arm fühlen. Sie erkennen ihren (elenden) geistigen Zustand
nicht. Darum müssen zuvor von außen her mancherlei Not und
Naturereignisse stattfinden, um die Menschen aus ihrer Schlaf-
trunkenheit zu rütteln, und sie zum Suchen anzutreiben.

So sind die Zeichen (und Zeiten) im Äußern dem geistigen
Zustande entsprechend, und jeder Mensch, der noch mehr geistig strebt, merkt selbst „wie viel Uhr es nun", und wann die Zeit
einer Umgestaltung nahe ist.

Ihr aber, „*sehet euch vor! Siehe Ich habe euch alles zuvor gesagt*" (Mk. 13,23) - als euer Vater!

366. Wer sagen die Leute, dass Ich sei?"

3. November 1883

„*Wer sagen die Leute, dass Ich sei?*" (Mk. 8,27)

Liebe Kinder! Diese Frage ist für viele Menschen bis auf den
heutigen Tag, von Meinem Erdenwandel an, noch eine ganz un-
verständliche, und sie können dieselbe nicht beantworten. Denn
der Glaube ist sehr verschieden in diesem Punkte, wie auch die
Jünger dort allerlei Ansichten aufzählten. Darum fragte Ich
abermals Meine Jünger: Ihr aber, wer saget denn ihr - dass Ich
sei? -

Diese Worte lege Ich auch euch vor, als Meinen Kindern, die
Mich suchen und Mich gefunden haben. Ihr saget in eurem Bekenntnisse, dass Ich euer Vater sei, und ihr sprechet hiermit
eine tiefe Wahrheit aus. Aber ihr erkennet noch lange nicht das
Umfassende und die Größe dieses Namens, sonst gäbe es für
euch kein Leid, keine Traurigkeit mehr auf der Erde, ihr würdet
in allem nur die weise Führung eures Vaters erblicken, Der nur
aus (und in) Liebe regiert, und darum nichts zulässt, was euch

schaden kann, sondern stets nur sorgt für das, was euch geistigen Gewinn bringst. Aber es kommt dabei auf eure Gegenliebe und euer Vertrauen an.

Aus Liebe zum Vater soll das Kind folgen, auch selbst da, wo es das Heilsame nicht herausfinden kann, und in Fällen, wo es zum Vater um Rat und Hilfe kommt, muss es sich allen Widerspruchs enthalten, und genau auf die Stimme des Vaters im Innern hören, und dabei wohl bedenken, dass Seine Weisheit für das Kind unergründlich ist. Also volles Vertrauen muss das Kind zum Vater haben, dass Er helfen will und kann. Ja, Er hilft, aber nur nicht immer nach dem Willen des Kindes![1]

Oft erhält das Kind vom Vater auch Aufgaben, welche schnurgerade dem eigenen Willen entgegengesetzt sind; aber dort zu folgen ist die Hauptaufgabe eines wahren Kindes, und dieser Gehorsam macht dem Vater Freude.

Sehet und prüfet dieses Bild des Verhältnisses zwischen Vater und Kind, und dann werdet ihr erkennen, ob ihr wahre Kinder eines himmlischen Vaters seid? Darum ist die Frage auch für euch sehr wichtig: *„Wer saget ihr - dass Ich sei?"*

367. Es droht Verfolgung

11. November 1883

Nach Lesung des zufällig aufgeschlagenen Abschnittes in Gr.Ev.Joh.[2]

Liebe Kinder! Diese Worte, welche ihr soeben gelesen habt, sind auch für euch von großer Wichtigkeit, weil auch euch um Meinetwillen überall Verfolgungen drohen, die ihr selbst noch nicht ahnet. Denn eure Gegner treten gegen euch ebenfalls mit Pharisäerlist auf, und wollen mit freundlichen Besuchen (teils persönlich, teils brieflich) euch stürzen. Auch da muss Ich Mich noch schlafend verhalten, bis es vollends ganz an der Zeit ist, ihnen Meine volle Macht zu zeigen, und darum halte Ich dieselben wenigstens durch allerlei Umstände auf, die sie von euch ablenken, und in welchen sie sich untereinander selbst aufreiben.

---

[1] „Meine Gedanken sind nicht eure Gedanken." (Jes. 55,8)
[2] 1. Auflage Band II, Seite 348 - 51, „Vom großen Sturme"

Es wird dem Anscheine nach auch euch Gefahr drohen, aber bleibet nur ruhig, so lange Ich bei euch bin, und ihr euer Vertrauen auf Mich setzet, kann euch kein Sturm schaden. Haltet euch fest zu Mir, und verteidiget mit Mut Meine Ehre und Mein Wesen. Besonders wird von Seite der protestantischen Geistlichkeit bei den Gedächtnistagen Luthers Anlass genommen werden gegen die „Spiritisten" aufzutreten. Natürlich wird besonders über solche, welche in religiösen Eifer und also in geistiger Richtung auf dem Wege der erhaltenen Kundgebungen für Mich (Jesus) sind, noch mehr Aufsicht gehalten werden, weil sie (die Geistlichkeit) gerade in diesem Punkte meint, dass der Kirche entgegengearbeitet werde. Darum will Ich über die redlichen Eiferer (derselben) Meinen Geist ausgießen, um in der Jetztzeit noch viele Saulusse zu Paulusse umzuwandeln, und wenn ihr dabei in Versuchung kommet, wie einst Petrus, zu meinen, Ich schlafe, oder sei zu ohnmächtig geworden, den drohenden Sturm abzulenken, so tröstet euch mit den soeben gelesenen Worten. Denn Ich werde abermals Meine Hilfe im Verborgenen (bereit) halten, und darum sage Ich es euch jetzt schon was kommen wird, auf dass ihr glaubet an Mich, als an Den, Der euch zuruft: „*Fürchte dich nicht, du kleine Herde, es ist des Vaters Wohlgefallen, euch das Reich zu geben!*" (Lk. 12,32)

Darum, liebe Kinder, seid wachsam und nüchtern zum Gebet, auf dass ihr merket, wenn Ich als euer treuer Vater Meine segnende Hand auf euch lege. Amen.

368. Gang nach Emmaus

(Lk. 24,13)   18. November 1883

Liebe Kinder! Wir wollen diese Rede zwischen Meinen Jüngern und Mir, nach dem Tage Meiner Auferstehung, als eine Entsprechung für die Jetztzeit näher betrachten, und zwar zuerst - wie sie redeten von der Geschichte Meines Todes und Meiner Auferstehung, und wie sie diese eben - trotzdem dass sie Augenzeugen waren - doch nicht fassen konnten.

Darum aber, weil sie so bewegt waren, trat Ich Selbst unter sie; „*doch ihre Augen wurden gehalten*" (Lk. 24,16), so ist es auch heute noch.

Ich nahe Mich allen denen, die Mich suchen, obgleich dieselben Meine Annäherung oft nicht sogleich erkennen.

Dort fragte Ich: „*Warum seid ihr so traurig?*" (Lk. 24,17)

Hier kommt die Antwort des Kleophas, welche in der Jetztzeit an jeden Christen gerichtet gilt, der nicht mehr weiß, ob er Mich für Den halten solle, Der Ich bin, nämlich Gott in Jesu, oder ob er der „Aufklärung" huldigen, und Mich bloß für einen guten Menschen gelten lassen solle: „*Bist du allein unter den Fremdlingen in Jerusalem, der nicht wisse, was in diesen Tagen dahier geschehen ist!*" (Lk. 24,18)[1]

So frage Ich jetzt viele, welche noch etwas vor der Welt scheinen, und sich mit ihrem Weisheitsdünkel zeigen wollen, die es darum für gut finden Mich zu verleugnen, um dadurch ein Aufsehen unter den Christen zu machen, und die Aufmerksamt auf sich zu lenken.

„Wisset ihr nicht was geschehen ist?" Also fraget auch ihr dieselben, wenn sie euch um eures Glaubens an Mich verspotten. Sie wissen es gar gut, dass die Christenheit ohne göttliche Kraft und Beistand nicht hätte fortgepflanzt, gebaut und erhalten werden können; denn hierzu war mehr nötig, als bloß das Werk eines „weisen Nazareners". Aber gleichwie Ich es zuließ, dass nach den Tagen Meiner Auferstehung Meine Feinde ihre Verfolgungen abermals fortsetzten, so will Ich auch jetzt immer noch öffentlich verziehen, bis die Kraft und die Zahl Meiner wahren Jünger voll ist.

Einstweilen aber will Ich zu denselben bei verschlossenen Türen eintreten, d.h. den direkten Verkehr mit ihnen (verborgen) pflegen auf wunderbare Weise, und so das Mahl mit ihnen halten, auf dass ihre Augen geöffnet werden; denn auch jetzt will Ich wieder ein Auferstehungsfest unter den Meinen feiern. Ich will lebendig in Liebe und Tat unter ihnen sein, so dass jedermann erkenne, dass es nur einen Leib gibt in der Gemeinde, und alle Glieder sind eines Leibes, woran Ich als Jesus Christus als Haupt regiere.

Darum gehe Ich euch nach „am Abende", d.h. wenn auch bei euch Stunden eintreten, die dunkel sind, begleite und belehre euch, mache Selbst den Führer und den Tröster, Der euch hinweist auf die Stellen der Heiligen Schrift, welche euch Aufschluss geben über alle Zweifelsfragen; und wenn ihr es auch so

---

[1] Die Wiederauferstehung bzw. die Wiederkunft des Herrn im Neuen Worte.

haltet, wie Meine damaligen Jünger, die Mich baten: „*bleibe bei uns, denn es will Abend werden, und der Tag hat sich geneiget*" (Lk. 24,29), so will Ich euch nimmermehr verlassen, sondern zu der Zeit, da ihr euch in Gefahr befindet, ganz deutlich zeigen, dass Ich bei euch bin!

Also - stehet fest auf eurem anvertrauten Posten und lasset euer Losungswort ertönen für Den, Der da ist, Der da war und ewig sein wird: Jehovah in Gott dem Vater und Jesus Christus - in einer Person! Amen. Euer treuer Vater!

369. Lasset eure Lichter brennen

25. November 1883

„Lasset eure Lenden umgürtet sein und eure Lichter brennen und seid gleich den Menschen, die auf ihren Herrn warten, wann er aufbrechen wird von der Hochzeit, auf dass, wenn er kommt und anklopft, sie ihm alsbald auftun." (Lk. 13,35 ff.)

Liebe Kinder! Lasset euer Licht brennen; denn nur wenn es helle um euch ist, erkennet ihr die Gefahr, die euch droht.

Darum seid gleich den Knechten, die stets bereit sind den Willen ihres Herrn auszuführen. Diese ziehen sich von allem zurück, was ihnen hinderlich ist, den Ruf ihres Herrn zu vernehmen, und dessen Willen auszuführen. Ihre ganze Aufmerksamkeit ist darauf gerichtet, nur allein vor ihrem Herrn als treu erfunden zu werden. Darum freuen sie sich auf Sein Kommen, und tun mit Freuden auf, wenn Er anklopft.

Weiter aber sagte Ich zu Meinen Jüngern: „*Darum seid auch ihr bereit, denn des Menschen Sohn wird kommen zu der Stunde, da ihr's nicht meinet.*" (Lk. 12,40)

Diese Worte sind aber bei der Mehrzahl so gedeutet, dass sie meinen, Ich rede hier von Meinem Kommen zum Gerichte, als einem allgemeinen Kommen, während dieses Kommen für Meine wahren Kinder stündlich stattfindet, und also diese Ermahnung zu jeder Minute im Leben gilt. Denn Ich stehe stets vor der Türe und bitte um Einlass, werde aber durch die Menschen zurückgewiesen, weil sie, statt Mir die Stätte bereit zu halten, dieselbe durch allerlei Leidenschaften verunreinigen, durch Geiz, Stolz, Rachsucht, Zorn usw., deshalb muss Ich wieder abziehen mit der Gnade, die Ich ihnen zuwenden wollte, leider auch oft von Meinen Kindern, weil dieselben sich oft noch ganz vom Geiz oder Zorn oder von der Eigenliebe regieren lassen, und somit auch bei ihnen es oft heißt: *„Mein Herr verzieht zu kommen"* (Lk. 12,45); sie meinen, es sei schon noch Zeit sich zu bereiten, und legen deshalb nicht genug Ernst an, die Leidenschaften im ersten Keime wieder zu ersticken, weil sie nicht genug bedenken, dass Ich doch stets vor der Türe stehe, was Ich ihnen auch dadurch beweisen möchte, dass Ich oft ganz schnell eine Seele abfordere, ehe diese einen begangenen Fehler noch gutmachen kann.

Dieses muss Ich oft tun, um mehr Wachsamkeit bei Meinen Kindern hervorzurufen. Dieselben sollen sich stets so verhalten, dass Ich jeden Augenblick bei ihnen eintreten und sie Mich mit Freuden empfangen können, ohne zu erschrecken über ihren augenblicklichen Zustand.

Wohl denen, die Ich also finde, Ich werde sie an Meinen Tisch setzen, und sie werden mitgenießen das Mahl, das durch die wahre Liebe gewürzt ist, und niemand wird sie mehr aus Meiner Hand reißen; denn ihre Lampen sind voll Öl, oder ihr Herz voll reiner göttlicher Liebe, mit welcher sie Mir entgegenkommen.

Das sind die jungfräulichen Seelen, die Tag und Nacht auf der Hut stehen, dass sie der Feind nicht überlistet, weil sie nur auf Meine Stimme hören, und danach tun! -

Prüfet auch ihr euch nach diesem, damit Ich euch treu erfinde, ob Ich komme am Morgen oder am Abende, oder zu Mitternacht, ihr stets freudig Mich empfangen könnt! Amen! Euer Vater.

Anhang

Ein Wink in Betreff der heutigen Pharisäer und Schriftgelehrten

13. Februar 1884

Liebe Kinder! Es werden noch viele Tage kommen, welche euch Zeugnis geben, dass sie (die äußerlich Berufenen) wider euch stehen.

Es ist dies die Folge der inneren Unruhe, mit welcher solche behaftet werden, die sich für Erstlinge in Meinem Reiche halten (Lk. 13,30), dadurch dass sie ihren Einfluss an Stelle des Heiligen Geistes setzen.

Würden sie ein Innewohnen des göttlichen Geistes im Menschen wirklich (lebendig) glauben, so würden sie des Menschen freien Willen nicht zu beeinträchtigen suchen, und die Erfahrungen, welche sie an andern entdecken, nicht für Lüge bezeichnen.

Es ist solches Gebaren eben ein Zeichen, wie wenig sie mit dem Geiste der Wahrheit verwandt sind, und auf denselben in ihnen gar nicht mehr hören, sie urteilen deshalb mit ihrem Kopfverstande, von welchem es heißt: *„Der natürliche Mensch vernimmt nichts vom Geiste Gottes, es muss geistig gerichtet sein"* (1. Kor. 2,14).

Deshalb, wollet ihr auch mit solchen als Mitbrüder wieder verwandt werden, so bittet für dieselben um den Geist der Wahrheit, gegen welchen sie nicht disputieren können, sie können nur sich taub stellen gegen dessen Einwendung, so lange bis es Mir gefällt, sie aus ihrem Taumel mit kräftigen Mitteln zu wecken. Aber das überlasset Mir, und anstatt euch bei ihnen durch gegenseitiges Disputieren in einen unnützen Kampf einzulassen, bleibet ruhig und befleißiget euch desto mehr selbst auf eure innere Stimme zu hören. Amen.

(Obiges kam, nachdem wir von befreundeter geistlicher Seite mit dem Vorwurfe der Blasphemie (in Bezug auf diese neue Kundgebung) belastet worden waren. Übrigens ist es ganz logisch, dass die getreuen Nachfolger im Wesen jener Pharisäer, die Christum dort der Gotteslästerung anklagten und Ihn deshalb kreuzigten, Ihn nun wieder als den vorerst „in den Wolken des Himmels", d.h. im Worte Wiederkommenden ebenso behandeln möchten, nämlich mit Prozess, Kreuz oder Scheiterhaufen (Lk. 18,8), wenn sie nur könnten; aber Der jetzt in Seiner Herrlichkeit Sich Nähernde hat dafür gesorgt, dass nunmehr, wo Er die

Verheißungen nach und nach erfüllt, besonders auch die: „Siehe, Ich mache alles neu!" sie (zwar Faust im Sack) nur sagen können: „non possumus".

Käme doch bald Sein Geist der Gnade über sie, dass sie lieber sprächen: „pater peccavi!" denn das Zeugnis Seiner Herrlichkeit liegt ja hauptsächlich darin, dass Seiner Liebe Macht auch die härtesten Herzen gewinnt, welcher nichts dauernd zu widerstehen vermag (nach Mt. 28,18); damit so Sein Reich des Lichtes einen Schritt näher käme dem Ziele: Eine Herde und ein Hirte, so dass solche, die zuvor blinde Gläubige waren (Lk. 24,16) wie auch redliche Ungläubige bekennen: „Siehe da, eine Hütte Gottes bei den Menschen!" (Offb. 21,3) Das walte Gott! D.Hsg.

Trost für Freunde in einem bekriegten Orte

17. Februar 1884

Mein lieber Sohn! Fürchte dich nicht, denn auch euch gilt die Verheißung: „*Ich will euch heben und tragen bis ins Alter und bis ihr grau werdet!*" (Jes. 46,4) Du stehst zwar inmitten des Angstgeschreis, aber es sind diejenigen vom Jenseits, die im geistigen Verbande mit dir stehen, beauftragt, „eine feurige Mauer" um dich zu schlagen, so dass du dich stark genug fühlst, Mir zu vertrauen. Da Ich aber nicht äußerlich etwas vorhersagen will, so musst du zufrieden sein, wenn Ich dir Meinen Beistand zusage, der euch beschirmt, damit ihr an der Seele keinen Schaden leidet. Gleichwie einst David in der tiefsten Not noch sagen konnte: „*Wenn mir gleich Leib und Seele verschmachten, so bist Du doch allezeit meines Herzens Trost und mein Heil*" (Ps. 73,26), also sollet auch ihr zu Mir kommen und bei Mir Erquickung finden. Ich lege euch gewiss nicht zu viel auf, und ihr werdet Mich abermals mehr als einen Vater der Liebe erkennen, wenn diese Zeit der Trübsale an euch vorüber ist.

Segen des Gottvertrauens

26. Februar 1884

Meine lieben Kinder! Obgleich ihr alle untereinander zufrieden seid, und jedes unter euch die stille Ruhe und den Frieden im Herzen traget, bei dem Bewusstsein, dass Ich Meine Liebe euch angedeihen lasse, so gebe Ich doch gerne dem Wunsche der (diess. und jens.) Geschwister nach, euch ein direktes Wort zu geben, das euch eine freudige Kundschaft bringen soll, welche in der Versicherung liegt: „*Ich bin bei euch alle Tage!*" (Mt. 28,20) Gleichwie ihr keinen Tag vorübergehen lasset, ohne euch Meiner mit Liebe zu erinnern, so wohne Ich gleichfalls mit Meiner Liebe unter euch, so dass ihr mit David, Meinem Psalmisten ausrufen könnt: „*Wer unter dem Schirme des Höchsten sitzt...*" (Ps. 91).

Und obgleich auch ihr von vielen Seiten her bedroht werdet, so seid ihr ja doch unter Meinem Schutze geborgen. Darum sage Ich euch: „*Freuet euch, dass eure Namen im Himmel aufgeschrieben sind*" (Lk. 10,20), und dieses soll bleiben bis in alle Ewigkeit.

Es wird euch zwar der Fürst der Finsternis sogar noch nach Innen bange zu machen suchen; aber fürchtet euch nicht, es ist zu spät für denselben (bei euch), die Saat hat schon die Ähren angesetzt und kann nicht mehr ausgetilgt werden, wenn auch Stürme sie bedrohen. Die Gnadensonne hat euch so durch und durch erwärmt, dass die Ernte vor der Tür steht; und so bin Ich stets euer treuer Beistand und Berater, wenn auch eine dunkle Wolke über euch alle geht. Das Band der Liebe steht fest unter uns!

Ihr trauert bei der Wahrnehmung, wie Ich noch immer von der Mehrzahl nicht geliebt, sondern sogar verleugnet werde. Ich aber tröste euch mit Meiner Liebe und zeige euch, wenn es Zeit ist, auch Meine Macht. Darum lasset uns nicht trauern und zagen über unsere eigene Niederlage, aber ein großes Mitleid gegen solche hegen, die verwaist, ohne Gott, ohne Vater, ohne Hoffnung, ohne Trost das Ende ihrer Tage kommen sehen.

Nachwort des Vaters

 Beim Anblick der Christenheit und ihrer jetzigen Versunkenheit hält die Mehrzahl es für unmöglich, dass das hohe Ziel ihrer Bestimmung - die Wiederherstellung Meines Ebenbildes in ihnen - erreicht werden könne, damit so die Erde zu einem Himmel umgestaltet werde, und also Mein Reich komme auf Erden.

Gar wenige denken darüber nach, ob die Kraft des Heiligen Geistes stets noch fortwirke unter den Menschen im Ganzen, wie auch ob dieses bei der einzelnen Seele oft in besonders erhöhtem Maße der Fall sein könne? Und somit hört das Streben - sich nach Meinem Ebenbilde zu veredeln, bei der Mehrzahl der Christen auf. Sie sind taub geworden gegen ihre innere Stimme, welche sie dazu antreiben will; und darum verscherzen solch geistig taub gewordene Menschen das höchste Gut, die Gnade, welche sie eigentlich erst zu Menschen macht, sie über das Tier erhebend.

Wie weit der Verfall der Christen in der Jetztzeit geht, das können solche, welche sich noch der Gnade rühmen dürfen, wohl ermessen, und ihnen wird der Geist der Wahrheit in erhöhtem Maße zukommen, so sie darum bitten. Darum auch schon die Propheten für diese Zeit weissagten: *„Und es soll geschehen in den letzten Tagen"* (Apg. 2,17; Joel 3,1; Joh. 6,45). D.h. dann, (nämlich so wie jetzt), wenn die Mehrzahl der Menschen aufhört, Menschen zu sein, weil sie mehr den Tieren gleichen mit ihrem Trachten nach sinnlichen Genüssen, wo alles geistige Streben unterbleibt. Alsdann ist das Ende nahe, oder die Auflösung für viele gekommen, die nicht mehr das besitzen von ihrer göttlichen Ausstattung, was ihnen der Geist der Gnade zu ihrer Vervollkommnung und zur Erreichung der Seligkeit verliehen hat. Also in solcher Zeit werde Ich abermals *„ausgießen Meinen Geist über alles Fleisch, und eure Söhne und Töchter sollen weissagen."* (Joel, 2,28) Ja, es wird abermals durch Meine Gnade ein großes Pfingsten bei den Menschen stattfinden, denn Ich werde allen nachgehen.

Wohl denen, welche dieses Anerbieten der Gnade in solch trauriger Zeit erkennen, und dieselbe zu ihrem ewigen Gewinn ergreifen! Ich Selbst werde sie belehren, auf dass sie Zeugen werden von Meiner erbarmenden Liebe, wie Ich (nun wieder) so wie einst durch Meine Apostel, in wunderbarer Weise auf die Herzen der Menschen auch durch sie einwirken kann.

Doch je mehr dieselben in der Liebe und im Glauben an Mich erstarkt sein werden, desto weniger ist es nötig durch Wunder sie zu bestärken, welche mehr einen oberflächlichen Glauben erzielen, der vor Mir keinen so hohen Wert hat, als ein errungener Glaube, welcher stark geworden ist durch allerlei Trübsal, bei welcher die Liebe und das Vertrauen zu Mir immer mehr zulegen, und wobei jeder im Verkehr mit Mir sich eine wahre Erkenntnis Meines Wesens erwirbt, daher dasselbe hochachtet, und Meinem Ebenbilde nachstrebt. Amen!

Euer Vater in Jesus, als Tröster und Lehrer durch Seinen Heiligen Geist.

Inhaltsverzeichnis

Johanne Ladner

Vaterbriefe
Worte der Ewigen Liebe

Erster u. Zweiter Band

Eine einfache Frau des Volkes war es, durch welche die Liebe Gottes die in diesem Buch gesammelten Stärkungsworte und Belehrungen an die Menschenkinder ergehen ließ. Die Worte waren zunächst für einen engeren Freundeskreis bestimmt. Aber die zu Herzen dringende Liebesweisheit dieser schlichten „Vaterbriefe" machte sie bald zu einem wahren Volksgute, einem Quell des Trostes, der Belehrung und Erquickung für viele Menschen, die eine unmittelbare Verbindung mit dem Herzen Gottes, dem Vater in Jesus, ersehnten.

Je ca. 290 Seiten, Paperback
Bd. 1: ISBN 978-3-7534-2065-3
Bd. 2: ISBN 978-3-7557-8199-8
Bezug über Books on Demand Buchshop
oder Amazon und im Buchhandel

Ida Kling

Lebensworte
der Ewigen Liebe

Bereits im 21. Lebensjahr durfte Ida Kling,
wie sie es selbst in dem Bericht über ihr
Berufungserlebnis schreibt, zum ersten Mal
die Stimme des Herrn in sich vernehmen.
Diese innere Stimme hat über viele Jahrzehnte
nicht nur ihr, sondern sehr vielen Menschen
Rat, Hilfe und Trost neben vielen Belehrungen
über tiefste Lebensfragen geschenkt.

340 Seiten, Hardcover, (21,5 x 13,5 cm)
ISBN 978-3-7534-0765-4

Bezug portofrei über Books on Demand Buchshop
oder über Amazon und im Buchhandel

Gottfried Mayerhofer

Geistesgaben
für innere und äußere
Verhältnisse und Zustände

Sammlung der Nebenworte in zwei Bänden

Neben seinen großen Hauptwerken „Predigten des Herrn",
„Schöpfungsgeheimnisse" und „Lebensgeheimnisse" durfte
Gottfried Mayerhofer noch zahlreiche kleinere Kundgaben
vom Herrn empfangen, die im Laufe der Jahrzehnte in vielen
verschiedenen und längst vergriffenen Schriften
veröffentlicht wurden.
Diese „Nebenworte" liegen nun in zwei umfangreichen Bän-
den chronologisch zusammengetragen vor.

je 520 Seiten, Paperback, (21,5 x 13,5 cm)
ISBN 978-3-7543-3786-8 u. ISBN 978-3-7543-3791-2
Bezug portofrei über Books on Demand Buchshop
oder über Amazon und im Buchhandel

Werke von Max Seltmann

ERLEBNISSE MIT JAKOBUS
auf der Reise nach Edessa

In Edessa im mesopotamischen Königreich Osrhoene, wird die Geschichte überliefert, dass König Abgarus V. von Edessa von dem berühmten Heiland Jesus und seinen Wundertaten Kunde erhielt. Da er selbst schwer erkrankt war, sandte er einen Boten an Jesus, um ihn nach Edessa einzuladen, damit dieser ihn von seiner schweren Krankheit heilen möge.

Jesus pries den König selig: „Selig bist du, der du an mich geglaubt hast, ohne mich gesehen zu haben." Da er aber nicht persönlich zu ihm kommen konnte, versprach er, zu einem späteren Zeitpunkt, einen seiner Jünger zu senden.

Diese umfangreiche Erzählung handelt nun von den Erlebnissen des Jüngers Jakobus auf der Reise von Jerusalem nach Edessa zu König Abgarus.

Was der Jünger Jakobus auf dieser zweijährigen Reise durch die Heidenländer an Begegnungen, Wundern, Krankenheilungen und Zeugnissen erlebte, erfahren wir in dieser inspirierenden Erzählung, die weit mehr ist, als nur ein Roman.

580 Seiten, Paperback (21,5 x 13,5 x 4,0 cm)
ISBN 978-3-7528-7356-6
Bezug portofrei über Books on Demand Buchshop
oder über Amazon und im Buchhandel

Naeme

Ein Lebensschicksal und die Führungen
Gottes zurzeit der ersten Christen

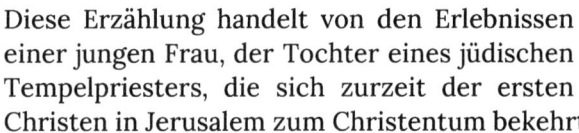

Diese Erzählung handelt von den Erlebnissen einer jungen Frau, der Tochter eines jüdischen Tempelpriesters, die sich zurzeit der ersten Christen in Jerusalem zum Christentum bekehrt.
Sie erlebt das Leid der Christenverfolgung am eigenen Leibe, aber auch die Führungen Gottes und den Segen eines im Glauben und Vertrauen gegründeten Lebens, welches sie durch die Wirren der damaligen Zeit hindurchträgt.

„Selig sind, die um der Gerechtigkeit willen
verfolgt werden; denn ihrer ist das Himmelreich.“
(Mt. 5,10)

94 Seiten, Paperback (19x12 cm), ISBN 978-3-7534-0674-9

Erlebnisse mit Jesus

Diese Erzählung beinhaltet köstliche Szenen aus dem Erdenleben des jungen Jesus vor dem Beginn seiner Lehrtätigkeit.
Von Jesu Kämpfen und Versuchungen und dem Unverständnis seiner Umwelt gegenüber seiner großen Mission wird in anregenden und bewegenden Episoden erzählt.

„Und Jesus nahm zu an Gnade und Weisheit
vor Gott und den Menschen und blieb untertänig
und gehorsam seinen Eltern, bis da Er sein
Lehramt antrat.“ (Lk. 2,40+52)

88 Seiten, Paperback (19x12 cm), ISBN 978-3-7534-0695-4
Bezug portofrei über Books on Demand Buchshop
oder über Amazon und im Buchhandel